Über die Europäisierung der ordre public Klausel

Internationalrechtliche Studien

Beiträge zum Internationalen Privatrecht, zum Einheitsrecht und zur Rechtsvergleichung

Herausgegeben von Ulrich Magnus

Band 25

PETER LANG
Frankfurt am Main · Berlin · Bern · Bruxelles · New York · Oxford · Wien

Markus Renfert

Über die Europäisierung der ordre public Klausel

PETER LANG
Europäischer Verlag der Wissenschaften

Bibliografische Information Der Deutschen Bibliothek
Die Deutsche Bibliothek verzeichnet diese Publikation in der Deutschen Nationalbibliografie; detaillierte bibliografische Daten sind im Internet über <http://dnb.ddb.de> abrufbar.

Zugl.: Berlin, Humboldt-Univ., Diss., 2002

ISSN 0947-0395
ISBN 3-631-51122-1

www.peterlang.de

Inhaltsverzeichnis

Abkürzungen

a.A.	anderer Ansicht
a.a.O.	am angegebenen Ort
ABl. EG	Amtsblatt der Europäischen Gemeinschaften
Abs.	Absatz
a.E.	am Ende
a.F.	alte Fassung
AG	Amtsgericht
AJCL	American Journal of Comparative Law
AJDA	L'Actualité juridique - Droit administratif
al.	alinéa
All. E. R.	All England Law Reports
Anm.	Anmerkung
AöR	Archiv des öffentlichen Rechts
Art.	Artikel
Ass. plen.	Assemblée plénière
AVAG	Gesetz zur Ausführung zwischenstaatlicher Anerkennungs- und Vollstreckungsverträge in Zivil- und Handelssachen (Anerkennungs- und Vollstreckungsausführungsgsesetz)
Bd.	Band
BG	Bundesgericht
BGB	Bürgerliches Gesetzbuch
BGBl.	Bundesgesetzblatt
BGE	Entscheidungen des Schweizerischen Bundesgerichts
BGH	Bundesgerichtshof
BGHZ	Entscheidungen des Bundesgerichtshofes - Zivilsachen
BörsG	Börsengesetz
Bull. civ.	Bulletin des arrêts de la Cour de Cassation
BVerfG	Bundesverfassungsgericht
BVerfGE	Entscheidungen des Bundesverfassungsgerichts
B.W.	Burgerlijk Wetboek
bzw.	beziehungsweise
c.	contre
CA	Cour d'appel
Cass. civ.	Cour de cassation, Chambre civile
Cass. civ. 1	Cour de cassation, Première Chambre civile
Cass. com.	Cour de cassation, Chambre commerciale
CE	Conseil d'Etat
ch.	chambre
CMLRev.	Common Market Law Review
CP	Code pénal
CPP	Code de procédure pénale

D.	Dalloz
D. chr.	Dalloz chronique
D. IR	Dalloz informations rapides
D. jp.	Dalloz jurisprudence
D. som.	Dalloz sommaire commenté
DAR	Deutsches Autorecht
DAVorm	Der Amtsvormund
ders.	derselbe
DEuFamR	Deutsches und Europäisches FamilienRecht
EG	Europäische Gemeinschaft
EGBGB	Einführungsgesetz zum Bürgerlichen Gesetzbuch
EGMR	Europäischer Gerichtshof für Menschenrechte
EGV	Vertrag zur Gründung der Europäischen Gemeinschaft
EMRK	Europäische Konvention zum Schutze der Menschenrechte und Grundfreiheiten
endg.	endgültig
Erw.	Erwägung
EU	Europäische Union
EuGH	Europäischer Gerichtshof
EuGRZ	Europäische Grundrechtszeitschrift
EuGVO	Verordnung (EG) Nr. 44/2001 des Rates vom 22. Dezember 2000 über die gerichtliche Zuständigkeit und die Anerkennung und Vollstreckung von Entscheidungen in Zivil- und Handelssachen
EuGVÜ	Brüsseler EWG-Übereinkommen über die gerichtliche Zuständigkeit und die Vollstreckung gerichtlicher Entscheidungen in Zivil- und Handelssachen vom 27. September 1968
EuR	Europa-Recht
EuSchVÜ	Europäisches Übereinkommen über das auf vertragliche Schuldverhältnisse anzuwendende Recht vom 19 Juni 1980
EUV	Vertrag über die Europäische Union
EuZW	Europäische Zeitschrift für Wirtschaftsrecht
EWS	Europäisches Wirtschafts- und Steuerrecht
f.	folgende
ff.	fortfolgende
FamRZ	Zeitschrift für das gesamte Familienrecht
FAZ	Frankfurter Allgemeine Zeitung
Fn.	Fußnote
FS	Festschrift
Gaz. Pal.	Gazette du Palais
GG	Grundgesetz
ggf.	gegebenenfalls
hM	herrschende Meinung

HPÜ	Haager Übereinkommen über den Zivilprozess vom 01.03.1954
HRLJ	Human Rights Law Journal
Hrsg.	Herausgeber
Hs	Halbsatz
HZÜ	Haager Übereinkommen über die Zustellung gerichtlicher und außergerichtlicher Schriftstücke im Ausland in Zivil- oder Handelssachen vom 15.11.1965
ICQL	International and Comparative Law Quarterly
IPR	Internationales Privatrecht
IPRax	Praxis des Internationalen Privat- und Verfahrensrechts
IPRG	Schweizerisches Bundesgesetz über das Internationalen Privatrecht
IPRG	Österreichisches Gesetz über das internationale Privatrecht
IPRspr.	Die deutsche Rechtsprechung auf dem Gebiete des Internationalen Privatrecht
i. S. d.	im Sinne des
i.V.	in Verbindung
IZPR	Internationales Zivilprozessrecht
IZVR	Internationales Zivilverfahrensrecht
JBl	Juristische Blätter
JCP	La Semaine Juridique
JCP G	La Semaine Juridique Édition Générale
JDI	Journal du droit international
JT	Journal des Tribunaux
JZ	Juristische Zeitung
krit.	kritisch
LG	Landgericht
LQR	The Law Quarterly Review
MDR	Monatsschrift für Deutsches Recht
m.w.N.	mit weiteren Nachweisen
NCPC	Nouveau Code de procédure civile
NJW	Neue Juristische Wochenschrift
no.	numéro
Nr.	Nummer
Num.	Número
ÖJZ	Österreichische Juristenzeitung
OGH	Oberster Gerichtshof
OLG	Oberlandesgericht
OR	Schweizerisches Obligationenrecht
RabelsZ	Rabels Zeitschrift für ausländisches und internationales Privatrecht
RAJB	Recueil annuel de jurisprudence belge
RC	Revue critique de droit international privé
RCJB	Revue critique de jurisprudence belge

RdC	Recueil des Cours (Académie de Droit international)
RIE	Revista de instituciones europeas
REDI	Revista española de derecho internacional
Rev. belge dr. intern	Revue belge de droit international
Rev. der. priv.	Revista de derecho privado
Rev. trim. dr. eur.	Revue trimestrielle de droit européen
RGAR	Revue générale des assurances et responsabilités
RGBl.	Reichsgesetzblatt
RIDC	Revue internationale de droit comparé
Riv. dir. int	Rivista di diritto internazionale
Riv. dir. int. priv. proc.	Rivista di diritto internazionale privato e processuale
RIW	Recht der internationalen Wirtschaft
RJDC	Répertoire de jurisprudence de droit communautaire
Rn.	Randnummer
RPS	Revue pratique des sociétés civiles et commerciales
RRJ	Revue de la recherche juridique - Droit prospectif
RTDC	Revue trimestrielle de droit civil
R.T.D.F.	Revue trimestrielle de droit familial
RUDH	Revue universelle des droits de l'homme
RVO	Reichsversicherungsordnung
RW	Rechtskundig Weekblad
s.	siehe
S.	Seite
s.a.	siehe auch
SJZ	Schweizerische Juristen-Zeitung
Slg.	Sammlung
StAZ	Das Standesamt
str.	streitig
TGI	Tribunal de grande instance
Trib.	Tribunal
TS	Tribunal Supremo
u.a.	unter anderen
vol.	volume
VwGH	Verwaltungsgerichtshof
vs	versus
z.B.	zum Beispiel
ZEuP	Zeitschrift für Europäisches Privatrecht
ZfRV	Zeitschrift für Rechtsvergleichung
ZGB	(Schweizerisches) Zivilgesetzbuch
ZHR	Zeitschrift für das gesamte Handelsrecht und
Wirtschaftsrecht	
ZIP	Zeitschrift für Wirtschaftsrecht
ZPO	Zivilprozessordnung
zust.	zustimmend

ZustellungsVO	Verordnung (EG) Nr. 1348/2000 des Rates vom 29.5.2000 über die Zustellung gerichtlicher und außergerichtlicher Schriftstücke in Zivil- und Handelssachen in den Mitgliedstaaten
ZvglRWiss	Zeitschrift für vergleichende Rechtswissenschaft
ZZP	Zeitschrift für Zivilprozess

Einleitung

Die Vorbehaltsklausel oder ordre public Klausel ist eine Norm des Internationalen Privatrechts und des Internationalen Zivilverfahrensrechts, die Bestandteil jeder Rechtsordnung ist.

Im Internationalen Privatrecht kommt sie zum Einsatz, wenn das nach dem Kollisionsrecht berufene fremde Recht im konkreten Fall zu einem Ergebnis führt, das gegen wesentliche Grundsätze der *lex fori* verstößt. Mit der Vorbehaltsklausel wird dieses Recht abgewehrt. Es kommt dann fremdes modifiziertes Recht oder das Recht des *forum* zur Anwendung. Die kollisionsrechtliche Vorbehaltsklausel ist in manchen Rechtsordnungen kodifiziert[1], in anderen gilt sie als ungeschriebenes Recht[2]. Die meisten relevanten bilateralen oder multilateralen[3] Staatsverträge beinhalten eine solche Klausel.

Im Internationalen Zivilverfahrensrecht kommt die Vorbehaltsklausel zur Anwendung, um einer fremden Entscheidung[4] die Anerkennung bzw. Vollstreckbarerklärung zu versagen. Dies erfolgt dann, wenn die Anerkennung oder Vollstreckung der ausländischen Entscheidung zu einem Ergebnis führt, das wesentliche Grundsätze der *lex fori* verletzt. Die nationale anerkennungsrechtliche Vorbehaltsklausel ist entweder ausdrücklich normiert[5] oder sie ergibt sich aus dem ungeschriebenen Recht[6]. Oft ist sie in den entsprechenden bilateralen oder multilateralen Staatsverträgen[7] vorgesehen.

---

1 Art. 16 Gesetz vom 31.05.1995, n. 218 (Italien); Art. 12.3 *Código Civil* (Spanien); Art. 6 EGBGB (Deutschland); Art. 17 IPRG (Schweiz); § 6 IPRG (Österreich).

2 Dies gilt für Frankreich, Batiffol/Lagarde, S. 567 ff; für England, Cheshire/North, S. 123 ff; für Luxemburg, Schockweiler, Nr. 181 ff; für Belgien, Docquir, Annales de droit de Louvain 1999, 473, 510.

3 Z.B., Art. 16 EuSchVÜ, BGBl. 1986 II, S. 810; Art. 11 Haager Übereinkommen über das auf Unterhaltspflichten anzuwendende Recht vom 02.10.1973, BGBl. 1986 II, S. 837.

4 Dabei erfaßt der Begriff der Entscheidung sowohl Gerichtsurteile als auch Beschlüsse und andere Akte einer urteilenden staatlichen Autorität. Die formale Bezeichnung ist unerheblich. Es kann sich um ein ausländisches Gericht aber auch um eine ausländische Verwaltungsbehörde handeln. Dazu IPRG-Kommentar, Art. 27, S. 286, Rn. 9.

5 Art. 64 Nr. 1 g Gesetz vom 31.05.1995, n. 218 (Italien); Art. 954 Nr. 3 *Ley de Enjuiciamiento* vom 03.02.1881 (Spanien); Art. 570 *Code judiciaire* (Belgien); § 81 Nr. 3 Exekutionsordnung (Österreich); Art. 27 IPRG (Schweiz).

6 Cass. civ. 1, Munzer, 07.01.1964, RC 1964, 344 (Frankreich); Cheshire/North, S. 407 f. (England); Tebbens, S. 304 (Holland); Schockweiler, Nr. 978 (Luxemburg).

7 Hier sind vor allem Art. 27 Nr. 1 und Nr. 2, Art 34 EuGVÜ, in der Fassung des 4. Beitrittsübereinkommens, ABl. EG C 27, 26.01.1998, S. 1, und Luganer Übereinkommen über die gerichtliche Zuständigkeit und die Vollstreckung gerichtlicher Entscheidungen in Zivil- und Handelssachen vom 16.09.1988, ABl. EG L 319, 25.11.1988, S. 9, zu nennen. Ferner z.B. Art. 5 Haager Übereinkommen über die Anerkennung und Vollstreckung von Unterhaltsentscheidungen vom 02.10.1973, BGBl. 1986 II, S. 826.

In dieser Arbeit wird untersucht, wie sich der Europäisierungsprozess des Rechts auf die Vorbehaltsklausel auswirkt. Unter Europäisierungsprozess des Rechts wird der Einfluss der europäischen Einigung auf das nationale Recht verstanden.
Die Darstellung beginnt im ersten Teil mit einer Bestandsaufnahme der aktuellen Rechtslage in Europa. Sie geht der Frage nach, in welchen konkreten Fällen die Vorbehaltsklausel heute im europäischen Rechtsverkehr angewandt wird. Dabei werden hauptsächlich die Gerichtsentscheidungen betrachtet, die das fremde Recht oder die fremde Entscheidung mittels der Vorbehaltsklausel tatsächlich abgewehrt haben. Schiedsgerichtsentscheidungen werden nicht behandelt. Wichtige in der Literatur aufgezeigte mögliche Anwendungsfälle der ordre public Klausel werden berücksichtigt. Eine abschließende Aufstellung der Rechtsprechung zu diesem Thema wird nicht angestrebt. Es soll lediglich eine Übersicht der heutigen Rechtslage dargestellt werden.
Im zweiten Teil wird der Europäisierungsprozess analysiert. Es wird gefragt, inwieweit die Instrumente der Europäisierung die Vorbehaltsklausel prägen und ändern. Zu diesen Instrumenten zählen vor allem das Konventionsrecht und das Gemeinschaftsrecht.
Während der erste Teil ein momentanes Bild der Bedeutung der Vorbehaltsklausel im europäischen Rechtsverkehr gibt, ist der zweite Teil eine Analyse der gegenwärtigen Tendenzen, welche die Vorbehaltsklausel für die Zukunft gestalten. Diese Tendenzen wirken sich nur teilweise auf die heutige Rechtsprechung aus. Sie erklären teilweise den heutigen Rechtsstand, führen aber notwendigerweise über diesen hinaus. Im Zuge der Europäisierung des Rechts ändert die Vorbehaltsklausel ihre Gestalt. Wie sich diese Gestalt ändert und wer daran mitwirkt, wird im zweiten Teil dargestellt.

Teil 1: Europäischer Rechtsstand

Die nachstehende Bestandsaufnahme zeigt, in welchen Fällen sich der nationale Richter mit der Frage der Anwendung der ordre public Klausel auseinandergesetzt hat. Sie hebt die Rechtssätze hervor, die in einer europäischen Rechtsordnung gültig sind, in einer anderen Rechtsordnung aber auf Befremden stoßen. Damit werden die gegenwärtigen aus der Sicht der nationalen Richter unüberbrückbaren Unterschiede zwischen den Rechtsordnungen sichtbar.
Aus der Häufigkeit der Anwendung der ordre public Klausel darf jedoch nicht der Schluss gezogen werden, dass eine Rechtsordnung gegenüber fremdem Recht besonders intolerant ist. Ob es zur Anwendung der ordre public Klausel kommt, hängt auch vom kollisionsrechtlichen System ab, in dem die ordre public Klausel funktioniert. Ein kollisionsrechtliches System, das sich am Domizilprinzip orientiert, wird weniger oft zur Frage der Anwendung der ordre public Klausel kommen, als ein System, das dem Staatsangehörigkeitsprinzip folgt. Auch die Regelung der Rückverweisung beeinflusst die Anwendung der Vorbehaltsklausel. Ferner kann auch entscheidend sein, ob eine Rechtsordnung ihre unverzichtbaren Rechtssätze als *lois de police* durchsetzt statt auf die ordre public Klausel zurückzugreifen.
Aus der Fülle der europäischen Rechtsprechung werden im Folgenden Entscheidungen aus Deutschland, Frankreich, Österreich, Belgien, Luxemburg, den Niederlanden, Italien, England, der Schweiz und Spanien aufgeführt. Die Darstellung unterscheidet danach, ob die Vorbehaltsklausel zur Wahrung materiellrechtlicher Grundsätze (A) oder verfahrensrechtlicher Grundsätze (B) eingesetzt wird.

A) Materiellrechtlicher ordre public

Mittels der materiellrechtlichen ordre public Klausel wird die Anwendung des fremden Rechts bzw. die Anerkennung oder Vollstreckbarerklärung der ausländischen Entscheidung verweigert, wenn diese im konkreten Fall zu einem Ergebnis führt, das gegen wesentliche materielle Grundsätze der inländischen Rechtsordnung verstößt.
Sowohl die kollisionsrechtliche als auch die anerkennungsrechtliche Vorbehaltsklausel werden zur Wahrung grundlegender Prinzipien des materiellen Rechts eingesetzt. Mit der kollisionsrechtlichen ordre public Klausel wird die Anwendung des nach dem nationalen Kollisionsrecht berufenen Rechts abgelehnt. Mit der anerkennungsrechtlichen ordre public wird einer ausländischen Entscheidung die Anerkennung bzw. die Erteilung des Exequatur versagt.
Die folgende Darstellung der europäischen Rechtsprechung erfolgt nicht in der Form eines Länderberichts, sondern orientiert sich an den allgemeinen Kategorien des Privatrechts.

I. Bürgerliches Recht - Allgemeiner Teil

1) Vertragsabschluss

a) Fingierter Vertrag

In einem neueren Fall hat ein deutsches Gericht niederländisches Recht mittels der Vorbehaltsklausel (Art. 6 EGBGB) abgewehrt[8]. Der deutsche Kraftfahrzeughalter wehrte sich in Deutschland gegen den Anspruch der niederländischen Klägerin auf Zahlung eines Parkplatzentgeltes mit der Behauptung, er habe sein Kraftfahrzeug an dem Tage einem Dritten überlassen[9]. Nach dem einschlägigen niederländischen Recht (Art. 276a V *Gemeentewet*) wird bei der Benutzung von Parkraum durch ein Kraftfahrzeug der Vertragsabschluß mit dem Kraftfahrzeughalter fingiert. Auch wenn möglicherweise eine dritte Person das Kraftfahrzeug benutzt hat, gilt der Vertrag über die Parkraumbenutzung als mit dem Kraftfahrzeughalter geschlossen.
Die Regelung des Art 276a V *Gemeentewet* stammt aus dem Kommunalrecht. Bei dem Parkplatzentgelt handelt es sich in Wahrheit um eine öffentlich-rechtliche steuerrechtliche Forderung. Im Gegensatz zu Deutschland, wo unbezahltes Park-

---

8 AG Leverkusen, 14.02.1995, IPRspr. 1995, Nr. 5.
9 Siehe den ähnlichen Fall: AG Mannheim, 21.06.1994, DAR 1994, 405 mit Anm. Schulte.

platzentgelt mit Sanktionen aus dem Ordnungswidrigkeitsgesetz geahndet wird, werden in den Niederlanden Parksteuern erhoben[10]. Bei mangelnder Zahlung haben die niederländischen Gemeinden steuerrechtliche Forderungen. Art. 6 EGBGB ist in einem solchen Fall eigentlich nicht einschlägig[11]. Denn im deutschen Recht können ausländische steuerrechtliche Forderungen im Inland durch einen ausländischen Staat grundsätzlich nicht geltend gemacht werden[12].

b) Widerrufsrecht

In der Vergangenheit versuchten deutsche Gerichte immer wieder, deutsche Verbraucher zu schützen, die in Spanien während des Urlaubs unüberlegte Kaufverträge abschlossen. Diese Verträge sahen die Anwendung von spanischem Recht vor, dass damals kein mit dem deutschen Recht vergleichbares Widerrufsrecht des Verbrauchers bei Abzahlungsgeschäften oder Haustürgeschäften kannte. Meist waren die Verträge in deutscher Sprache abgefasst. Die Verkaufsgespräche wurden ebenfalls in deutscher Sprache geführt. Die Lieferung sollte in Deutschland erfolgen. Der Bezug zu Deutschland war insofern sehr stark. Zu den Instrumenten, deren sich die Gerichte bedienten, um den deutschen Verbraucher zu schützen, gehörte auch die Anwendung der kollisionsrechtlichen ordre public Klausel. Die Gerichte schlossen die Anwendung des spanischen Rechts aus und wandten das Widerrufsrecht des Abzahlungsgesetzes und des Haustürwiderrufsgesetzes an[13]. Die deutsche Rechtsprechung war in diesem Bereich allerdings sehr uneinheitlich. Andere Gerichte weigerten sich die Vorbehaltsklausel zu Gunsten des Verbrauchers einzusetzen[14]. Danach blieben "Gran-Canaria-Kaufverträge" wirksam. Mit der Umsetzung der Haustürrichtlinie 85/577/EWG und der Verbraucherkreditrichtlinie 87/102/EWG in Spanien bedarf es heute nicht mehr der Anwendung der Vorbehaltsklausel.

---

10 Schmittmann/Kocker, DAR 1996, 293.

11 Schmittmann/Kocker, DAR 1996, 293.

12 Kropholler, Internationales Privatrecht, S. 138; in Frankreich gilt dies auch, Mayer S. 78; ebenso in England, Cheshire/North, S. 114.

13 AG Lichtenfels, 24.09.1989, IPRspr. 1989 Nr. 40; LG Bamberg, 17.01.1990, IPRspr 1990 Nr. 27; OLG Celle, 28.08.1990, EuZW 1990, 550, 552. Siehe dazu Lüderitz, IPRax 1990, 216.

14 AG Osnabrück, 24.03.1988, und OLG Hamm, 01.12.1988, IPRspr 1988 21a und 21b. Siehe zum Ganzen auch Baumert, S. 237 ff

2) Verjährung und Ausschlussfristen

Die unterschiedliche Dauer der Verjährungsfristen ist im innergemeinschaftlichen Rechtsverkehr regelmäßig kein Grund zur Anwendung der Vorbehaltsklausel[15]. Im Recht der Verjährung wird in Frankreich die Vorbehaltsklausel aus Gründen des Minderjährigenschutzes eingesetzt[16]. Der bekannten Entscheidung "Antunes" des französischen Kassationshofs lag folgender Fall zu Grunde: Die Mutter eines durch einen Verkehrsunfall verletzten Kindes stellte mehr als fünf Jahre nach dem Unfall im Namen ihres Kindes deliktsrechtliche Ansprüche gegen den Schädiger Antunes. Der Unfall hatte sich in Spanien ereignet. Nach dem anwendbaren spanischen Recht waren die Ansprüche verjährt. Die einjährige Frist nach Art. 1968 Nr. 2 *Código Civil* war abgelaufen. Der französische Kassationshof lehnt die Anwendung des spanischen Rechts ab. Er wendet Art. 2252 *Code civil* an. Nach dieser Vorschrift ist die Verjährungsfrist prinzipiell während der Minderjährigkeit gehemmt. Es ist der mangelnde Schutz des Minderjährigen, nicht die kurze Frist als solche, die zur Anwendung des französischen Rechts geführt hat[17]. Nach Eintritt der Volljährigkeit wird die einjährige Frist des spanischen Rechts nämlich wieder angewandt[18].

In einem *obiter dictum* hat das schweizerische Obergericht Thurgau die achttägige Rügefrist des Art. 1495 *Codice civile* bei einem Distanzverkauf wegen ihrer Kürze für ordre public angesehen[19]. Seitdem ist zwischen der Schweiz und Italien das UN-Kaufrecht anwendbar. In Art. 39 UN-Kaufrecht ist die Rügefrist geregelt. Nach Art. 39 Abs. 1 UN-Kaufrecht muss der Käufer dem Verkäufer die Vertragswidrigkeit der Ware innerhalb einer angemessenen Frist anzeigen, nachdem er sie festgestellt hat oder hätte feststellen müssen. Die Frist beträgt nach Art. 39 Abs. 2 UN-Kaufrecht höchstens zwei Jahre.

---

15 Spickhoff, S. 167 m.w.N. auch zur europäischen Rechtsprechung; Lagarde, Anm. zu Cass. civ. 1, 05.01.1999, RC 1999, 298; OGH, 17.03.1982, IPRE I/16.

16 Cass. civ. 1, 21.03.1979, Antunes, RC 1981, 81 mit Anm. Dayant; Gaz. Pal. 1980 II 19311 mit Anm. Monéger; JDI 1980, 92 f mit Anm. Huet.

17 Monéger, Gaz. Pal. 1980 II 19311; Huet JDI 1980, 92 f; siehe heute Cass. civ. 1, 05.01.1999, RC 1999, 297 mit Anm. Lagarde.

18 Huet, JDI 1980, 92, 93.

19 Obergericht Thurgau, 29.06.1982, SJZ 1984, 359.

II. Schuldrecht

Im Schuldrecht spielt die Vorbehaltsklausel heute kaum eine Rolle. Lediglich im Bereich der Vertragsstrafe ist die ordre public Frage aufgeworfen worden.
Das englische Recht kennt im Gegensatz zum französischen Recht (Art. 1152 al. 2, Art. 1231 *Code civil*) keine gerichtliche Überprüfung der von den Parteien vereinbarten Vertragsstrafe[20]. Die französische Rechtsprechung hat deshalb die Anwendung der ordre public Klausel gegenüber dem anwendbaren englischen Recht erwogen[21]. In dem der Entscheidung zu Grunde liegende Fall sah eine Vertragsklausel jedoch selbst einen Mechanismus der Reduzierung der Vertragsstrafe vor. Das Gericht hat deshalb die Vorbehaltsklausel nicht angewandt. Ist aber eine Reduzierung der Vertragsstrafe bei nur teilweiser Nichterfüllung weder vom Gesetz noch von den Parteien möglich, dann wäre die ordre public Klausel von den französischen Gerichten nach Auffassung der französischen Literatur anzuwenden gewesen[22].
Im englischen Recht[23] sind Klauseln, die eine Vertragsstrafe bei nicht gehöriger Erfüllung des Vertrages vorsehen, allerdings nur dann gültig, wenn sie mit dem Ziel vereinbart wurden, den voraussichtlichen Schaden des Gläubigers bei Nichterfüllung zu schätzen. Man bezeichnet diese Klausel als *liquidated damages*. Dagegen ist eine Klausel, die bezweckt, den Schuldner zur Erfüllung zu zwingen[24], ungültig (*penalty clause*). Falls eine solche ungültige Klausel vereinbart wurde, wird der Schaden des Gläubigers gemäß den üblichen Regeln der *Common Law* berechnet. Mit diesem System ist eine Begrenzung der Höhe der Vertragsstrafe von vornherein gesichert. Insoweit werden Konflikte zwischen den Rechtsordnungen unwahrscheinlich sein.

---

20 Treitel, S. 101, Nr. 134.

21 CA Paris (15e Ch., sect. B), 22.12.1983, RC 1984, 484.

22 Mestre RC 1984, 490. Mercadal, Droit & pratique du commerce international, 1979, 283, 286 rechnet die gerichtliche Überprüfung der Vertragsstrafe ebenfalls zum ordre public international Frankreichs. Die Frage wird auch im luxemburgischen Recht aufgeworfen, Schockweiler, Nr. 181.

23 Dunlop Pneumatic Tyre Co Ltd vs New Garage and Motor Co Ltd [1915] AC 79; Anson's Law of Contract, S. 550 f.

24 "*Stipulated as in terrorem of the offending party*" (Dunlop Pneumatic Co Ltd vs New Garage and Motor Co Ltd [1915] AC 79, 86).

III. Familienrecht

Im Familienrecht spielt die Vorbehaltsklausel traditionell eine wichtige Rolle[25]. Auch heute ist sie im europäischen Rechtsverkehr noch von großer Bedeutung. Im Folgenden wird die europäische Rechtslage im Eherecht (1), im Kindschaftsrecht (2) und im Unterhaltsrecht (3) anhand von Beispielen aus der europäischen Rechtsprechung ermittelt. Es werden aber auch mögliche Konflikte aufgezeigt, die sich bisher in der Rechtsprechung noch nicht ausgewirkt haben. Damit soll die Bedeutung der Vorbehaltsklausel auch für die Zukunft ausgelotet werden.

1) Eherecht

Das Eherecht wird nachfolgend in die drei Bereichen Eheschließung, Ehegüterrecht und Scheidung unterteilt.

a) Eheschließung

Dieser Abschnitt behandelt die Bedeutung der Vorbehaltsklausel, wenn es um die Voraussetzungen der Eheschließung geht und im Rahmen der Problematik der fehlerhaften Ehe.

aa) Eheschließungsvoraussetzungen

Im Rahmen der Eheschließungsvoraussetzungen spielen im Zusammenhang mit der Vorbehaltsklausel vier Themen eine Rolle. Die Geschlechtsverschiedenheit der Ehepartner als eine der Voraussetzungen der Eheschließung führt im Fall der Transsexualität zu ordre public Problemen. Probleme bereiten auch Ehehindernisse, die in einer Rechtsordnung der Ehe entgegenstehen, in einer anderen Rechtsordnung aber unbekannt sind. Die Vorbehaltsklausel kommt drittens im Zusammenhang mit der Problematik der Scheinehe zur Anwendung. Schließlich führt die postmortale Ehe des französischen Rechts in anderen europäischen Rechtsordnungen zu Schwierigkeiten. Diese vier Problembereiche werden im Folgenden nacheinander dargestellt.

---

25 Weitz, S. 1; Lagarde, Nouveaux itinéraires en droit, S. 263; Martiny, S. 219; Sonnenberger, ZvglRWiss 1996, 3, 41.

1. Geschlechtsverschiedenheit der Ehepartner

Voraussetzung für die traditionelle Eheschließung ist in allen europäischen Rechtsordnungen ein Ehekonsens zwischen zwei Personen verschiedenen Geschlechts. Wenngleich die europäischen Rechtsordnungen für gleichgeschlechtliche Partner und für andere Familienformen neue rechtliche Rahmen zur Verfügung stellen, so bleibt doch das Rechtsinstitut der Ehe auf heterosexuelle Paare beschränkt. Anders als Ehepartnern werden den gleichgeschlechtlichen Partnerschaften die Adoption und die künstliche Befruchtung in den meisten europäischen Rechtsordnungen noch verwehrt. Deshalb bleibt der Unterschied wichtig.

Probleme können sich ergeben, wenn einer der Ehepartner sich vor der beabsichtigten Ehe einer Geschlechtsumwandlung unterzogen hat. Die meisten europäischen Rechtsordnungen erkennen die Geschlechtsumwandlung an, wenn es um die Änderung des Namens oder die Eintragung des neuen Geschlechts in den persönlichen Dokumenten (Personalausweis usw.) oder im Personenstandsregister geht[26]. Nach der chirurgischen Operation eines Transsexuellen stellt sich aber die weitere Frage, ob auch angesichts der Eheschließung von einer Geschlechtsumwandlung ausgegangen werden kann.

Das englische Recht stellt auf das biologische Geschlecht ab[27]. Das psychische Geschlecht ist nicht zu berücksichtigen. Maßgebend ist allein welches biologische Geschlecht die ehewillige Person bei der Geburt hatte. Im Hinblick auf die Eheschließung hat die Geschlechtsumwandlung also keine Wirkungen. Damit ist eine Heirat des zur Frau gewordenen Mannes mit einem anderen Mann rechtlich nicht möglich. Ob das englische Recht solche im Ausland geschlossenen Ehen anerkennt, ist bisher mangels Rechtsprechung unklar[28]. Eine Anwendung der englischen ordre public Klausel ist durchaus denkbar.

Die Position des französischen Rechts ist ebenfalls undeutlich. Die französische Rechtsprechung hat bereits mit der Berücksichtigung der Geschlechtsumwandlung bei der Änderung des Personenstandes Schwierigkeiten gehabt[29]. Die Frage, ob ein Transsexueller eine Person seines ursprünglichen Geschlechts heiraten kann, hat sich in der Rechtsprechung bisher nicht gestellt. Angesichts der

---

26 Dies gilt nicht für Portugal, Droz, transsexualisme, S. 44.

27 Corbett vs Corbett, [1970], 2 All ER 33; zustimmend Lowe/Douglas, S. 29 m.w.N. auch zur Gegenmeinung in England.

28 Siehe den Fall EGMR, Sheffield, 30.07.1998, Erw. 62 ff. Dort weist die britische Regierung darauf hin, dass britische Gerichte eine solche Ehe möglicherweise anerkennen würden. (Die Entscheidungen des EGMR werden in dieser Arbeit nur mit Datum und Name zitiert; sie sind unter www.echr.coe.int abrufbar).

29 Siehe unten Teil 2 B I 1 a aa 3 a.

bisherigen zögernden Haltung gegenüber dem Transsexualismus ist zweifelhaft, ob Frankreich den Transsexuellen ein Recht auf Heirat gewähren würde[30].
Andere Rechtsordnungen stehen der Problematik des Transsexualismus offener gegenüber. In Deutschland ist 1981 das Transsexuellengesetz in Kraft getreten[31]. Nach § 10 des Transsexuellengesetzes hat der Transsexuelle nach gerichtlicher Feststellung seiner neuen Geschlechtszugehörigkeit die Rechte und Pflichten seines neuen Geschlechts. Dazu gehört das Recht auf Eheschließung. Diese Eheschließung fällt sogar unter dem Grundrechtsschutz des Art. 6 Abs. 1 GG[32]. Das Eheschließungsrecht des Transsexuellen wird auch gegenüber dem ausländischen Recht durchgesetzt. Bisher sind jedoch nur Fälle mit außereuropäischem Bezug entschieden worden[33].
Die Berücksichtigung der psychischen Geschlechtszugehörigkeit des Transsexuellen bei der Eheschließung durch das deutsche und das österreichische Recht steht in klarem Gegensatz zu der in England herrschenden Auffassung. Im Rechtsverkehr zwischen Deutschland[34] und England ist die Problematik bisher nicht aktuell geworden. Konfliktfälle für die Zukunft sind denkbar. Allerdings spielt die Rechtsprechung des EGMR hier eine wichtige Rolle, da der EGMR den Transsexuellen neuerdings ein Eheschließungsrecht zuerkannt hat[35].

Das schweizerische Bundesgericht hatte sich mit der Anerkennung einer Ehe eines brasilianischen Transsexuellen mit einem schweizerischen Mann, die in Dänemark geschlossen wurde, zu befassen[36]. Vor der Eheschließung hatte sich der Brasilianer einer geschlechtsumwandelnden Operation unterzogen, die aber in Brasilien in rechtlicher Hinsicht nicht berücksichtigt wird. In Dänemark legte er einen auf einen anderen Namen als seinen Geburtsnamen lautenden Pass vor. Dieser Pass wies ihn als weiblichen Geschlechts aus. Der transsexuelle Ehepartner beantragte in der Schweiz, die Ehe anzuerkennen und den entsprechenden Registereintrag vorzunehmen. Die schweizerischen Behörden und ihnen folgend das höchste schweizerische Gericht betrachteten die in Dänemark geschlossene Ehe

---

30 Ringel, S. 1049, 1060; Droz, transsexualisme, S. 45.

31 Transsexuellengesetz, BGBl 1,1980, S. 1654.

32 BVerfG, 11.10.1978, BVerfGE 49, 286, 300.

33 AG Hamburg, 17.03.1983, IPRspr 1983 Nr. 1 (malaysisches Recht). Anders vor Inkrafttreten des Transsexuellengesetzes, OLG Hamm, 03.12.1973, StAZ 1974, 69 (pakistanisches Recht). Der österreichische VwGH hat in einer neueren Entscheidung ebenfalls das Eheschließungsrecht des Transsexuellen gegenüber dem ausländischen (thailändischen) Recht durchgesetzt, VwGH, 30.09.1997, JBl. 1998, 461.

34 In Schweden, in den Niederlanden und in Italien wird dem Transsexuellen das Eheschließungsrecht gewährt, während in Spanien die Heirat des Transsexuellen verboten ist, Droz, transsexualisme, S. 45.

35 Siehe Teil 2 B) I) 1) b) cc).

36 BG, 03.03.1993, BGE 119 II 264.

jedoch als ordre public widrig und verweigerten ihre Anerkennung. Das Bundesgericht ging davon aus, dass die Ehe in Dänemark unter gleichgeschlechtlichen Personen geschlossen worden war.
Das schweizerische Recht berücksichtigt zwar die Geschlechtsumwandlung und misst ihr auch rechtliche Wirkungen zu. Dies gilt aber nur, wenn die Geschlechtsänderung in einem gerichtlichen Verfahren festgestellt wurde[37]. Damit soll sichergestellt werden, dass die Änderung des Personenstandes infolge Geschlechtsänderung nicht dem persönlichen Empfinden der betroffenen Person überlassen bleibt. Das Gericht wies in der Entscheidung darauf hin, dass sonst die Grundvoraussetzungen der herkömmlichen Ehe umgangen werden könnten[38]. Diese gerichtlich gewonnene Garantie für die Ernsthaftigkeit der Geschlechtsumwandlung fehlte dem Bundesgericht im dänischen Fall. Unklar ist in diesem Fall, ob die dänischen Behörden von dem ursprünglichen Geschlecht der Braut wussten oder getäuscht worden sind. Wenn die dänischen Behörden eine Geschlechtsumwandlung auch ohne richterliches Verfahren anerkennen würden, würde diese Entscheidung einen grundsätzlichen Konflikt zwischen den zwei Rechtsordnungen aufzeigen. Weiterhin ist zu beachten, dass im dänischen Recht die Ehenichtigkeitsgründe sehr restriktiv gehandhabt werden. Auch nach Entdeckung der Täuschung wäre die Ehe in Dänemark wohl gültig.

2. Ehehindernisse

Das spanische Eheverbot der hohen Weihen (Ehehindernis der Priesterschaft) wurde 1973 in Deutschland als ordre public widrig angesehen[39]. In der Zwischenzeit hat sich das spanische Eherecht vom Einfluss des kanonischen Rechts befreit[40]. Dem ehemaligen Priester steht nunmehr die zivilrechtliche Ehe offen. Das spanische Recht hat sich hier der europäischen Rechtslage angepasst, so dass für eine Anwendung der Vorbehaltsklausel kein Raum mehr besteht.
In der Vergangenheit hat auch das schweizerische Verbot der Wiederheirat nach der Scheidung zur Anwendung der ordre public Klausel geführt[41]. Gemäß Art. 150 ZGB a.F. sollte der Richter, der eine Scheidung aussprach, eine Frist bestimmen, in der die schuldige Partei nicht heiraten konnte. Diese Frist betrug min-

---

37 BG, 03.03.1993, BGE 119 II 264, 269 ff. m.w.N. zur Rechtsprechung. Dies gilt auch für das deutsche Transsexuellengesetz.

38 BG, 03.03.1993, BGE 119 II 264, 270.

39 OLG Hamm, 26.11.1973, FamRZ 1974, 93 mit Anm. Brodach/Jayme S. 600.

40 Bergmann/Ferid, Internationales Ehe- und Kindschaftsrecht, Spanien, 132. Lieferung, S. 9.

41 TGI Paris, 04.03.1988, RC 1988, 589 mit Anm. Gautier; *Cour supérieure de Justice* (Luxemburg), 10.11.1971, Pasicrisie luxembourgeoise 1972-1974, Bd. 22, S. 53.

destens ein Jahr und höchstens zwei Jahre, bzw. drei Jahre bei Ehebruch. Das französische und das luxemburgische Gericht haben diese Bestimmung als ordre public widrig angesehen. Die schweizerische Norm ist auch vom EGMR[42] als konventionswidrig erklärt und danach abgeschafft worden.

3. Scheinehe

Die Bedeutung des Willens bei der Eheschließung wird in England und Belgien grundsätzlich unterschiedlich bewertet. Dies hat zur Anwendung der Vorbehaltsklausel geführt[43]. Dem berühmten Fall "Vervaecke vs Smith" lag folgender Sachverhalt zu Grunde: Eine Belgierin hatte in England einen Engländer geheiratet. Diese Eheschließung hatte allein den Zweck, der Frau die Ausübung der Prostitution in England zu ermöglichen. Mit der Heirat erhielt sie die englische Staatsangehörigkeit. Damit musste sie keine Abschiebung befürchten. Später heiratete die Frau einen Italiener in Italien. Als dieser starb, wollte sie auf das unbewegliche Vermögen des Erblassers in England zurückgreifen. Dafür musste die erste Ehe mit Rückwirkung vernichtet werden. Die Frau erlangte in Belgien ein Urteil, dass die Ehe für von Anfang an als nichtig erklärte. Dieses Urteil wollte sie in England anerkennen lassen. Das Urteil wurde dort nicht anerkannt[44].
Das englische Recht misst dem geheimen Willen der Ehepartner bei der Eheschließung keine Bedeutung zu, solange die Parteien nach außen hin ihren Willen zur Heirat formell gültig bekundet haben[45]. Im Gegensatz dazu betrachtet das belgische Recht die Ehe als nichtig, wenn kein Ehewille bestanden hat[46]. Nach Art. 146 des belgischen *Code civil* besteht keine Ehe, wenn kein Wille zur Eheschließung gegeben ist. Dies gilt auch für Frankreich[47] und für Italien[48]. Auch im

---

42 EGMR, F. vs Schweiz, 18.12.1987: Verstoß gegen Art. 12 EMRK.

43 Vervaecke vs Smith (1983) 1 AC 145. Kritisch Cheshire/North, S.137; kritisch auch Smart, 99 LQR 1983, 24, 27.

44 Zustimmend Enonchong ICQL 1996 (Vol. 45), 663, 658 f.

45 Vervaecke vs Smith (1983) 1 AC 145, 152 : "*The fact is that in English law of marriage there is no room for mental reservation or private arrangements regarding the parties' personal relationships once it is established that the parties are free to marry one another, have consented to the achievement of the married state and observed the necessary formalities*".

46 Anvers, 13.01.1998, RAJB 1999, 683 Nr. 35.

47 Siehe z.B. CA Paris, 07.06.1996, D. som. 1996, 171; anders Carbonnier m.w.N. zur Rechtsprechung: die Ehe ist gültig, nur die mit der Scheinehe beabsichtigten Nebenfolgen (insbesondere: Staatsangehörigkeitserwerb) sind unwirksam.

48 Siehe Art. 123 und Art. 128 *Codice Civile*: die Scheinehe kann rückwirkend als nichtig festgestellt werden.

schottischen Recht ist eine Scheinehe nichtig[49]. Der Fall zeigt, dass in den europäischen Rechtsordnungen in dieser Hinsicht zwei grundsätzlich unterschiedliche Auffassungen herrschen.

4. Postmortale Trauung

Unter den Eheschließungsvoraussetzungen wird man grundsätzlich die Anwesenheit der lebenden Ehepartner bei der Eheschließung zählen müssen. Ob im Ausnahmefall auch die Ehe mit einem Verstorbenen möglich sein soll, wird in den europäischen Rechtsordnungen unterschiedlich beurteilt. Dies führt auch zur Frage der Vorbehaltsklausel.

Nach Art. 171 des französischen *Code civil* ist eine postmortale Trauung möglich. Der Präsident der Französischen Republik kann die Eheschließung aus wichtigem Grund erlauben, wenn ein Partner nach Vornahme der förmlichen Akte, die seine Einwilligung unmissverständlich wiedergeben, verstorben ist. Von diesem Rechtsinstitut wird heute in Frankreich noch Gebrauch gemacht[50]. Im gegenwärtigen deutschen Recht wie auch im belgischen Recht ist eine postmortale Trauung nicht vorgesehen. Das belgische Recht hat eine solche Ehe anerkannt[51], während ein deutsches Gericht darin eine Nichtehe gesehen hat[52].

Im deutschen Fall beantragte eine deutsche Staatsangehörige bei einem deutschen Standesbeamten die Anlegung eines Familienbuches. Dort wollte sie als Ehefrau ihres verstorbenen französischen Ehegatten eingetragen werden. Eine postmortale Heirat hatte in Frankreich stattgefunden. In Anwendung des Art. 13 Abs. 1 EGBGB, der das anwendbare Recht für die Ehevoraussetzungen distributiv nach der Staatsangehörigkeit jedes Verlobten bestimmt, hat das deutsche Gericht das Erleben der Eheschließung durch beide Verlobte als sachliche Voraussetzung des deutschen Rechts für eine gültige Eheschließung betrachtet. Da diese Voraussetzung nicht vorliege, sei keine Ehe zustande gekommen. Es läge eine Nichtehe vor. Das deutsche Gericht kam infolge dessen gar nicht zur Frage des ordre public. Doch wird deutlich, dass die deutsche Rechtsprechung das beiderseitige Erleben der Ehe in internationalen Sachverhalten unbedingt zur Geltung bringt.

Auch das belgische Gericht hat distributiv das belgische Recht für die belgische Ehefrau und das französische Recht für den verstorbenen französischen Ehegatten

---

49 J.M.T., 99 LQR 1983, 30 ff; Leslie, Juridical Review 1995, 477. Hier, und dies gilt generell für das Familienrecht, zeigt sich die Eigenständigkeit des schottischen Rechts gegenüber dem englischen Recht.

50 Carbonnier, S. 412 f.

51 In allen drei Instanzen, *Tribunal civil d'Arlon*, Dhont c. Josi, 16.01.1973, JDI 1979, 174; CA Liège, 06.02.1980, und *Cour de cassation belge*, 02.04.1981, beide in RC 1983, 59.

52 OLG Karlsruhe, 22.08.1990, IPRax 91, 250.

angewandt. Im Gegensatz zum deutschen Gericht hat es nur gefragt, ob das Heimatrecht des Verlobten das Erleben der Ehe für den eigenen Staatsangehörigen vorschreibt. Das Erleben der Ehe ist nach dieser Auffassung eine einseitige Voraussetzung des belgischen Rechts, die nur für die belgische Verlobte gilt. Indem das belgische Gericht nur von einem einseitigen Ehehindernis ausging[53], musste es sich auch hinsichtlich der Anwendung des französischen Heimatrechts des verstorbenen Ehegatten mit der ordre public Klausel befassen.
Bei der Anwendung der Vorbehaltsklausel hat das belgische Berufungsgericht eine Interessenabwägung vorgenommen, die das Revisionsgericht nicht beanstandet hat. Es ging um eine Leistungsklage auf Schadensersatz der Ehefrau des Verstorbenen, die nach dem Tod ihres Verlobten in Frankreich mit Genehmigung des französischen Staatspräsidenten eine postmortale Ehe geschlossen hatte[54]. Sie richtete sich gegen die belgische Versicherungsgesellschaft des Verursachers des Autounfalls, bei dem der Verlobte umkam. Die Versicherungsgesellschaft hatte ihrerseits Feststellungsklage erhoben. Sie begehrte u.a. festzustellen, dass die in Frankreich geschlossene postmortale Ehe nichtig sei. Das belgische Berufungsgericht entschied wie folgt: die Durchsetzung des Interesses der belgischen Allgemeinheit an einer bestimmten Politik (hier: Verbot der postmortalen Ehe) müsse den privaten Interessen der belgischen Frau an der Eheschließung und vor allem den Interessen des gemeinsamen Kindes am ehelichen Status weichen. Damit hat das belgische Recht eine tolerantere Haltung eingenommen als die deutsche Rechtsprechung.
Die postmortale Ehe hat gemäß Art. 171 Abs. 3 *Code civil* keine Auswirkungen auf Ehegüterrecht und Erbrecht des überlebenden Ehegatten. Sie kann aber für deliktsrechtliche Ansprüche gegen Versicherungen[55], wie der belgische Fall zeigt, von Bedeutung sein. Wichtig war bis jetzt die Ehelichkeit des gemeinsamen Kindes, die durch die postmortale Ehe begründet wurde. Diese Wirkung hat bisher für die Annahme eines wichtigen Grundes i.S.d. Art. 171 *Code civil* die maßgebende, wenn nicht ausschließliche, Rolle gespielt[56]. Ob Art. 171 *Code civil* angesichts der weitgehenden Gleichstellung der ehelichen und nichtehelichen Kinder weiterhin Bedeutung haben wird, ist unklar. Möglicherweise werden aber die Interessen des überlebenden Verlobten an ausreichender Versorgung durch Zugriff auf Schadensersatzansprüche nunmehr als wichtiger Grund genügen.

---

53 So explizit CA Liège, 06.02.1980, RC 1983, 60; implizit *Cour de cassation belge*, 02.04.1981, RC 1983, 62 ff; siehe auch Verwilghen, RC 1983, 65, 69.

54 Verwilghen, RC 1973, 328, 330.

55 Beitzke, IPRax 1991, 227, 228.

56 Beitzke, IPRax 1991, 227, Fn. 7a; Verwilghen, RC 1973, 328, 329.

bb) Fehlerhafte Ehe

Gelegentlich wird die Annahme einer Nichtehe, wenn die Eheschließung nicht vor dem Standesbeamten stattgefunden hat[57], in der französischen Literatur als Verstoß gegen den französischen ordre public betrachtet[58]. Tatsächlich kennt das französische Recht nur die nichtige, anfechtbare Ehe, nicht aber die Nichtehe (*mariage inexistant*)[59]. Grund für diese Stellungnahme ist, dass die Annahme einer Nichtehe anders als die einer nichtigen, anfechtbaren, Ehe die Anwendung der Regeln über die Putativehe verhindert. Damit verlieren die Kinder den Status von ehelichen Kindern. Zwischen den Eheleuten bestehen keine Ehepflichten, da dann nur eine nichteheliche Lebensgemeinschaft vorliegt.

b) Ehegüterrecht

Das Ehegüterrecht ist in den einzelnen europäischen Rechtsordnungen sehr unterschiedlich geregelt[60], dennoch sind ordre public Probleme eher selten. Das Hauptanwendungsfeld der Vorbehaltsklausel im Ehegüterrecht war bisher die gleichheitswidrige Regelung der Güterordnungen[61]. Da die europäischen Rechtsordnungen in diesem Bereich die Gleichberechtigung inzwischen verwirklicht haben, bereiten nur Sachverhalte aus der Vergangenheit heute noch Probleme.
Die französische *Cour de cassation* hat die kollisionsrechtliche Vorbehaltsklausel angewandt, um die Anwendung des schweizerischen gesetzlichen Güterstandes a.F. zu verhindern[62]. Folgender Sachverhalt stand zur Entscheidung: Der schweizerische Ehemann und die französische Ehefrau hatten in Frankreich ein Grundstück gekauft, das nach dem notariellen Rechtsakt beiden zu gleichen Anteilen gehören sollte. Im französischen Scheidungsverfahren stellte sich die Frage, wem das Grundstück zugewiesen werden sollte. Nach dem im Zeitpunkt des Scheidungsantrages[63] anwendbaren schweizerischen Ehegüterrecht wurde der Ehemann Alleineigentümer der Güter, die während der Ehe erworben wurden. Die

---

57 So das deutsche Recht, Schwab, S. 34, Nr. 57.
58 Fauvarque-Cosson, Anm. Cass. civ. 1, 16.07.1998, D. jp. 99, 51, 54.
59 Carbonnier, S. 615 und S. 622 f.
60 Henrich, FamRZ 2000, 6.
61 Spickhoff, S. 239 f.
62 Cass. civ. 1, 24.02.1998, D. jp. 1999, 309 mit Anm. Thierry; RC 1998, 637 mit Anm. Droz; JDI 1998, 740 mit Anm. Kerckhove; D. som. 1999, 290 mit Anm. Audit. Siehe auch Ferrand, RabelsZ 1999, 665, 669 f.
63 Die Scheidung wurde 1988 ausgesprochen.

Ehefrau erhielt lediglich eine Forderung über 1/3 des Erworbenen[64]. Das Grundstück blieb demnach im Eigentum des Ehegatten. Der Zugewinn wurde nach der oben genannten Regel geteilt. Diese Regelung verstößt nach Auffassung der *Cour de cassation* gegen Art. 5 Zusatzprotokoll Nr. 7 EMRK und darf nicht angewandt werden.
Das schweizerische Recht ist 1984 geändert worden, und 1988 in Kraft getreten[65]. Dieser Fall gehört also der Vergangenheit an, zeigt aber wie spät manche Rechtsordnungen ihre diskriminierenden Normen abgeschafft haben.

c) Scheidung

Das Scheidungsrecht hat während des 20. Jahrhunderts bis in die siebziger Jahre hinein eine bedeutende Rolle bei der Anwendung der Vorbehaltsklausel gespielt. Die Probleme ergaben sich zunächst daraus, dass einige Rechtsordnungen wie Italien, Spanien oder Irland die Scheidung nicht kannten. Fremde Scheidungsentscheidungen wurden von diesen Rechtsordnungen nicht anerkannt[66]. Die Rechtsordnungen, die eine Scheidung kannten, verweigerten ihrerseits die Anwendung des Rechts der oben genannten Staaten. Mit der Einführung der Scheidung in allen europäischen Rechtsordnungen hat die Vorbehaltsklausel in diesem Bereich an Bedeutung verloren[67]. Später führten die unterschiedlichen Zeiträume, in denen die Rechtsordnungen vom Schuldprinzip zum Zerrüttungsprinzip übergingen, zu Reibungen zwischen den Rechtsordnungen. Die italienische Rechtsprechung hatte vor dem neuen Scheidungsgesetz von 1970, das die Scheidung einführte, die anerkennungsrechtliche Vorbehaltsklausel angewendet, um ausländische Scheidungsurteile abzuwehren. Aber auch nach der Reform wurden vorerst Scheidungsgründe, die dem italienischen Recht unbekannt waren, als ordre public widrig eingestuft[68]. Die neuere Rechtsprechung ist in diesem Gebiet weit toleranter geworden. So hat die *Corte di Cassazione* das deutsche Scheidungsrecht insgesamt als nicht ordre public widrig angesehen[69]. Die europäischen Rechts-

---

64 Droz, RC 1998, 637, 640 f (Anm. zu Cass. civ. 1, 24.02.1998), erläutert das schweizerische Recht.

65 Audit, D. som. 1999, 290 (Anm. zu Cass. civ. 1, 24.02.1998).

66 Siehe zur Entwicklung des spanischen Recht, Zamora Cabot, Rev. der. priv. 1995, 1123, 1128 ff.

67 Italien führte die Scheidung mit Gesetz vom 01.12.1970 ein, erleichterte deren Voraussetzung mit Gesetz vom 6.3.1987; Spanien führte die Scheidung mit dem Gesetz vom 07.07.1981 ein; Irland mit dem *Family Law (Divorce) Act* von 27.11.1996.

68 Spickhoff, S. 245 f.

69 *Corte di Cassazione*, 13.03.1993, Riv. dir. int. priv. proc. 1994, 125. Gleiches Urteil zum holländischen Recht gibt CA Milano, 03.05.1994, Riv. dir. int. priv. proc. 1994, 871 ab.

ordnungen haben sich hier weitgehend angenähert. Die unterschiedliche Bedeutung, die dem Verschulden im Rahmen der Scheidungsgründe in den verschiedenen Rechtsordnungen gegeben wird, führt heute nicht mehr zur Anwendung der Vorbehaltsklausel[70].
Dennoch hat ein belgisches Gericht in einem neueren Urteil das anwendbare italienische Recht teilweise außer Acht gelassen[71]. Das italienische Recht war aufgrund der italienischen Staatsangehörigkeit der beiden Eheleute auf die Scheidung anwendbar. Nach dem anwendbaren italienischen Recht[72] setzt die einvernehmliche Scheidung voraus, dass die Eheleute eine Trennungsvereinbarung abschließen und diese gerichtlich bestätigen lassen. Diese Trennungsvereinbarung soll die persönlichen und vermögensrechtlichen Aspekte der Trennung regeln. Die einvernehmliche Scheidung setzt ferner voraus, dass die Eheleute drei Jahre lang getrennt leben. Die Trennungszeit wird ab der gerichtlichen Bestätigung der Trennungsvereinbarung an berechnet.
Das belgische Gericht hat das italienische Recht insoweit nicht angewandt, als dieses die gerichtliche Bestätigung der Trennungsvereinbarung als Voraussetzung für eine einvernehmlich Scheidung verlangt. Diese Voraussetzung verstößt nach belgischer Auffassung gegen die Unantastbarkeit des Personenstandes, ein Grundsatz des Familienrechts. Mit der Trennungsvereinbarung würden die zwischen den Eheleuten bestehenden gesetzlichen Pflichten unzulässiger Weise geändert. Das belgische Gericht wendet folglich diese Voraussetzung des italienischen Rechts nicht an. Es untersucht lediglich, ob die Ehegatten tatsächlich seit drei Jahren getrennt leben. Das belgische Gericht beruft sich zwar nicht ausdrücklich auf die Vorbehaltsklausel. In der Sache handelt es sich aber um die teilweise Verweigerung, das nach dem belgischen Kollisionsrecht berufene Recht anzuwenden[73].

Weiter ist die Entscheidung eines italienischen Gerichts zu zitieren, das sich auf die kollisionsrechtliche Vorbehaltsklausel gestützt hat, um in einem Verfahren bezüglich der Trennung eines französischen Ehepaares das anwendbare französische Recht teilweise abzuwehren[74]. Die Ehefrau hatte vor dem italienischen Gericht einen Antrag auf Trennung von Tisch und Bett gestellt. Der Ehemann wollte im Wege der Widerklage die Scheidung beantragen. Nach Art. 297 *Code civil* spricht der Richter die Scheidung wegen gemeinsamen Verschuldens aus, wenn im Gerichtsverfahren sowohl ein Trennungsbegehren als auch ein Scheidungsbegehren eingereicht werden. Dies verstößt nach Auffassung des italie-

---

70 OGH, 30.11.1989, IPRE 3/123; Spickhoff, S. 251.
71 Civ. Bruxelles (30e ch.), 27.09.1996, R.T.D.F. 1997, 393 mit krit. Anm. Fallon.
72 Gesetz Nr. 898 vom 1.12.1970 in der Fassung vom 6.3.1987.
73 Fallon, R.T.D.F. 1997, S. 394 (Anm. zu Civ. Bruxelles (30e ch.), 27.09.1996).
74 *Tribunale di Venezia*, 14.11.1996, Rev. dir. int. priv. proc. 1997, 158.

nischen Gerichts gegen den Grundsatz, die Ehe möglichst zu wahren. Die Ehe könne auf dieser Weise wegen gemeinsamen Verschuldens aufgelöst werden, ohne dass vorher ein gewisser Zeitraum abgelaufen sei und ohne dass die Tatsachen, die der Ehe entgegenstehen, berücksichtigt würden.

2) Kindschaftsrecht

Im Kindschaftsrecht spielt die Vorbehaltsklausel im europäischen Rechtsverkehr eine wichtige Rolle.

a) Eheliche und nichteheliche Kindschaft

In der europäischen Rechtsgeschichte wurde das nichteheliche Kind bisher stark benachteiligt[75]. Reformbemühungen in Europa zielen auf eine Besserung seiner Rechtsstellung und auf eine Gleichstellung mit dem ehelichen Kind[76]. Das deutsche Recht hat im Jahre 1998 im Wege mehrerer Einzelgesetze eheliche Kinder und nichteheliche Kinder gleichgestellt. Die Reformansätze in den europäischen Staaten sind aber unterschiedlich ausgefallen. Manche Vorschriften aus alten Zeiten bestehen fort[77]. In Belgien beispielsweise wird die Abstammungsfeststellung von Inzestkindern verboten (Art. 313 § 2, Art. 314 § 2, Art. 321, Art. 325 des belgischen *Code civil*)[78]. Dies gilt auch für Frankreich (Art. 334-10 *Code civil*) und Italien (Art. 251 *Codice civile*). Für die Anerkennung von Ehebruchskindern gelten in Belgien Sonderregeln, da die väterliche Anerkennung der richterlichen Homologation bedarf (Art. 319bis des belgischen *Code civil*)[79]. Dem Ehebruchskind stehen im Erbfall nur Erbersatzansprüche zu[80]. In Frankreich sieht Art. 760 *Code civil* vor, dass ein Ehebruchskind nur die Hälfte der den

75 Schwab, S. 211, Nr. 444; Lowe/Douglas, S. 290 f.

76 In Spanien wurde das Prinzip der Hierarchie der Abstammung durch den Grundsatz der Gleichheit mit dem Reformgesetz vom 13.05.1981 ersetzt; in Belgien wurde die Gleichstellung von ehelichen und nichtehelichen Kindern mit dem Gesetz über die Abstammung vom 31.03.1987 eingeführt; in Italien mit der Reform vom 19.5.1975; in Österreich mit dem Gesetz vom 31.10.1970 und dem Gesetz vom 13.12.1989, welches die erbrechtliche Gleichstellung bewerkstelligt. Einen Überblick über den Rechtsstand in Frankreich und England gibt von Sachsen Gessaphe FamRZ 1999, 1107 ff. Zu heutigen Reformbemühungen in Frankreich siehe: JCP, 29.09.1999 (Nr. 39), p. 1709 ff.

77 von Sachsen Gessaphe, FamRZ 1999, 1107, 1114.

78 Pintens, RabelsZ 1999, 696, 706.

79 Pintens, in Schwab/Henrich, Entwicklungen des europäischen Kindschaftsrechts, S. 1, 3.

80 Pintens, RabelsZ 1999, 696, 706; ders. in Schwab/Henrich, Entwicklungen des europäischen Kindschaftsrechts, S. 1, 3.

Kindern des Erblassers zustehenden Erbquote erhält, wenn es noch andere eheliche Kinder gibt[81]. Auch Art. 767 al. 2 *Code civil* und Art. 908 *Code civil* benachteiligen das Ehebruchskind im Verhältnis zu anderen Kindern[82]. In diesem Bereich ist auch zukünftig eine Anwendung der Vorbehaltsklausel möglich.
Bisher ist die Vorbehaltsklausel durch die italienische *Corte di Cassazione* angewandt worden, um ein nichteheliches Kind vor einer diskriminierenden Behandlung zu schützen[83]. Der Entscheidung lag folgender Fall zu Grunde: Der englische Kläger wollte in Italien die nichteheliche Vaterschaft des Beklagten feststellen lassen. Nach dem anwendbaren englischen Recht war die Feststellung der nichtehelichen Abstammung nur im Rahmen einer Unterhaltsklage möglich. Die Mutter musste die Klage innerhalb von drei Jahren nach der Geburt erheben. Der Anspruch war auch im übrigen an strenge Voraussetzungen gebunden[84]. Dem Kläger stand nach diesem Recht also keine Möglichkeit zur Verfügung, die Vaterschaft des Beklagten feststellen zu lassen.
Das italienische Gericht hat diese Rechtslage als ordre public widrig angesehen. Zunächst sei Art. 3 der Verfassung verletzt (Gleichbehandlungsgebot). Die italienische Verfassung erlaube keine Unterscheidung zwischen minderjährigen und volljährigen Kindern, wenn es um die Feststellung der Vaterschaft geht. Dann gewähre die Verfassung in Art. 24 jedem Bürger die Garantie, seine legitimen Rechte vor Gericht geltend machen zu können. Dazu gehören Statusfragen, wie die Klärung der Vaterschaft. Letztlich beruft sich das Gericht auf Art. 30 der italienischen Verfassung. Dort werden die Rechte des nichtehelichen Kindes besonders hervorgehoben.

---

81 Diese Vorschrift ist kürzlich vom EGMR, Mazurek, 01.02.2000 für konventionswidrig erklärt worden (Verletzung von Art. 1 Zusatzprotokoll Nr. 1 i.V. mit Art. 14 EMRK). Die *Cour de cassation*, 25.06.1996, D. jp. 1998, 453 hatte zuvor entschieden, dass die Vorschrift die EMRK nicht verletzt.

82 Sudre/Gouttenoire-Cornut, Anm. zu EGMR, Mazurek, 01.02.2000, JCP G 2000, II, 10286, S. 645 f.

83 *Corte di Cassazione*, 07.07.1993, Riv. dir. int. priv. proc. 1994, 597.

84 Lowe/Douglas, S. 717. Die Mutter musste "allein" sein. Es waren nur die *magistrates' courts* zuständig.

Das englische Recht hat sich mit dem *Family Law Act* von 1986 und dem *Family Law Reform Act* von 1987 grundlegend geändert. Die Stellung des nichtehelichen Kindes ist stark verbessert worden und der des ehelichen Kindes weitgehend gleichgestellt worden[85]. Nunmehr erlaubt Sec (I) (a) des *Family Law Act* eine Vaterschaftsfeststellungsklage ohne Einschränkungen. Sie ist dem ehelichen wie dem nichtehelichen Kind eröffnet. Es gelten keine besonderen Fristen. Die Klage kann sowohl vor dem *High Court* als auch vor den *county courts* geltend gemacht werden[86].

b) Vaterschaftszurechnung

Die meisten europäischen Rechtsordnungen kennen verschiedene Arten der Zuordnung eines Kindes zu einem Vater. Der Ehemann der Frau, die während der Ehe ein Kind zur Welt bringt, wird als dessen Vater betrachtet. Die Vaterschaft kann aber auch kraft Anerkennung oder kraft einer gerichtlichen Feststellung begründet werden. Probleme unter ordre public Gesichtspunkten sind bei der ersten und dritten Art der Vaterschaftsfeststellung vorgekommen.

Der erste Fall betrifft eine Entscheidung der französischen *Cour de cassation*, die sich mit dem Rechtsinstitut der Nichtehe des deutschen Rechts zu befassen hatte[87]. Die Zuordnung eines Kindes zu einem Mann kraft einer Ehe wird aufgehoben, wenn die Ehe wegen eines Mangels bei der Eheschließung als Nichtehe betrachtet wird. Das Kind gilt dann nicht mehr als eheliches Kind. Im deutschen Recht kommt es grundsätzlich zu einer Nichtehe, wenn der Standesbeamte bei der Eheschließung nicht mitgewirkt hat[88]. Ausnahmen sind in § 1310 Abs. 1, Abs. 2 BGB vorgesehen. Die Annahme einer solchen Nichtehe und damit die Anwendung des deutschen Rechts wird im französischen Recht dann als ordre public angesehen, wenn das Kind de facto die Stellung eines ehelichen Kindes genossen hat oder über einen dahin lautenden Titel verfügt[89]. Dann ist der Verlust des ehelichen Status für das Kind nach französischer Auffassung nicht hinnehmbar. Ein solcher Titel ist die Geburtsurkunde[90]. Ist dort der Vater als Ehemann der Mutter aufgenommen worden, so besteht eine eheliche Kindschaft. Es genügt aber auch

85 Lowe/Douglas, S. 717; von Sachsen Gessaphe, FamRZ 1999, 1107.
86 Lowe/Douglas, S. 295.
87 Cass. civ. 1, 16.07.1998, D. jp. 1999, 51.
88 Schwab, S. 34, Rn. 57.
89 So die Interpretation von Cass. civ. 1, 16.07.1998, D. jp. 1999, 51 durch Fauvarque-Cosson (Anmerkung D. jp. 1999, 51 ff).
90 Carbonnier, S. 245.

die Aufführung des Namens der verheirateten Mutter. Der Ehemann gilt dann als der Vater.

Der zweite Fall betrifft eine spanische Entscheidung[91]. Eine französische Mutter hatte im Namen ihres französischen Kindes eine Klage auf Feststellung der Vaterschaft in Spanien erhoben. Das spanische Recht knüpft an die Staatsangehörigkeit des Kindes an, um das auf die Kindschaft anwendbare Recht zu bestimmen (Art. 9.4 *Código Civil*). Es war französisches Recht anwendbar. Die Voraussetzungen einer Klage auf Feststellung der Vaterschaft im französischen Recht sind jedoch nach spanischer Auffassung ordre public widrig. Die Klage auf Feststellung der Vaterschaft eines nichtehelichen Kindes muss im französischen Recht von der Mutter innerhalb von zwei Jahren nach der Geburt des Kindes erhoben werden (Art. 340-4 *Code civil*)[92]. Diese Frist, die im konkreten Fall abgelaufen war, erschien dem spanischen Gericht zu kurz. Es wandte die kollisionsrechtliche Vorbehaltsklausel in Art. 12.3 *Código Civil* an. Statt des anwendbaren französischen Rechts wandte es das spanische Recht an, das die Feststellung der Vaterschaft fristwahrend erlaubte.
Das luxemburgische Recht rechnet seinerseits die zweijährige Frist für die Erhebung der Vaterschaftsfeststellungsklage nach Art. 340-4 *Code civil luxembourgeois* zum ordre public international[93]. Diese Frist muss nach luxemburgischer Auffassung auch in internationalen Fällen stets strikt eingehalten werden.

c) *Anfechtung der Vaterschaft*

aa) *Anfechtungsfrist*

Im Rahmen der Vaterschaftsanfechtung hat die lange Dauer der Anfechtungsfrist im französischen Recht zu ordre public Erwägungen geführt.
In einem belgischen Verfahren hatte sich das Gericht mit dem Antrag eines Vaters auf Anfechtung seiner Vaterschaft hinsichtlich seines ehelichen Kindes zu be-

---

91 *Sentencia de la Audiencia Provincial de Avila*, 04.05.1995, zusammengefasst in REDI 1996, Vol.1, 359 mit Anm. Guzman Zapater.

92 Der heutige Art. 340-4 des französischen *Code civil* ist durch Gesetz vom 08.01.1993 geändert worden, entspricht aber der alten Fassung. Eine Feststellungsklage durch das Kind ist in den zwei Jahren nach seiner Volljährigkeit möglich, wenn die Mutter untätig geblieben ist (Art. 340-4 Abs.3 *Code civil*). Im Fall eines Zusammenlebens der Frau und des Mannes oder wenn der Mann zum Unterhalt des Kindes beigetragen hat, kann die Feststellungsklage zwei Jahre nach Beendigung des Zusammenlebens oder der Unterhaltsleistungen erhoben werden (340-4 Abs.2 *Code civil*).

93 Diekirch, 26.03.1930, Pasicrisie luxembourgeoise 13, 180; Schockweiler, Nr. 190.

fassen[94]. Das Kind war französischer Staatsangehörigkeit. Das belgische Kollisionsrecht knüpft für die Anfechtung der Vaterschaft an die Staatsangehörigkeit des Kindes an. Es kam deshalb zur Anwendung französischen Rechts.

Das französische Recht kennt verschiedene Arten der Vaterschaftsanfechtungsklage[95]. In Art. 312 *Code civil* ist die reguläre Klage des Vaters auf Anfechtung der ehelichen Vaterschaft normiert. Diese Klage muss gemäß Art. 316 *Code civil* innerhalb von 6 Monaten nach Kenntnis der Geburt des Kindes geltend gemacht werden. Die Rechtsprechung hat jedoch in einem Akt richterlicher Fortbildung auf der Grundlage von Art. 322 al. 2 *Code civil* dem Vater und allen anderen Betroffenen zu einer weiteren Anfechtungsmöglichkeit innerhalb der regulären Verjährungsfrist verholfen[96]. Diese Frist beträgt 30 Jahre[97]. Diese Klage ist insbesondere dann möglich, wenn das Kind de facto nicht die Stellung eines ehelichen Kindes gegenüber dem Vater hat (*absence de possession d'état*).

In einem *obiter dictum* sprach das Gericht aus, dass die im französischen Recht bestehende dreißigjährige Frist für eine Vaterschaftsanfechtung gegen den belgischen ordre public verstoßen würde[98]. In dem referierten Fall hatte der Vater die Klage noch innerhalb eines Jahres nach Kenntnis der Geburt des Kindes erhoben, so dass nach Ansicht des Gerichts eine "vernünftige" Frist vorlag. Die Vorbehaltsklausel wurde deshalb nicht angewandt.

Viele europäische Rechtsordnungen sehen kurze Anfechtungsfristen vor, so dass die französische Regelung auch in anderen Ländern auf Abwehr stoßen könnte.

bb) Kreis der anfechtungsberechtigten Personen

Deutsche Gerichte haben ausländisches Recht, welches dem Kind die Möglichkeit der Anfechtung der ehelichen Abstammung verwehrten, als ordre public widrig betrachtet[99]. Betroffen waren insbesondere italienisches und niederländisches Recht. Nach Auffassung der Rechtsprechung müsse das Kind wie andere deutsche Staatsangehörige auch seine wahre Abstammung feststellen lassen können[100]. Das italienische Recht hat sich inzwischen geändert. Nach Art. 244 Abs. 4, Abs. 5

---

94 Civ. Bruxelles, 04.11.1998, JT 1999, 583.

95 Cass. civ. 1, 27.02.1985, D. jp. 1985, 265 (2 Urteile); Terré/Fenouillet, S. 684 ff, Nr. 817 ff.

96 Terré/Fenouillet, S. 702 ff, Nr. 835 ff.

97 Cornu, Anm. zu Cass. civ. 1, 27.02.1985, D. jp. 1985, 265, 267.

98 Civ. Bruxelles, 04.11.1998, JT 1999, 583.

99 LG Stuttgart, 25.09.1975, IPRspr. 1975, Nr. 63; AG Bersenbrück, 12.12.1984, IPRspr. 1984, Nr. 78. So auch OLG Nürnberg, 30.10.1985, IPRspr. 1985, Nr. 84 gegenüber dem rumänischen Recht.

100 AG Bersenbrück, 12.12.1984, IPRspr. 1984, Nr. 78.

Codice civile kann auch das Kind die eheliche Vaterschaft anfechten. Im niederländischen Recht hat das Kind kein Anfechtungsrecht (Art. 1:198 B.W. ff).
Die deutsche Rechtsprechung ist allerdings uneinheitlich. Andere Gerichte betrachten das Fehlen eines Ehelichkeitsanfechtungsrechts für das Kind nicht als Verstoß gegen die öffentliche Ordnung[101]. Auf der anderen Seite hat das Bundesverfassungsgericht das Recht auf Kenntnis der eigenen Abstammung aus Art. 2 Abs. 1 i.V. mit Art. 1 Abs. 1 GG abgeleitet[102] und somit die Bedeutung des Ehelichkeitsanfechtungsrechts für das Kind betont.

cc) Anfechtungsrecht bei künstlicher Zeugung

Die Rechtsfragen, die sich bei der künstlichen Zeugung von Kindern stellen, sind von Rechtsordnung zu Rechtsordnung unterschiedlich gelöst worden. Dieses junge Rechtsgebiet ist von einer europäischen Harmonisierung noch sehr fern[103]. Die unterschiedlichen Regelungen des Anfechtungsrechts des Vaters könnten in der Zukunft zu ordre public Problemen führen. Dies sei kurz anhand der deutschen und französischen Rechtslage dargestellt.
In Art. 311-20 al. 2 *Code civil* wird dem männlichen Partner, der einer künstlichen heterologen Zeugung zugestimmt hat, ein Recht auf Anfechtung seiner Vaterschaft grundsätzlich verweigert[104]. Nur wenn der Mann beweist, dass das Kind nicht aus der künstlichen Zeugung stammt oder dass seine Zustimmung fehlerhaft war, kann er die Vaterschaft anfechten. Eine ähnliche Regelung gilt in Belgien (Art. 318 § 4 *Code civil*). Auch das italienische Recht tendiert zu einer Versagung des Anfechtungsrechts[105].
Im deutschen Recht ist nach der Rechtsprechung des BGH die Vaterschaftsanfechtung in solchen Fällen grundsätzlich erlaubt[106]. Zwar wird sich der Mann den Unterhaltsansprüchen nicht entziehen können, weil er mit seiner Zustimmung regelmäßig einen Vertrag auf Unterhaltsleistung geschlossen hat. Seine Vaterschaft kann er aber aufheben.
Diese kurze Gegenüberstellung zeigt, wie grundsätzlich die Unterschiede sind. Es bleibt abzuwarten, ob die jeweilige Lösung mit der Vorbehaltsklausel verteidigt werden wird.

---

101 AG Regensburg, 21.07.1975, DAVorm 1976, 143; OLG München, 14.12.1983, NJW 1984, 2043. So auch Rauscher, DAVorm 1985, 619.
102 BVerfG, 31.01.1989, NJW 1989, 891.
103 Andorno, RIDC 1994, 143 ff.
104 So auch in Art. 1:201 B.W. (Niederlanden); so für Österreich Koziol/Welser, S. 248.
105 *Corte Costituzionale*, 26.09.1998, DEuFamR 1999, 256 mit Anm. Battes.
106 BGH, 07.04.1983, BGHZ 87, 169; BGH, 10.05.1995, NJW 1995, 2921.

d) Adoption

Das Adoptionsrecht ist in den europäischen Staaten sehr unterschiedlich geregelt. Dies führt in manchen Fällen zur Anwendung der Vorbehaltsklausel.
Belgische Gerichte haben das niederländische Recht mehrmals mittels der Vorbehaltsklausel abgewehrt[107]. In beiden Fällen ging es um die Adoption volljähriger Kinder durch Stiefeltern. Nach dem anwendbaren niederländischen Recht war eine solche Adoption nicht erlaubt. Denn im niederländischen Recht ist die Adoption volljähriger Kinder gemäß Art. 1:228 Abs. 1 B.W. grundsätzlich nicht möglich[108]. Nach Auffassung der belgischen Gerichte verstößt das niederländische Recht gegen den belgischen ordre public. Die Anwendung der kollisionsrechtlichen Vorbehaltsklausel begründen die belgischen Gerichte damit, dass im belgischen Recht eine solche Adoption möglich sei.
Im spanischen Recht ist die Adoption eines Abkömmlings nach Art. 175 Abs. 3 Nr. 1 *Código Civil* verboten[109]. In der Schweiz ist dieses Adoptionsverbot unbekannt[110]. Eine in der Schweiz erfolgte Adoption eines spanischen Kindes durch seine spanischen Großeltern wurde in Spanien wegen Verstoßes gegen den ordre public nicht berücksichtigt[111].
Ein deutsches Gericht hat das anwendbare italienische Recht, welches bei der Adoption durch den Stiefvater der Kindesmutter und Ehegattin automatisch das elterliche Sorgerecht entzog und dem Annehmenden übertrug, für ordre public widrig erklärt[112]. Im deutschen Recht steht in solchen Fällen das elterliche Sorgerecht nach der Adoption gemäß § 1754 Abs.3 BGB beiden Ehegatten gemeinsam zu. Art. 301 *Codice civile*, nach dem der leibliche Elternteil bei einer Adoption grundsätzlich die elterliche Sorge verliert, ist inzwischen durch das italienische Adoptionsgesetz vom 04.05.1983 abgeschafft worden[113].

---

107 *Burgerlijke Rechtbank Te Gent*, 05.03.1992, RW 1992-1993, S. 1099; Civ. Turnhout (2e ch.), 12.12.1996, RAJB 2000, 729 Nr. 7.

108 Auch andere europäische Rechtsordnungen verbieten die Volljährigenadoption. In England beispielsweise, s. Adoption Act 1976, sect. 72(1), sect. 12(5), s. Standley, S. 286; Frank, FamRZ 1998, 393, 399.

109 Die spanische Literatur steht dem teilweise kritisch gegenüber, s. die Nachweise in Comentario del Código Civil, Art. 175, IV.

110 Auch in Frankreich ist ein Verwandtschaftsverhältnis zwischen dem Kind und den Annehmenden kein Hindernis für eine Adoption, s. Carbonnier, S. 343. Dies gilt auch für England, s. Standley, S. 286. In Österreich steht der Adoption eines Enkels kein Hindernis entgegen, Schwimann-Schwimann, ABGB-Praxiskommentar, § 179, Rn. 8.

111 Siehe Pilar Rodriguez Mateos, REDI (Vol. XLIV) 1992, Num. 1, S. 231.

112 AG Wolfsburg, 10.06.1983, IPRspr. 1983, Nr. 111.

113 Kurzbericht von Jayme, IPRax 1984, 44 (Anm. zu AG Wolfsburg, 10.06.1983)

e) *Sorgerecht*

Auf der Grundlage des Luxemburger Europäischen Übereinkommens über die Anerkennung und Vollstreckung von Entscheidungen über das Sorgerecht für Kinder und die Wiederherstellung des Sorgeverhältnisses vom 20. Mai 1980[114] hat ein belgisches Gericht einer deutschen Sorgerechtsentscheidung die Anerkennung versagt[115]. Nach Art. 10 Abs. 1 lit. a dieses Abkommens kann die Anerkennung einer ausländischen Entscheidung versagt werden, wenn die Wirkungen der Entscheidung mit den Grundwerten des Familien- und Kindschaftsrechts im ersuchten Staat offensichtlich unvereinbar sind. Die Vorschrift beinhaltet die anerkennungsrechtliche Vorbehaltsklausel. Nach Auffassung des belgischen Gerichts war die Erteilung des Sorgerechts allein an die Mutter nicht akzeptabel, weil diese die Ausbildung des Kindes allein in deutscher Sprache vornahm. Im Interesse des Kindes sei aber auch der weitere Kontakt mit der belgischen Kultur durch den belgischen Vater. Dies habe das deutsche Gericht nicht beachtet.

Mittels der kollisionsrechtlichen ordre public Klausel hat sich ein italienisches Gericht geweigert, eine griechische Regelung über die Entziehung der elterlichen Sorge des Vaters anzuwenden[116]. Nach Art. 1525 des griechischen Zivilgesetzbuches konnte die elterliche Sorge dem Vater nur dann entzogen werden, wenn dieser wegen einer Straftat gegen sein Kind zu einer Freiheitsstrafe von mindestens einem Monat verurteilt wurde. Nach Auffassung des italienischen Gerichts richtet sich diese Norm nicht nach dem Kindeswohl und kann in Italien nicht angewandt werden. Die elterliche Gewalt müsse auch in anderen Fällen entzogen werden können. Das griechische Recht hat diese Norm mit einem Gesetz vom 18.2.1983 geändert. Die Entziehung der elterlichen Sorge bestimmt sich nunmehr nach Art. 1532 des griechischen Zivilgesetzbuches und orientiert sich am Kindeswohl[117]. Die elterliche Sorge kann nach dieser Norm u.a. entzogen werden, wenn die Eltern gegen ihre Pflichten verstoßen, die ihnen die elterliche Sorge auferlegt

---

114 BGBl. 1990 II, S. 220.

115 *Vredegerecht Te Roeselare*, 27.03.1997, RW 1997-1998, S. 652 = RAJB 1999, 682, Nr. 26.

116 *Tribunale Minorenni Bari*, 04.06.1987, Riv. dir. int. 1988, 227.

117 Bergmann/Ferid, Internationales Ehe- und Kindschaftsrecht, Griechenland, 89. Lieferung, S. 36.

3) Unterhaltsrecht

a) Berechtigte und verpflichtete Personen

aa) Verwandtschaftsverhältnis

Ein englisches Urteil, das den Stiefvater zum Unterhalt gegenüber seinem Stiefkind verurteilt, verstößt gegen den deutschen ordre public[118] und kann in Deutschland nicht vollstreckt werden. Das deutsche Gericht wandte § 328 Abs. 1 Nr. 4 ZPO an.

Die Versagung der Vollstreckung bestimmt sich in diesem Fall aber nach § 39 Abs. 2 AVAG, der den Vorbehalt des Art. 26 Abs. 1 Nr. 2 Haager Übereinkommen über die Anerkennung und Vollstreckung von Unterhaltsentscheidungen vom 02.10.1973[119] ausfüllt. Der Vorbehalt in Art. 26 Abs. 1 Haager Übereinkommen über die Anerkennung und Vollstreckung von Unterhaltsentscheidungen 1973 erlaubt den Mitgliedstaaten, bestimmte Entscheidungen ausländischer Gerichte generell nicht anzuerkennen. Dazu gehören beispielsweise Entscheidungen in Unterhaltssachen zwischen Verschwägerten. Die Bedingungen für die Anwendung der ordre public Klausel werden in Deutschland für Unterhaltssachen in § 39 Abs. 2 AVAG näher spezifiziert. Insbesondere erfolgt eine Versagung der Vollstreckung der ausländischen Entscheidung nur auf Verlangen des Verpflichteten. Im übrigen ist die Vollstreckung des ausländischen Urteils nur zu versagen, wenn das gemeinsame Heimatrecht des Berechtigten und des Verpflichteten eine solche Unterhaltspflicht nicht kennt, bei unterschiedlicher Staatsangehörigkeit wenn das Recht am gewöhnlichen Aufenthaltsort des Verpflichteten die Unterhaltspflicht nicht vorsieht. Das Gericht hätte also prüfen müssen, ob diese Voraussetzungen vorgelegen haben.

In der deutschen Literatur wird teilweise die Normierung einer Unterhaltspflicht zwischen dem Stiefkind und dem Stiefelternteil gefordert[120]. Die Versagung der Vollstreckung ausländischer Unterhaltstitel, die eine solche Unterhaltspflicht vorsehen, wird deshalb kritisch beurteilt[121].

---

118 LG Düsseldorf, 24.01.1991, FamRZ 91, 581.

119 BGBl. 1986 II, S. 826.

120 Siehe die Nachweise bei Gottwald, FamRZ 91, 581 (Anm. zu LG Düsseldorf, 24.01.1991).

121 Gottwald, FamRZ 1991, 581 (Anm. zu LG Düsseldorf, 24.01.1991); Geimer, IZPR, Rn. 2983.

bb) Unterhaltsklage bei heterologer Insemination

In der Zukunft könnte die Unterhaltsklage des Kindes, das infolge einer heterologen Insemination zur Welt kam, gegen den biologischen Vater zu ordre public Problemen führen. In Frankreich ist die Samenspende grundsätzlich anonym[122], während in Deutschland solche Klagen grundsätzlich möglich sind, da das Kind ein Recht auf Kenntnis seiner Abstammung hat[123]. Das Verbot der Anonymität des Samenspenders ist in Deutschland verfassungsrechtlich gesichert[124]. Ob eine deutsche Unterhaltsentscheidung zugunsten eines Kindes gegen den Samenspender in Frankreich vollstreckt werden könnte, ist demnach zweifelhaft.

b) Leistungsfähigkeit des Verpflichteten

In bezug auf die Berücksichtigung der Leistungsfähigkeit des Verpflichteten ist die radikale Position der niederländischen Rechtsprechung zu erwähnen. Zu Gunsten der Freizügigkeit der Urteile in Europa wird die Überschreitung der finanziellen Leistungsfähigkeit des Verpflichteten ausdrücklich in Kauf genommen[125]. Im österreichischen Recht wird die Gewährung von gesetzlichem Kindesunterhalt ohne Berücksichtigung der Leistungsfähigkeit des Schuldners ebenfalls akzeptiert[126].

c) Entschädigungscharakter der Unterhaltsleistung

Gemäß Art. 300 des luxemburgischen *Code civil* wird die nacheheliche Unterhaltsleistung allein auf der Grundlage der Bedürftigkeit des Unterhaltsberechtigten und der Leistungsfähigkeit des Verpflichteten gewährt. Dies setzt voraus, dass die Unterhaltsleistungen bei Änderung der Bedürftigkeit oder Leistungsfähigkeit jederzeit modifiziert werden können.

Die *prestation compensatoire* (Entschädigungsleistung) nach französischem Recht (Art. 270 *Code civil*)[127], die die vermögensmäßige Lage der Ehepartner nach der Scheidung ausgleichen will ist dagegen grundsätzlich nicht änderbar (Art. 273 *Code civil*). Eine Änderung kann nur ausnahmsweise dann erfolgen, wenn ohne

---

122 Letteron, S. 73.
123 BVerfG, 31.01.1989, NJW 1989, 891.
124 Lüderitz, Familienrecht, Rn. 695.
125 *Hoge Raad*, 26.01.1979, NILR 1981, 84; *Gerichtshof Herzogenbosch*, 25.10.1984, DAVorm 1985, 517.
126 OGH, 04.03.1970, ZfRV 1970, 282.
127 Dazu näher Hausmann, IPRax 1990, 382, 384 ff.

Modifizierung eine außergewöhnliche Härte für einen der Ehepartner eintreffen würde. Die Leistung ist grundsätzlich als einmalige Kapitalabfindung zahlbar, kann aber auch als Rentenzahlung gewährt werden, wenn das Vermögen des Leistungsverpflichteten für eine einmalige Kapitalzahlung nicht ausreicht[128]. Sie geht gemäß Art. 276-2 *Code civil* auf die Erben über. Sie wird ggf. zusätzlich zur Unterhaltsleistung (*pension alimentaire*) gezahlt.
Der definitive Charakter der Leistung, die Tatsache, dass sie unabhängig davon gewährt wird, ob der Berechtigte eine neue eheähnliche Lebensgemeinschaft oder eine neue Ehe eingegangen ist wie auch die Zugehörigkeit der Ausgleichsleistung zum Nachlass des Verpflichteten verletzen nach Auffassung der luxemburgischen Rechtsprechung den ordre public[129]. Die Anwendung des französischen Rechts wurde mittels der kollisionsrechtlichen Vorbehaltsklausel abgelehnt.
Wird die *prestation compensatoire* als Unterhaltsleistung qualifiziert[130], so könnte auch das deutsche Recht eine abwehrende Haltung einnehmen. Nach Art. 11 Abs. 2 Haager Übereinkommen über das auf Unterhaltspflichten anzuwendende Recht vom 02.10.1973[131] bzw. Art. 18 Abs. 7 EGBGB sind Bedürftigkeit und Leistungsfähigkeit stets zu berücksichtigen, so dass in manchen Fällen eine Korrektur nach dem deutschen Recht erfolgen könnte. Dabei ist Art. 11 Abs. 2 Haager Übereinkommen über das auf Unterhaltspflichten anzuwendende Recht vom 02.10.1973 bzw. Art. 18 Abs. 7 EGBGB als Konkretisierung der allgemeinen ordre public Klausel zu betrachten.
Die *prestation compensatoire* ist in Frankreich immer wieder auf heftigen Widerstand[132] gestoßen und hat schließlich zu einer Gesetzesänderung geführt[133]. Das Gesetz sieht jetzt in Artikel 276-3 des *Code civil* eine erleichterte Anpassung der Leistung an die Lebensverhältnisse der Parteien vor[134]. Der Schuldner kann nunmehr gerichtlich eine Reduzierung der Leistungshöhe verlangen, wenn eine wichtige Änderung in den Lebensverhältnissen des Schuldners oder des Gläubigers stattgefunden hat. Die Erben des Leistungsschuldners sollen aber weiterhin zur Zahlung verpflichtet bleiben.

---

128 In der Praxis wird meist Rentenzahlung angeordnet, Hausmann, IPRax 1990, 382, 386.

129 *Cour d'appel*, 01.04.1987, Pasicrisie luxembourgeoise, Band 27, S. 133. Siehe aber die tolerantere Haltung von *Cour d'appel*, 14.02.1996, zitiert bei Schockweiler, Nr. 190.

130 So Hausmann, IPRax 1990, 382; a.A. *Cour d'appel*, 01.04.1987, Pasicrisie luxembourgeoise, Band 27, S. 133 und OLG Karlsruhe, 18.01.1989, IPRax 1990, 406.

131 BGBl. 1986 II, S. 837.

132 Am 27.11.1999 kam es in Paris zu einer Demonstration der Gegner der *prestation compensatoire*, meist Unterhaltsverpflichtete und deren Erben, siehe Le Monde vom 30.11.1999, S. 12.

133 Gesetz Nr. 2596 vom 30.06.2000. Siehe dazu das Sonderheft Gaz.Pal. 12.11.2000/14.11.2000.

134 Gaz.Pal 12.11.2000/14.11.2000, 5, 8.

d) *Ausschluss des Unterhaltsanspruchs*

Ein deutsches Gericht, das mit einem Anspruch auf nachehelichen Unterhalt befasst war, hat das anwendbare belgische Recht mittels der Vorbehaltsklausel abgewehrt[135].
Die Ehefrau klagte in Deutschland auf nachehelichen Unterhalt. In Belgien war ein Scheidungsurteil ergangen. Die Voraussetzungen für die Anerkennung des belgischen Scheidungsurteils wurden nach Art. 7 § 1 FamRÄndG festgestellt. Auf den nachehelichen Unterhaltsanspruch war deshalb nach Art. 18 IV EGBGB belgisches Recht anwendbar. Das belgische Scheidungsurteil hatte der beklagte Ehemann erwirkt. Es erfolgte aus beiderseitigem Verschulden. Das belgische Urteil hatte festgestellt, das die Ehefrau als erste durch Aufnahme außerehelicher Beziehungen aus der Ehe ausgebrochen war. Der Ehemann hatte später ebenfalls eine Beziehung zu einer dritten Person aufgenommen. Dies wurde dem Ehemann als Mitverschulden zugerechnet.
Art. 301 § 1 des belgischen *Code civil* erlaubt dem Richter, dem Ehegatten, der die Scheidung erwirkt hat[136], einen Unterhaltsanspruch gegen den anderen Ehegatten zu gewähren. Der Ehepartner, der die Scheidung nicht erwirkt hat, erhält Unterhaltsansprüche nur im Fall der Scheidung wegen Zerrüttung der Ehe nach fünfjähriger Trennung (Art. 306 i.V. mit Art. 232 Abs. 1 des belgischen *Code civil*). Nach dieser Regelung konnte die Ehefrau keinen Unterhalt verlangen, obwohl sie weiterhin das gemeinsame Kind betreute. Sie hatte die Scheidung nicht erwirkt.
Das deutsche Gericht hielt diese Regelung für einen Verstoß gegen den deutschen ordre public. Es wandte die Vorbehaltsklausel (Art. 6 EGBGB) an. Art. 18 II EGBGB, der auf deutsches Recht verweist, wenn der Berechtigte nach dem anzuwendenden Recht keinen Unterhalt erhalten kann, ist auf den nachehelichen Ehegattenunterhalt nicht übertragbar[137]. Das deutsche Gericht meinte, dass der Ausschluss des Unterhaltsanspruchs zwar nicht allgemein ordre public widrig sei. Ein Unterhaltsanspruch müsse aber in Härtefällen gewährt werden. Ein Härtefall ist dann gegeben, wenn der auf Unterhalt klagende Ehegatte ein gemeinsames Kind zu versorgen habe und er ohne Vernachlässigung seiner hieraus entstehenden Pflichten nicht seinen eigenen Lebensunterhalt sicherstellen könne. Das deutsche Gericht gewährte der Ehefrau einen nachehelichen Unterhalt. Allerdings beschränkte es die Unterhaltsleistung auf den Notunterhalt. Das Gericht hielt

---

135 OLG Düsseldorf, 09.11.1994, IPRspr 1994 Nr. 97. BGH, 27.03.1991, IPRspr. 1991, Nr. 106, gibt den Maßstab für solche Fallkonstellationen. Dort war dominikanisches Recht anwendbar.

136 "*...qui a obtenu le divorce...*", heißt es in Art. 301 § 1 *Code civil belge*.

137 BGH, 27.03.1991, IPRspr 1991 Nr. 106; OLG Karlsruhe, 18.01.1989, IPRspr 1989 Nr. 110

einen Unterhaltsanspruch deshalb für notwendig und berechtigt, weil die Ehefrau das Sorgerecht für das gemeinsame Kind innehatte.
Das deutsche Gericht orientiert sich stillschweigend am Maßstab des § 1579 BGB. Nach § 1579 Nr. 6 BGB ist der Ausschluss oder die Herabsetzung des nachehelichen Unterhalts bei offensichtlich schwerwiegendem einseitigem Fehlverhalten möglich. Dazu gehört auch der Verstoß gegen die eheliche Treuepflicht[138]. Die Herabsetzung des nachehelichen Ehegattenunterhalts darf aber nie zu Lasten des gemeinsamen Kindes erfolgen. Das Interesse des Kindes ist stets zu berücksichtigen[139]. Für den nachehelichen Ehegattenunterhalt ist im belgischen Recht dagegen ein Ausschluss auch dann möglich, wenn ein Kind betroffen ist.
Wenn allerdings kein Härtefall vorliegt, also keine Kinder zu versorgen sind, so wenden deutsche Gerichte das ausländische Unterhaltsrecht auch dann an, wenn es Unterhaltsansprüche ganz verweigert[140].

IV. Bank- und Kapitalmarktrecht

Im Kapitalmarktrecht ist die Vorbehaltsklausel in Deutschland lange Zeit zu Gunsten des Anlegers angewandt worden[141]. In den Entscheidungen, in denen die Vorbehaltsklausel zum Einsatz kam, hatte meist ein deutscher Anleger im Ausland Börsengeschäfte getätigt und dabei Verluste gemacht. Vor deutschen Gerichten ging es dann um die Wirksamkeit des Vertrages oder um die Vollstreckbarerklärung einer ausländischen Entscheidung. Das anwendbare Recht war meist englischer oder amerikanischer Herkunft, die keinen dem deutschen Recht vergleichbaren Anlegerschutz kannten. Der Anleger konnte sich in Deutschland gemäß der deutschen Rechtsprechung auf § 61 BörsG a.F. berufen und den Termineinwand geltend machen, wenn er nach deutschem Recht nicht börsentermingeschäftsfähig war[142]. Er konnte auch im Rahmen der ordre public Klausel den Differenzeinwand nach §§ 764, 762 BGB geltend machen. Letztere Möglichkeit stand sogar dem börsentermingeschäftsfähigen Anleger offen, der im Ausland Börsentermingeschäfte abschloss[143].

---

138 Palandt-Diederichsen, § 1579 Nr. 26.
139 Schwab, S. 184, Nr. 386.
140 OLG Karlsruhe, 18.01.1989, IPRspr 1989 Nr. 110 im deutsch-französischen Rechtsverkehr.
141 BGH, 04.06.1975, NJW 1975, 1600; BGH, 25.05.1981, NJW 1981, 1898; BGH, 12.03.1984, NJW 1984, 2037; Fischer, IPRax 1999, 450, 451 m.w.N. zur deutschen Rechtsprechung.
142 BGH, 04.06.1975, NJW 1975, 1600 f.
143 BGH, 25.01.1981, NJW 1981, 1898 f.

Die Durchsetzung des deutschen Anlegerschutzes gegenüber ausländischem Recht ist nach und nach aufgegeben worden. Die Börsengesetznovelle von 1989 hat zunächst dem börsentermingeschäftsfähigen Anleger, der im Ausland Börsentermingeschäfte tätigt, den Termin- und den Differenzeinwand abgeschnitten (§ 58 BörsG)[144]. Dies gilt also auch für den Anleger, der kraft Information die Börsentermingeschäftsfähigkeit erlangt (§ 53 Abs. 2 BörsG). Der BGH ist nunmehr einen Schritt weiter gegangen[145]. Er hat eine österreichische Entscheidung anerkannt, obwohl der Anleger nach deutschen Maßstäben nicht börsentermingeschäftsfähig war. Allerdings war dieser Anleger wohlinformierter Fachmann. In dieser Fallkonstellation gehören der Termin- und der Differenzeinwand nach Auffassung des BGH nicht mehr zum deutschen ordre public.
Für den nichttermingeschäftsfähigen und aufklärungsbedürftigen Anleger hat sich die Rechtslage nicht geändert[146]. Nach § 61 BörsG ist das ausländische Recht, das den Termin- und Differenzeinwand nicht kennt, nicht anzuwenden, wenn der Anleger seinen gewöhnlichen Aufenthalt zur Zeit des Geschäftsabschlusses in Deutschland hat und die für den Abschluss des Geschäfts erforderliche Willenserklärung im Inland abgegeben hat. § 61 BörsG gilt bei der Frage des anwendbaren Rechts[147]. Für die Anerkennung und Vollstreckbarkeit ausländischer Urteile ist der Termin- bzw. Differenzeinwand mittels der anwendbaren, internen oder staatsvertraglichen, anerkennungsrechtlichen ordre public Klausel durchzusetzen[148]. In diesem Bereich bleibt die Anwendung der Vorbehaltsklausel möglich.

Die französische Rechtsprechung hat den Differenzeinwand gegenüber einem Vertrag über Warentermingeschäfte nicht gelten lassen. Der Vertrag unterlag englischem Recht. Das Gericht hat sich versichert, dass der Vertrag nicht dem Spiel gedient hat, sondern der Kurssicherung. Es hat aber verdeutlicht, dass der Differenzeinwand in Frankreich dem ordre public angehört[149].

---

144 BGH, 26.02.1991, WM 1991, 576, hat deshalb auf Sachverhalte, die vor Änderung des Börsengesetzes stattgefunden hatten, den Termin- und Differenzeinwand für börsentermingeschäftsfähige Anleger, die im Ausland tätig waren, nicht durchgesetzt.

145 BGH, 21.04.1998, IPRax 1999, 466 mit Anm. Fischer, 450 ff.

146 So Schwark, Börsengesetz, § 61, Rn. 27; Henssler, ZHR 1989, 611, 639.

147 Die Rechtsnatur dieser Norm ist umstritten, siehe Henssler, ZHR 1989, 611, 638; Schwark, Börsengesetz, § 61, Rn. 1.

148 Schwark, Börsengesetz, § 61, Rn. 27.

149 Cass. civ. 1, 16.03.1999, Bull. civ. Nr. 94.

Auch im Bankrecht berücksichtigt der BGH den Schutz von Privatpersonen[150]. In einem *obiter dictum* hat das Gericht deutlich gemacht, dass von einer Privatperson unterzeichnete Garantieverträge nach ausländischem Recht in Deutschland nur unter gewissen Voraussetzungen als gültig betrachtet werden können. Insbesondere ist zu prüfen, unter welchen Voraussetzungen Privatpersonen einen Garantievertrag abschließen können und wie spätere Rückzahlungsansprüche gesichert sind, wenn dem Begünstigten nach dem Kausalverhältnis, welches dem Garantievertrag zugrunde liegt, keine Forderung zusteht. Der BGH behält sich also hier eine Kontrolle über ausländische Garantieverträge vor. Andererseits hat der BGH gegenüber ausländischen Bürgschaften von Unerfahrenen einen weniger strengen Maßstab angewandt als gegenüber deutschen Bürgschaftsverträgen[151]. In diesem letzteren Bereich hält er sich mit der Anwendung der ordre public Klausel besonders zurück.

V. Sozialversicherungsrecht

Der BGH hat gegenüber einer italienischen Entscheidung mittels Art. 27 Nr. 1 EuGVÜ die §§ 636, 637 RVO des deutschen Rechts durchgesetzt[152].
Der Entscheidung lag folgender Fall zu Grunde: Ein deutscher Lehrer verletzte während einer Auslandreise mit einer deutschen Schulklasse in Italien seine Aufsichtspflicht. Ein Schüler kam zu Tode. In dem italienischen Strafprozess machte die Familie des Verstorbenen im Wege des Adhäsionsverfahrens deliktsrechtliche Ansprüche geltend. Die italienische Entscheidung gab ihnen statt. Es handelte sich um Ersatz von Sachschäden und von Personenschäden. Diese Entscheidung wollten die Kläger in Deutschland im Rahmen des EuGVÜ für vollstreckbar erklären lassen. In bezug auf die Personenschäden verweigerte der BGH die Vollstreckbarerklärung. Der Ausschluss der zivilrechtlichen Haftung des Lehrers gegenüber den Geschädigten für Personenschäden rechne zum ordre public. Nach dem deutschen System seien zivilrechtliche Ansprüche durch pauschalierte Ansprüche aus dem gesetzlichen Unfallversicherungsschutz ersetzt. Dieses System könne nicht dadurch umgangen werden, dass zivilrechtliche Ansprüche im Ausland geltend gemacht würden.

---

150 BGH, 13.05.1997, IPRspr. 1997, Nr. 2 aE.

151 BGH, 24.02.1999, IPRax 1999, 371 mit Aufsatz Schulze, S. 342. Siehe zu dieser Problematik auch die Stellungnahme von Bruns, JZ 1999, 278, 279.

152 BGH, 16.09.1993, IPRspr 1993 Nr. 178. Dazu Haas, ZZP 1995, 219; Eichenhofer JZ 1994, 258; Basedow IPRax 1994, 85.

B) Verfahrensrechtlicher ordre public

Der verfahrensrechtliche (oder prozessuale) ordre public kann nur im Rahmen des anerkennungsrechtlichen ordre public Bedeutung erlangen[153]. Denn Gegenstand der Kontrolle ist ein ausländisches durch eine Gerichtsentscheidung abgeschlossenes Verfahren. Dem inländischen Richter liegt eine fremde Gerichtsentscheidung vor, deren Inhalt er im Rahmen der ordre public Klausel materiellrechtlich und verfahrensrechtlich würdigt. Der verfahrensrechtliche ordre public wird verletzt, wenn das Urteil des ausländischen Gerichts auf Grund eines Verfahrens erlassen wurde, das von wesentlichen Grundprinzipien des inländischen Verfahrensrechts abweicht[154].
Die folgende Darstellung enthält eine Auswahl von Entscheidungen europäischer Gerichte, die eine ausländische europäische Gerichtsentscheidung wegen eines Verstoßes gegen den inländischen verfahrensrechtlichen ordre public nicht anerkannt haben oder nicht zur Vollstreckung zugelassen haben.
Es wird zwischen dem Erkenntnisverfahren (I) und dem Vollstreckungsverfahren (II) unterschieden.

I. Erkenntnisverfahren

1) Internationale Zuständigkeit

In den Rechtsmaterien, die vom EuGVÜ nicht erfasst waren, konnte die ordre public Klausel zur Anwendung kommen, wenn der ausländische Richter seine internationale Entscheidungszuständigkeit auf einer Grundlage angenommen hat, die den Regeln der Anerkennungszuständigkeit des Anerkennungsrichters nicht entsprechen[155].

---

153 Die Terminologie wird nicht einheitlich benutzt. Kegel/Schurig z.B. wenden den Begriff des verfahrensrechtlichen ordre public auch i.S.d. anerkennungsrechtlichen ordre public an, IPR, S. 466. Sonnenberger, ZvglRWiss 1996, 3, 42, Fn. 212 wendet den Begriff prozessualen ordre public i.S.d. anerkennungsrechtlichen ordre public an.

154 BGH, 09.04.1986, IPRspr. 1986 Nr. 95; Raape/Sturm, S. 204; Mayer, S. 256 Nr. 384; IPRG-Kommentar, Art. 17, S. 185.

155 Zur internationalen Entscheidungs- und Anerkennungszuständigkeit, siehe Geimer, IZPR Nr. 850 ff.

Im Bereich des Insolvenzrechts hat ein belgisches Gericht die Anerkennung einer italienischen Entscheidung abgelehnt. Die ausschließliche Zuständigkeit der belgischen Gerichte für die Konkurseröffnung eines Kaufmanns mit Hauptverwaltungssitz in Belgien sei nicht beachtet worden[156].
Ferner hat ein belgisches Gericht einer französischen Entscheidung, welche eine Ehe für nichtig erklärt hatte, die Anerkennung versagt[157]. Gerügt wurde die Annahme der internationalen Zuständigkeit durch das französische Gericht auf der Grundlage von Art. 14 *Code civil*. Art. 14 *Code civil* ist ein exorbitanter Gerichtsstand. Die Norm erlaubt es jedem Kläger französischer Staatsangehörigkeit jede ausländische Person vor französischen Gerichten zu verklagen, auch wenn der Sachverhalt keinen sonstigen Bezug zu Frankreich hat.
Mit der Verabschiedung europäischer Richtlinien im Bereich des internationalen Insolvenzrechts und des internationalen Familienrechts[158], die auch die internationale Zuständigkeit regeln, wird die ordre public Klausel in diesen Bereichen an Bedeutung verlieren.

2) Informierung des Beklagten im Säumnisverfahren

Allgemein gilt, dass der Beklagte von der Einleitung des Verfahrens informiert werden muss. Andernfalls wird das ausländische Versäumnisurteil nicht anerkannt. Dieses Prinzip ist Bestandteil des Völkerrechts[159]. Es soll sicherstellen, dass sich der Beklagte in dem ausländischen Verfahren verteidigen konnte. Die entsprechenden Vorschriften stellen also bestimmte Anforderungen an die Zustellung des verfahrenseinleitenden Schriftstückes an den Beklagten, die überprüft werden, wenn es um die Anerkennung oder Vollstreckbarerklärung eines Versäumnisurteils geht. Dieser Grundsatz ist in allen einschlägigen Normen des nationalen Rechts verankert, beispielsweise in Art. 27 Abs. 2 a des schweizerischen IPRG oder § 328 Abs. 1 Nr. 2 der deutschen ZPO. Im Rahmen des EuGVÜ ist

---

156 *Tribunal de commerce de Bruxelles*, 15.03.1988, RPS 1988, 234 ff; Born/Fallon, S. 437 Nr. 145.

157 *Cour Trav. Mons* (7e ch.), 15.05.1991, RAJB 1994, S. 720, Nr. 49.

158 EG-Verordnung Nr. 1346/2000, ABl. EG L 160, 30.06.2000, S.1, über Insolvenzverfahren; EG-Verordnung Nr. 1347/2000, ABl. EG L 160, 30.06.2000, S. 19, über die gerichtliche Zuständigkeit, die Anerkennung und Vollstreckung von Entscheidungen in Ehesachen und in Verfahren betreffend die elterliche Verantwortung für die gemeinsamen Kinder der Ehegatten.

159 Geimer, IZPR, Rn. 131.

Art. 27 Nr. 2 EuGVÜ die einschlägige Vorschrift, in der EuGVO Artikel 34 Nr. 2. Auch in den sonstigen Staatsverträgen wird dieser Grundsatz befolgt[160]. Zwischen den europäischen Mitgliedstaaten kommt es in diesem Bereich oftmals zur Verweigerung der Anerkennung oder Vollstreckung der ausländischen Entscheidung.

a) *Inhalt des verfahrenseinleitenden Schriftstückes*

Nach der Auffassung des obersten Gerichtshofs Frankreichs muss das verfahrenseinleitende Schriftstück den Beklagten nicht nur darüber informieren, dass ein Verfahren gegen ihn angestrengt ist, sondern muss auch noch genügende Angaben über den Klageantrag enthalten[161]. Andernfalls seien die Verteidigungsrechte des Beklagten nicht gewahrt. Obwohl sich das Gericht nicht deutlich ausdrückt[162], wendet es in der Sache Art. 27 Nr. 1 EuGVÜ als verfahrensrechtlichen ordre public an. Damit schafft es eine zusätzliche Anerkennungsvoraussetzung für ausländische Versäumnisentscheidungen, die in Art. 27 Nr. 2 EuGVÜ nicht vorgesehen ist. Im Gegensatz zum EuGVÜ sieht das Haager Übereinkommen über die Anerkennung und Vollstreckung von Unterhaltsentscheidungen von 1973 in Art. 6 ausdrücklich vor, dass die wesentlichen Klagegründe in dem verfahrenseinleitenden Schriftstück enthalten sein müssen.

b) *Zustellung des verfahrenseinleitenden Schriftstückes*

Die Informierung des Beklagten im Versäumnisverfahren wird dadurch sichergestellt, dass ihm das verfahrenseinleitende Schriftstück ordnungsgemäß und rechtzeitig zugestellt wurde. Diese Anforderungen stellt das EuGVÜ in Art. 27 Nr. 2 EuGVÜ[163]. Aber auch außerhalb des EuGVÜ gilt dieser Maßstab[164]. Im eu-

---

160 Art. 6 Haager Übereinkommen über die Anerkennung und Vollstreckung von Unterhaltsentscheidungen vom 02.10.1973, BGBl. 1986 II, S. 826; Art. 2 Nr. 2 Haager Übereinkommen über die Anerkennung und Vollstreckung von Entscheidungen auf dem Gebiet der Unterhaltspflicht gegenüber Kindern vom 15.04.1958, BGBl. 1961 II, S. 1006.

161 Cass. civ. 1, 09.10.1991, RC 1992, 516 mit Anm. Kessedjian; so auch Kropholler, Europäisches Zivilprozessrecht, Art. 27, Rn. 25: die wesentlichen Elemente des Rechtsstreits müssen dem Beklagten mitgeteilt werden.

162 Interpretationsmöglichkeiten gibt Huet, JDI 1993, 158 Anm. zu Cass. civ. 1, 09.10.1991.

163 Art. 34 Nr. 2 EuGVO hat die Anforderungen an die Zustellung des verfahrenseinleitenden Schriftstückes reduziert, s. Teil 2 A I 3 b.

164 Z.B. Art. 6 Haager Übereinkommen über die Anerkennung und Vollstreckung von Unterhaltsentscheidungen vom 02.10.1973, BGBl. 1986 II, S. 826; Art. 27 Abs. 2 schweizerisches IPRG.

ropäischen Rechtsverkehr kommt es in diesem Bereich oft zur Anwendung der Vorbehaltsklausel[165].

aa) Ordnungsmäßigkeit

1. Allgemein

Die Zustellung des verfahrenseinleitenden Schriftstückes muss nach Art. 27 Nr. 2 EuGVÜ zunächst ordnungsgemäß sein. Nach Art. 34 Nr. 2 EuGVO braucht die Zustellung nicht mehr unbedingt ordnungsgemäß zu sein. Sie muss aber in einer Weise erfolgen, die es dem Berechtigten erlaubt, sich verteidigen zu können.
Nach einheitlicher Auffassung in Rechtsprechung und Literatur bestimmt sich die Ordnungsmäßigkeit der Zustellung im Rahmen des EuGVÜ nach dem Recht des Urteilsstaates[166]. Der Anerkennungsrichter überprüft, ob der Richter im Urteilsstaat sein eigenes nationales oder das international anwendbare Recht, insbesondere das Haager Zustellungsübereinkommen 1965[167], richtig angewandt hat. Es handelt sich um eine *révision au fond*[168], bei der jeder Zustellungsfehler zur Versagung der Anerkennung führt. Der Anerkennungsrichter fungiert als zusätzliche Instanz[169]. Im Rahmen der EuGVO wird der Anerkennungsrichter nicht mehr die Ordnungsmäßigkeit an den im Urteilsstaat geltenden Regeln messen, sondern, unter der Aufsicht des EuGH, eigene Maßstäbe entwickeln müssen.
Die Vorbehaltsklausel wurde unter der Geltung des EuGVÜ wegen dieses weiten Kontrollmaßstabes in einer Vielzahl von Fällen angewandt. Entweder beachtete der Urteilsrichter nach der Auffassung des Anerkennungsrichters die anwendbaren Zustellungsvorschriften nicht[170]. Dies war zum Beispiel der Fall, wenn der Urteilsrichter trotz der Geltung von entgegenstehenden internationalen Verträgen

---

165 Heß, NJW 2000, 23, 26: das größte Hemmnis für den grenzüberschreitenden Zivilrechtsverkehr im Binnenmarkt ist die Zustellung; Schack, ZZP 1994, 279, 299.

166 EuGH, Klomps, 16.06.1981, Slg. 1981, 1593; Kropholler, Europäisches Zivilprozessrecht, Art. 27 Rn. 30; Gothot/Holleaux, S. 152 Nr. 256; Braun, S. 90 Fn. 3. Anders das schweizerische Recht: die Ordnungsmäßigkeit der Ladung richtet sich gemäß Art. 27 Abs. 2 a IPRG nach dem Recht am Wohnsitz oder am gewöhnlichen Aufenthalt des Beklagten.

167 Haager Übereinkommen über die Zustellung gerichtlicher und außergerichtlicher Schriftstücke im Ausland in Zivil- oder Handelssachen vom 15.11.1965, BGBl. 1977 II, S. 1453.

168 Gothot/Holleaux, S. 155 Nr. 170.

169 Geimer, IZPR, Rn. 2913, der dies zu Recht als Systembruch im Rahmen der Anerkennung ausländischer Urteile wertet.

170 OLG Karlsruhe, 22.01.1996, IPRax 1996, 426; zweifelhaft, da sich die französische "*remise au parquet*" als reine Inlandszustellung nicht nach dem HZÜ beurteilen läßt, siehe Braun, S. 108.

eine formlose Zustellung durch Brief veranlasst hatte, obwohl der Empfangsstaat solche Zustellungen nicht erlaubte[171]. Oder es kam zu Mängeln im Zustellungsverfahren durch die vom Urteilsstaat ersuchten Behörden im Zustellungsstaat[172]. Die Vorbehaltsklausel kann aber auch dann eingesetzt werden, wenn der Urteilsrichter seine eigenen Vorschriften zwar richtig angewandt hat, diese für den Anerkennungsrichter aber nicht akzeptabel sind. So hat das OLG Karlsruhe eine Zustellung nach dem französischen Recht in der Form der "*remise au parquet*" schlechthin als nicht ordnungsgemäß angesehen und die Anerkennung der Entscheidung verweigert[173]. Die Zustellungsform der "*remise au parquet*" ist in den Art. 683 ff NCPC geregelt. Sie ist eine reine Inlandszustellung. Sie erfolgt in der Weise, dass der Kläger die Klage und Ladung der französischen Staatsanwaltschaft zukommen lässt. Diese leitet die Schriftstücke zur Übermittlung in den Staat, in dem sich der Beklagte aufhält, auf vertraglichem oder diplomatischem Weg weiter. Der Beklagte wird zusätzlich durch den Gerichtsvollzieher durch Einschreibebrief gegen Rückschein von der erfolgten Zustellung informiert. Die Zustellung ist mit der Übersendung des zuzustellenden Schriftstückes an die französische Staatsanwaltschaft vollzogen[174]. Dieses System garantiert nicht, dass der Beklagte rechtzeitig oder überhaupt vom Prozessbeginn informiert wird. Es gibt auch keine Urkunde, aus der sich ergibt, dass der Beklagte das zuzustellende Schriftstück erhalten hat[175]. Nach Auffassung des OLG Karlsruhe verstößt dieses System gegen das Diskriminierungsverbot des EGV. Es verletzt auch das Prinzip des fairen Verfahrens nach Art. 6 Abs. 1 EMRK. Wenn man bedenkt, dass Belgien, Griechenland, Italien, Luxemburg und die Niederlande ebenfalls die "*remise au parquet*" kennen[176], so führt die Auffassung des OLG Karlsruhe zu einer empfindlichen Einschränkung bei der Anerkennung von Entscheidungen dieser Staaten.

---

171 Baumann, S. 48; Braun, S. 99 mit zahlreichen Nachweisen zur europäischen Rechtsprechung.

172 BGH, 18.02.1993, IPRax 1993, 396; OLG Saarbrücken, 01.10.1993, IPRax 1995, 35; OLG Jena, 2.05.2001, IPRax 2001, 298 mit Anm. Stadler, S. 282; s.a. den Sachverhalt in EuGH, Minalmet,12.11.1992, Slg. 1992-I-5661.

173 OLG Karlsruhe, 12.03.1999, RIW 1999, 538.

174 Geimer, IZPR, Rn. 2093.

175 Nagel, IPRax 1992, 150.

176 Geimer, Neuordnung, S. 32. Art 40 *Code judiciaire* (Belgien); Art. 4 Nr. 8 *Wetboek van Burgerlijke Rechtsvordering* (Niederlanden); Art 69 Nr. 10 *Code de Procédure Civile* (Luxemburg); Art. 142, 143 *Codice di Procedura Civile* (Italien).

2. Übersetzung

Die Ordnungsmäßigkeit der Zustellung wird auch deshalb oft verneint, weil eine Übersetzung des verfahrenseinleitenden Schriftstückes fehlte[177].
Der österreichische OGH leitet aus Art. 6 Abs. 1 EMRK das Recht des Beklagten ab, eine Übersetzung des verfahrenseinleitenden Schriftstückes zu erhalten[178]. In dem der Entscheidung zu Grunde liegende Fall war das Haager Übereinkommen über den Zivilprozess vom 1.3.1954 (HPÜ)[179] anwendbar nebst Zusatzabkommen zwischen Österreich und Italien vom 30.6.1975. Nach Art. 6 Abs. 1 Nr. 1 HPÜ i.V. mit Art. 5 des Zusatzabkommens ist auch die Zustellung unmittelbar durch die Post möglich. Die Vorschriften sagen über das Erfordernis einer Übersetzung bei dieser Zustellungsart nichts aus. Dieses Erfordernis hat der OGH nunmehr in die einschlägigen Vorschriften hinein gelesen. Wenn der Beklagte das Schriftstück auf dem Postweg erhalten hat, ist die Zustellung unwirksam, wenn eine Übersetzung fehlt. Die Entscheidung erging in einem österreichischen Erkenntnisverfahren. Diese österreichische Rechtsprechung ist jedoch auch für die Anerkennung ausländischer Entscheidungen bedeutsam, insbesondere für die Auslegung von Art. 27 Nr. 2 EuGVÜ[180] (bzw. Art. 34 Nr. 2 EuGVO). Da die anwendbaren Abkommen über die internationale Zustellung, insbesondere das HZÜ eine Übersetzung des zuzustellenden Schriftstückes nicht zwingend vorsehen[181], könnten sich Konflikte mit der österreichischen Auffassung ergeben[182]. Nach der Auffassung des OGH muss jedes zuzustellende Schriftstück eine Übersetzung enthalten[183].
Die belgische Rechtsprechung hatte 1975 auf der Grundlage des Art. 2 Nr. 2 Haager Übereinkommen über die Anerkennung und Vollstreckung von Entscheidungen auf dem Gebiet der Unterhaltspflicht gegenüber Kindern vom 15.04.1958[184] einem deutschen Versäumnisurteil die Anerkennung versagt, weil

---

177 Marchal Escalona, REDI 1996, Num. 1, S. 321, 323 : eines der größten Probleme in der Praxis.

178 OGH, 16.06.1998, IPRax 1999, 260; ablehnend Matscher, der den Rückgriff auf Art. 6 Abs. 1 EMRK für überzogen hält, IPRax 1999, 274 ff.

179 BGBl. 1958 II, S. 577.

180 Matscher, IPRax 1999, 274, 276.

181 Calvo Caravaca, S. 487. Siehe aber nunmehr die EG-Verordnung Nr. 1348/2000 über die Zustellung gerichtlicher und außergerichtlicher Schriftstücke in Zivil- oder Handelssachen in den Mitgliedstaaten der Europäischen Union, dazu Teil 2 B II 3 a aa.

182 Gemäß Art. 5 Abs. 3 HZÜ kann ein Mitgliedstaat jedoch erklären, dass er eine Übersetzung des zuzustellenden Schriftstückes verlangt.

183 Siehe dagegen die kritische Stellungnahme von Nagel/Gottwald gegen das Übersetzungserfordernis, IZPR, § 7, Rn. 65.

184 BGBl. 1961 II, S. 1006.

das verfahrenseinleitende Schriftstück keine holländische Übersetzung enthielt[185]. Nach Art. 2 Nr. 2 des oben genannten Übereinkommens darf die Anerkennung einer ausländischen Entscheidung versagt werden, wenn die säumige Partei ohne ihr Verschulden von dem Verfahren keine Kenntnis hat oder sich in ihm nicht verteidigen konnte.

In Deutschland müssen förmliche Zustellungen gemäß Art. 5 Abs. 3 HZÜ i.V. mit § 3 Ausführungsgesetz vom 22.12.1977 stets von einer Übersetzung begleitet sein. Dies gilt auch für Luxemburg und Großbritannien[186]. Zustellungen aus dem Ausland ohne entsprechende Übersetzung sind nicht ordnungsgemäß i.S.d. Art. 27 Nr. 2 EuGVÜ[187]. Das OLG Karlsruhe hat aus Art. 6 Abs. 1 EMRK und dem Grundsatz des fairen Verfahrens das Recht des Beklagten abgeleitet, eine verständliche Information über den Prozess zu erhalten[188]. Den Gründen der Entscheidung kann entnommen werden, dass hierzu auch eine Übersetzung der Klage zählen muss.

In der schweizerischen Literatur wird die Ladung nur dann als gehörig angesehen, wenn das zuzustellende Schriftstück in der Sprache des Adressaten abgefasst ist[189].

Anders entscheidet die französische *Cour de cassation* im Rahmen von Art. 27 Nr. 2 EuGVÜ[190] gegenüber einem belgischen Urteil. Nach dieser Entscheidung ist die Übersetzung des verfahrenseinleitenden Schriftstückes in die Sprache des Adressaten grundsätzlich kein Erfordernis der Ordnungsmäßigkeit der Zustellung. So entscheidet auch die Rechtsprechung in Italien[191]. Dies vereinfacht die Zustellung im grenzüberschreitenden Verkehr. Die Besorgung einer Übersetzung durch den Beklagten muss allerdings dann in die Berechnung der Rechtzeitigkeit der Zustellung einfließen.

---

185 Cass. civ. 1 (belge), 24.10.1975 Pasicrisie belge 1976 I, S. 251.

186 Beraudo, Jurisclasseur Europe, Fascicule 3040, Nr. 37.

187 BGH, 22.01.1990, NJW 1991, 641; OLG Düsserldorf, 04.04.1978, IPRspr. 1978 Nr. 159; Baumann, S. 48. Siehe auch den Sachverhalt in EuGH, Isabelle Lancray, 03.07.1990, Slg. 1990 I-2725.

188 OLG Karlsruhe, 12.03.1999, RIW 1999, 538.

189 IPRG-Kommentar, Art. 27, S. 280, Rn. 35.

190 Cass. civ. 1, 17.05.1978, JDI 1979, 381 mit Anm. Holleaux; Beraudo, Jurisclasseur Europe, Fascicule 3040, Nr. 37. Siehe auch Pluyette, S. 456 m.w.N. zur französischen Rechtsprechung.

191 CA Ancona, 17.07.1978, zitiert bei Treves, JDI 1983, 200.

Mit Inkrafttreten der neuen EG-Verordnung Nr. 1348/2000 über die Zustellung gerichtlicher und außergerichtlicher Schriftstücke in Zivil- oder Handelssachen in den Mitgliedstaaten der Europäischen Union[192], wird die ordre public Klausel in diesem Bereich jedoch an Bedeutung verlieren[193].

3. *Ex-parte* Entscheidungen

Eine gerichtliche Entscheidung, die ohne Ladung ergeht und vor ihrer Zustellung vorläufig vollstreckbar ist, wird im europäischen Zivilprozess oftmals nicht anerkannt. Das französische oberste Gericht hat auf der Grundlage von Art. 27 Nr. 2 EuGVÜ einer italienischen Entscheidung die Erteilung des Exequatur verweigert[194]. Die italienische Entscheidung war ohne Ladung des Beklagten ergangen und war vor ihrer Zustellung vorläufig vollstreckbar. Nach Auffassung des Gerichts könne eine solche Entscheidung nicht unter die Regelung des 3. Titels des EuGVÜ fallen. Dies entspricht der Rechtsprechung des EuGH[195]. Aus Art. 27 Nr. 2 EuGVÜ wird deutlich, dass solche *ex-parte* Entscheidungen nicht in den Anwendungsbereich des 3. Titels des EuGVÜ fallen können.

bb) Rechtzeitigkeit

Eine ausländische Versäumnisentscheidung wird ferner dann nicht anerkannt, wenn die Zustellung des verfahrenseinleitenden Schriftstückes nicht so rechtzeitig erfolgt ist, dass sich der Beklagte verteidigen konnte. Dieser Grundsatz ist in den nationalen Rechtsordnungen als Anerkennungsvoraussetzung regelmäßig vorgesehen. Er wird auch in vielen zwischenstaatlichen Verträgen vorgesehen[196]. Innerhalb des EuGVÜ wird er in Art. 27 Nr. 2 EuGVÜ verankert. Im Rahmen der EuGVO, ist dieser Grundsatz in Art. 34 Nr.2 EuGVO übernommen worden.

---

192 ABl. EG L 160, 30.06.2000, S. 37. Die Verordnung tritt am 31.05.2001 in Kraft (Art. 25). Dazu Heß, NJW 2001, 15.

193 Siehe Teil 2 B II 3 a aa.

194 Cass. civ. 1, 18.05.1994, Bull. civ., no. 176.

195 EuGH, Denilauler, 21.05.1980, Slg. 1980, 1558.

196 Art. 6 Haager Übereinkommen über die Anerkennung und Vollstreckung von Unterhaltsentscheidungen vom 02.10.1973; Art. 8 Haager Übereinkommen über die Anerkennung von Ehescheidungen und Ehetrennungen 01.06.1970, Jayme/Hausmann, S. 367; Art. 4 Abs. 3 Abkommen zwischen dem Deutschen Reich und der Schweizerischen Eidgenossenschaft über die gegenseitige Anerkennung und Vollstreckung von gerichtlichen Entscheidungen und Schiedssprüchen vom 02.11.1929, RGBl. 1930 II, S. 1066 und viele mehr.

Der Anerkennungsrichter prüft die Rechtzeitigkeit der Zustellung nach eigenen Maßstäben. Er ist an die Entscheidung des Urteilsrichters weder im Hinblick auf die tatsächlichen Grundlagen des Urteils noch in rechtlicher Hinsicht gebunden[197]. Entscheidend sind die tatsächlichen Umstände des konkreten Falles[198]. Rechtzeitig ist die Zustellung, wenn der Zeitraum zwischen ihrer Bewirkung und dem Termin, in dem das Versäumnisurteil erlassen wurde, im konkreten Fall hinreichend war, um dem Beklagten die Vorbereitung seiner Verteidigung und die Vermeidung einer Säumnisentscheidung zu ermöglichen[199].
Oftmals haben europäische Gerichte die Rechtzeitigkeit der Zustellung verneint und damit der ausländischen Entscheidung die Anerkennung bzw. Vollstreckbarerklärung versagt[200]. Teilweise werden im innergemeinschaftlichen Rechtsverkehr Einlassungsfristen von nur zwei Tagen gesetzt[201]. Dies verstößt offensichtlich gegen Art. 27 Nr. 2 EuGVÜ. Die Vielzahl der Fälle zeigt, dass die Urteilsrichter in internationalen Sachverhalten nicht immer mit der nötigen Umsicht vorgehen.

3) Justizgewährungsanspruch

Das Recht des Einzelnen auf freien Zugang zur Justiz wird nach französischer Auffassung verletzt, wenn vom Kläger die Leistung einer sehr hohen Prozesskostensicherheit verlangt wird.
Das oberste französische Gericht hat auf der Grundlage von Art. 27 Nr. 1, 34 EuGVÜ englischen Prozesskostenentscheidungen die Erteilung des Exequatur aus diesem Grund versagt[202]. Der Kläger hatte die Times Newspaper limited, Herausgeberin der Sunday Times, und den Autor eines in dieser Zeitung veröffentlichten Artikels wegen Persönlichkeitsrechtsverletzungen in England verklagt. Gemäß

---

197 EuGH, Klomps, 16.06.1981, Slg. 1981, 1593.

198 O'Malley/Layton, Art. 27(2) Rn. 27.36.

199 Linke, IPRax 1993, 295, 296; Kropholler, Europäisches Zivilprozessrecht, Art. 27, Rn. 33.

200 CA Milano, 21.06.1978, zitiert bei Treves, JDI 1983, 200 (viertägige Frist); CA Milano, 03.05.1994, Riv. dir. int. priv. proc. 1994, 869 (zehntägige Frist); TS (Sala 1a), 13.03.1987, REDI 1992, Vol. 44, S. 201; OLG Hamm, 07.03.1979, MDR 1979, 680 (dreizehntägige Frist); BGH, 23.01.1986, RIW 1986, 302 (dreizehntägige Frist); OLG Düsseldorf, 11.10.1999, RIW 2000, 230 (achttägige Frist). Siehe auch die zahlreichen, meist unveröffentlichten Beispiele aus der französischen Rechtsprechung bei Pluyette, S. 427 ff.

201 *Arrondissement-Rechtbank Utrecht*, 08.12.1976, NJ 1978, Nr. 28.

202 Cass. civ. 1, 16.03.1999, JDI 1999, 772 mit Anm. Huet; dazu Droz, RC 2000, 181; vorherige Entscheidungen zum selben Fall CA Pau, 27.09.1990, Gaz.Pal. 19/20.12.1990, p.42; Cass. civ. 1, 05.05.1993, Juridisque Lamy Arrêt no. 676.

den einschlägigen englischen Vorschriften musste er 25.000 Pfund als Sicherheit für die Prozesskosten der Beklagten bezahlen[203]. Diese Summe konnte er nicht aufbringen. Seine Klage wurde deshalb zurückgewiesen. Daraufhin wurde er zur Zahlung von mehr als 20.000 Pfund Prozesskosten verurteilt. Die titulierten Prozesskostenansprüche der Beklagten wurden in Frankreich aus dem oben genannten Grund nicht zur Vollstreckung zugelassen. Der Kläger habe aus finanziellen Gründen die Gerichte gar nicht anrufen können. Das Verfahren verletze Art. 6 Abs. 1 EMRK.

Es ist nicht ganz eindeutig, welcher Gesichtspunkt die Entscheidung der *Cour de cassation* stützt. Die Verurteilung zu sehr hohen Prozesskosten alleine begründet nach französischer Auffassung die Anwendung der Vorbehaltsklausel nicht[204]. Denn hier hatte der Kläger zumindest die Gerichte anrufen können. Auf der anderen Seite kann man das Erfordernis einer Prozesskostensicherheit für sich alleine auch nicht als ordre public widrig ansehen[205]. Besteht die Gefahr, dass sich der Kläger dem Prozesskostenersatzanspruch des Beklagten entziehen wird, so ist das Erfordernis einer Sicherheitsleistung angemessen. Das Problem liegt letztlich in der Verbindung dieser zwei Elemente, die dem finanziell schwächeren Kläger die Chance eines Prozessgewinns von vornherein verwehren. Die Reduzierung der Prozesskosten würde jedenfalls das Problem entschärfen.

Das englische Zivilverfahren ist für seine hohen Kosten bekannt. Dies war auch einer der Hauptgründe für die umfassende Reform des englischen Zivilverfahrens im April 1999[206]. Wenn das englische Recht nunmehr das in den *Civil Procedure Rules* verankerte Gebot der Kostenminimierung ernsthaft verfolgt, ist der Konflikt mit der französischen Rechtsordnung entschärft. Die Anwendung der Vorbehaltsklausel gehört in diesem Fall der Vergangenheit an.

4) Rechtliches Gehör

a) Gesetzliche Prozessvertretung

Mit der Figur des "*raccomandatorio*" des italienischen Rechts kann gegen eine Person vollstreckt werden, die an dem Erkenntnisverfahren nicht beteiligt war. Zur Anwendung der ordre public Klausel (Art 27. Nr. 1 EuGVÜ) hat sich deshalb

---

203 *Civil Procedure Rules*, Schedule 1 RSC Order 23 r1 (1) a, "*Security of Cost*".

204 Cass. civ. 1, 16.03.1999, Maillez c. Société Brown Cooper, Juridisque Lamy, Entscheidung Nr. 529; s. andererseits Matscher, FS Henckel, S. 593, 599, der in einem zu hohen Kostenrisiko eine Verletzung von Art. 6 Abs. 1 EMRK sieht.

205 So entscheidet auch der EGMR, 13.07.1995, Tolstoy Miloslawsky. So auch Geimer, Aktuelle Probleme des Menschenrechtsschutzes, S. 222.

206 Sobich, JZ 1999, 775.

das LG Hamburg entschieden[207]. Das deutsche Gericht hat dem Antrag auf Exequatur hinsichtlich einer italienischen Entscheidung nicht stattgegeben. Dem Urteil des LG Hamburg hat folgender Sachverhalt zu Grunde gelegen: Eine italienische Gesellschaft hatte in Italien einen Prozess gegen einen Reedereiagenten (*raccomandatorio*) geführt und gewonnen. Der Reedereiagent war im Auftrag einer deutschen Reederei in Italien tätig. In dem Urteil war der *raccomandatorio* in seiner Eigenschaft als Agent der deutschen Gesellschaft verurteilt worden. Dieses Urteil wollte die italienische Gesellschaft in Deutschland gegen die deutsche Reederei für vollstreckbar erklären lassen.
Nach Art. 288 *Codice della Navigazione* vertritt der Agent den Reeder im Prozess. Der Agent führt den Prozess im Namen des Reeders. Die Ladung zum gerichtlichen Termin wird nur dem Agenten übermittelt[208]. Die deutsche Gesellschaft wurde deshalb vom Verfahren durch das Gericht nicht informiert. Auch das Urteil wurde ihr nicht zugestellt. Die Befugnis des Agenten nach Art. 288 *Codice della Navigazione*, den Reeder im Prozess zu vertreten, ist eine gesetzliche Folge der vertraglich vereinbarten Stellvertretung des Agenten für den Reeder[209]. Sie kann vertraglich nicht abgedungen werden[210].
Nach Auffassung des deutschen Gerichts ist diese gesetzliche Prozessvertretung des Reeders durch den Agenten gegenüber einem deutschen Schuldner gegen seinen Willen nicht wirksam[211]. Art. 27 Nr. 1 EuGVÜ wird ausdrücklich zum Schutz der deutschen Gesellschaft zum Einsatz gebracht. Die öffentliche Ordnung sei verletzt, weil die deutsche Gesellschaft keine Kenntnis von dem Prozess habe und auf den Prozessverlauf keinen Einfluss nehmen könne. Das deutsche Gericht meint ferner, es könne von einer deutschen Gesellschaft, die sich im Auslandsverkehr betätige, keine Kenntnis über die dort geregelten speziellen Befugnisse des Agenten erwartet werden.

Das schweizerische Bundesgericht vertritt in der gleichen Fallkonstellation die entgegengesetzte Position[212]. Nach Analyse des Rechtsinstituts des "*raccomandatorio*" kommt es zum Schluss, dass normative Regeln, nach denen ein Urteil gegen eine Partei auch gegen einen Dritten wirken kann, auch im schweizerischen Recht vorhanden wären. Art. 288 *Codice della Navigazione* verstößt deshalb nicht gegen den schweizerischen ordre public. Allerdings stellt das Gericht auch fest, dass der Reeder dem Agenten bei der Prozessführung Anweisungen gegeben hat.

---

207 LG Hamburg, 27.12.1977, IPRspr. 1977 Nr. 157 = Riv. dir. int. priv. proc. 1978, 422.
208 Grasso (Hrsg.), *Codice della Navigazione*, Art. 288, S. 138.
209 Grasso (Hrsg.), *Codice della Navigazione*, Art. 288, S. 135.
210 Grasso (Hrsg.), *Codice della Navigazione*, Art. 288, S. 138.
211 LG Hamburg, 27.12.1977, IPRspr 1977 Nr. 157.
212 BG, 13.05.1964, BGE 90 I 113.

b) Anhörung der Parteien

Wegen Verletzung des rechtlichen Gehörs hat sich das LG Frankfurt geweigert, eine österreichische Kostenerstattungsentscheidung für vollstreckbar zu erklären[213]. Der österreichische Antragsteller wollte in Deutschland einen Kostenbeschluss für vollstreckbar erklären. Der Antragsgegner, ein deutsches Rechtsanwaltsbüro, hatte vorher seinerseits in Österreich für einen in Deutschland ergangenen Kostenfestsetzungsbeschluss eine Exekutionsbewilligung in erster Instanz vor dem Landgericht Salzburg erhalten. Er war vorher für den Antragsteller in Deutschland tätig gewesen. Der Antragsteller hat gegen den Beschluss des Landgerichts Salzburg einen Rekurs eingelegt. Die erstinstanzliche Entscheidung wurde durch einen Beschluss des OLG Linz aufgehoben. Das OLG Linz verurteilte den Antragsgegner zur Zahlung der Rekurskosten. Dieser Beschluss war ohne Anhörung des Antragsgegners ergangen. Der Antragsteller wollte nunmehr diesen Beschluss in Deutschland vollstrecken.
Der Rekurs ist im österreichischen Recht das Rechtsmittel, das gegen Beschlüsse der ersten und zweiten Instanz, statthaft ist. Es ist grundsätzlich einseitig ausgestaltet[214]. Der Gegner kann zum Antrag nicht Stellung nehmen. Nur ausnahmsweise bei sogenannten "zweiseitigen Rekursen" wird der Gegner gehört. Ein solcher Ausnahmefall lag hier im Bereich der Exekutionsordnung nicht vor[215]. Im deutschen Recht wird das rechtliche Gehör auch im Beschwerdeverfahren gewährleistet. Dies ist zwar nicht ausdrücklich in der ZPO geregelt, wird aber von der Rechtsprechung aus Art. 103 Abs. 1 GG abgeleitet[216]. Das deutsche Gericht hat sich auf diese Vorschrift berufen, um die Anwendung der Vorbehaltsklausel zu begründen.

In Frankreich ist eine italienische Entscheidung wegen Verletzung des rechtlichen Gehörs nicht anerkannt worden[217]. Das italienische Urteil hatte ein Verwandtschaftsverhältnis zwischen zwei Frauen und dem Bruder ihres Vaters festgestellt. Die zwei Frauen waren aber bereits in einem Rechtsstreit mit der französischen Verwaltung verwickelt, in dem es um den Nachlass des Onkels ging. Es war streitig, ob der Nachlass den vermeintlichen Nichten zufallen sollte oder dem französischen Staat. Indem die beiden Frauen die entscheidende Frage in Italien ohne Mitwirkung der französischen Verwaltung, ihr Gegner, klären ließen, ist

213 LG Frankfurt, 05.02.1986, IPRspr 1986, Nr. 173.
214 Ballon, S. 233.
215 Fasching, S. 974, Nr. 1966
216 Baumbach-Albers, § 573, Rn. 5.
217 Cass. civ. 1, 21.10.1997, Bull. civ., no. 281.

nach Auffassung der *Cour de cassation* das rechtliche Gehör verletzt worden. Die italienische Entscheidung könne deshalb nicht anerkannt werden.

c) *Hinreichende Frist zur Vorbereitung der Verteidigung*

Das schweizerische Bundesgericht hat auf der Grundlage eines Staatsvertrages zwischen der Schweiz und Frankreich über den Gerichtsstand und die Vollziehung von Urteilen in Zivilsachen vom 15.06.1869 eine Ladungsfrist von 4 Tagen als zu kurz bemessen und einer französischen Entscheidung das Exequatur verweigert[218]. Der in der Schweiz wohnhafte Beklagte des französischen Verfahrens war zwar in dem Verfahren erschienen, zu dem er geladen worden war. Nach Auffassung des Gerichts war sein Anspruch auf rechtliches Gehör aber verletzt, denn er habe sich nicht ernsthaft auf den Prozess vorbereiten können. Da er in der kurzen Frist auch keine Kenntnis über die französischen Zustellungsvorschriften erlangen konnte (die *in casu* verletzt worden waren), sei sein Erscheinen nicht als Verzicht auf die Geltendmachung des Zustellungsfehlers zu werten. Dieser Fall zeigt, dass zu kurze Fristen auch außerhalb des Versäumnisverfahrens zu der Anwendung der ordre public Klausel führen können.

d) Informierung des Beklagten nach Verfahrenseinleitung

Nach Auffassung der deutschen Literatur soll der verfahrensrechtliche ordre public auch dann zum Einsatz kommen, wenn dem Beklagten zwar das verfahrenseinleitende Schriftstück rechtzeitig und ordnungsgemäß zugestellt worden ist, er aber von Änderungen des Streitgegenstandes nichts erfährt. Bei der reinen Klageerweiterung fordere der Zweck des Art. 27 Nr. 2 EuGVÜ, dass dem Beklagten die Klageänderung zugestellt wird[219]. Das rechtliche Gehör sei nur gewahrt, wenn der Beklagte von dem Streitgegenstand Kenntnis habe. Eine Grenzziehung soll zumindest dann erfolgen, wenn das neue Schriftstück einen neuen Streitgegenstand betrifft. Dies soll sich entweder nach dem Recht des Urteilsstaates bestimmen[220] oder autonom durch rechtsvergleichende Wertung[221]. Andere Autoren verneinen den Charakter eines verfahrenseinleitenden Schriftstückes,

---

218 BG, 17.10.1991, BGE 117 Ib 347; die Frist lief zudem über ein Wochenende. Für den Fall wäre heute das Luganer Übereinkommen über die gerichtliche Zuständigkeit und die Vollstreckung gerichtlicher Entscheidungen in Zivil- und Handelssachen vom 16.09.1988 einschlägig.

219 Grunsky, IPRax 1987, 219; für jede Klageänderung Heß, JZ 1998, 1021, 1029.

220 Stürner, JZ 1992, 325, 333.

221 Frank, S. 211.

wenden aber Art 27. Nr. 1 EuGVÜ wegen Verletzung des rechtlichen Gehörs an[222].

Nach der Auffassung des BGH braucht der Beklagte von einer Klageerweiterung nicht informiert zu werden[223]. Die Begründung ist denkbar weit: spätere Schriftsätze fallen nicht unter dem Anwendungsbereich des Art. 27 Nr. 2 EuGVÜ[224]. Eine weitere ordre public Prüfung hat das Gericht nicht vorgenommen. In dem der Entscheidung zu Grunde liegende Fall wusste der Beklagte zwar von der Verfahrenseinleitung, hatte aber von der Klageerweiterung keine Kenntnis. Die Höhe der Klageforderung stieg infolge der Klageerweiterung in nicht unerheblicher Weise an.

e) Recht auf Verteidigung des abwesenden Beklagten

Die unterschiedliche Abwägung zwischen den Interessen des Staates an der effektiven Durchsetzung der Erscheinungspflicht des Beklagten und dem Grundsatz des rechtlichen Gehörs führt im Rechtsverkehr zwischen Deutschland und Frankreich zu Anerkennungsproblemen.

Wenn der Angeklagte in einem französischen Strafprozess, der wegen eines Verbrechens vor der *Cour d'assises* (Schwurgericht) stattfindet, nicht erscheint, darf er sich gemäß Art. 630 S. 1 CPP nicht von einem Strafverteidiger vertreten lassen[225]. Dies gilt dann auch für das zivilrechtliche Adhäsionsverfahren. Die solchermaßen sanktionierte Erscheinungspflicht des Beklagten hat in Deutschland Unbehagen geweckt.

Dem BGH lag folgender Sachverhalt vor[226]: Ein in Deutschland wohnhafter deutscher Arzt hatte einem sich bei ihm aufhaltenden Mädchen eine nach seiner Auffassung medizinisch indizierte Spritze verabreicht. Das Mädchen starb am nächsten Tag. Mangels Beweises wurde in Deutschland das Ermittlungsverfahren eingestellt. In Frankreich wurde der Arzt strafrechtlich zu 15 Jahren Freiheits-

---

222 Schlosser, EuGVÜ-Kommentar Art 27-29 Rn. 7; in diese Richtung auch Schack, IZVR, Rn. 852.

223 BGH, 10.07.1986, IPRax 1987, 236; zustimmend Braun, S. 73 m.w.N..

224 BGH, 10.07.1986, IPRax 1987, 236, 237; genauso entschied BGH, 21.03.1990, NJW 1990, 2201 für die nachträgliche Unterhaltsklage nach Zustellung einer Scheidungsklage; so auch Gerechtshof's Hertogenbosch, 25.6.1981, Nachschlagewerk D I – 27.2 – B 17 für eine nachträgliche Adhäsionsklage nach Zustellung der Anklage im Strafprozess.

225 Art. 630 S.1. CPP: "*Aucun avocat, aucun avoué ne peut se présenter pour l'accusé contumax*" (kein Verteidiger kann für den abwesenden Angeklagten erscheinen). Im Fall der absoluten Unmöglichkeit seines Erscheinens kann der Angeklagte sich durch seine Eltern oder durch Freunde entschuldigen lassen (Art. 630 S. 2 CPP).

226 BGH, Fall Krombach, 04.12.1997, IPRax 1998, 205 ff mit Aufsatz Piekenbrock, S. 177.

strafe wegen Körperverletzung mit Todesfolge ohne Tötungsabsicht verurteilt. Das französische Gericht hatte sich gemäß Art. 689-1 CPP a.F. aufgrund der französischen Staatsangehörigkeit des Opfers für zuständig erklärt[227]. Im Adhäsionsverfahren wurde er zivilrechtlich zu einer Geldstrafe in Höhe von 350.000 FF zu Gunsten des Vaters des Mädchens verurteilt. Das Verfahren erging in seiner Abwesenheit. Die von ihm beauftragten Rechtsanwälte sind vom französischen Gericht aufgrund seiner Abwesenheit zum Verfahren nicht zugelassen worden. Das Landgericht Kempten hat das zivilrechtliche Urteil für vollstreckbar erklärt. Die Beschwerde des beklagten Arztes hat das Oberlandesgericht zurückgewiesen. Der Beklagte hat Rechtsbeschwerde beim BGH erhoben. Der BGH sieht in der Verurteilung des Arztes einen Verstoß gegen den Grundsatz des rechtlichen Gehörs. Aus zivilrechtlicher Seite betrachtet, verletzt das Verbot, sich verteidigen zu lassen, das prozessuale Gebot der Waffengleichheit zwischen den Parteien[228]. Damit sei auch Art. 6 Abs. 1 EMRK verletzt.

Das deutsche Obergericht sah sich auf Grund von Art II Abs. 1 Protokoll Nr. 1 zum EuGVÜ jedoch daran gehindert, Art. 27 Nr. 1 EuGVÜ anzuwenden. Art. II Abs. 1 Protokoll Nr. 1 zum EuGVÜ sieht vor, dass der Angeklagte im Fall einer fahrlässigen Straftat, das Recht hat, sich von einer befugten Person verteidigen zu lassen. Wenn das ausländische Gericht das Erscheinen des Angeklagten bzw. Beklagten angeordnet hat, dieser aber abwesend geblieben ist, so braucht die ausländische Entscheidung, die dennoch erlassen wurde, in einem anderen Staat nicht anerkannt oder für vollstreckbar erklärt zu werden, so weit es um die zivilrechtlichen Ansprüche geht (Art. II Abs. 2 Protokoll Nr. 1 zum EuGVÜ). Fraglich ist, ob nach dem EuGVÜ das Verteidigungsrecht bei vorsätzlichen Taten ausgeschlossen ist und die ausländische Entscheidung, die in Abwesenheit des Angeklagten bzw. Beklagten ergangen ist, anerkannt werden muss. Hintergrund eines solchen Ausschlusses des Verteidigungsrechts des Angeklagten bzw. Beklagten könnte das legitime Recht des Mitgliedstaates sein, die Erscheinungspflicht des Angeklagten bei schweren Straftaten wirksam durchzusetzen[229]. Der BGH hat den EuGH u.a. zur Klärung dieser Frage angerufen[230]. Auf die Vorlagefrage hat der EuGH geantwortet, dass Art. II Protokoll Nr. 1 zum EuGVÜ einer Anwendung der ordre public Klausel durch den Vollstreckungsstaat nicht entgegenstünde[231]. Sowohl in Fällen von fahrlässigen als auch von vorsätzlichen Straftaten, könne

227 Dieselbe Rechtslage besteht heute auf Grund der Art. 689 CPP i.V. mit 113-7 CP.

228 BGH, 04.12.1997, IPRax 1998, 205 Abs. V Nr. 1 der Gründe.

229 Kropholler, Europäisches Zivilprozessrecht, Art. 5 Nr. 78.

230 BGH, 04.12.1997, IPRax 1998, 205 ff.

231 EuGH, Krombach, 28.03.2000, Slg. 2000, I-1956, Erw. 44. Zu dieser Entscheidung s. v. Bar, JZ 2000, 725; Niboyet, Gaz. Pal. 2000, 01.10.2000/03.10.2000, 21; Muir Watt, RC 2000, 493; Piekenbrok IPRax 2000, 364; Geimer, ZIP 2000, 853; Leipold, FS Stoll, S.624.

der Exequaturstaat die Vollstreckbarerklärung verweigern, wenn sich der Angeklagte bzw. Beklagte im Urteilsstaat nicht verteidigen durfte. Im übrigen hat der EuGH den BGH zur Anwendung der ordre public Klausel in einem solchen Fall berechtigt. Es bleibt im Ermessen des BGH, ob die Vorbehaltsklausel angewandt wird oder nicht[232].

Das französische Recht hat seit der Entscheidung Krombach für die dem Artikel 630 S1 CPP vergleichbaren Vorschriften der Artikel 410, 410-1, 411, 417 CPP seine Rechtsprechung aufgrund von Artikel 6 EMRK geändert und dem abwesenden Angeklagten die Verteidigung durch einen Strafverteidiger erlaubt[233].

Es bleibt abzuwarten, ob diese Änderung auf Artikel 630 S1 CPP erweitert wird.

f) Recht auf Verteidigung

Ein belgisches Gericht hat einer französischen Entscheidung teilweise das Exequatur versagt, weil die Verteidigungsrechte des Beklagten in unrechtmäßiger Weise erschwert worden sind[234].

Der Beklagte wurde von einem französischen *Tribunal de commerce* zusätzlich neben den Klageforderungen zur Zahlung einer Summe verurteilt, weil er sich in ungerechtfertigter Weise dem Zahlungsanspruch des Klägers entgegengestellt hatte. Das französische Gericht hatte das ungerechtfertigte Verhalten des Beklagten nicht näher spezifiziert. Das belgische Gericht ist der Auffassung, dass der Beklagte ein natürliches Recht hätte, sich ggf. bis vor dem Gericht gegen einen Zahlungsanspruch zu verteidigen. Die Inanspruchnahme der Gerichte würde durch eine Sanktion begleitet, die nicht mit dem Grundsatz des rechtlichen Gehörs zu vereinbaren sei. Die ungerechtfertigte Inanspruchnahme der Gerichte würde schon durch die Pflicht, die Prozesskosten zu tragen, sanktioniert. Anderes könne ausnahmsweise nur gelten, wenn die Inanspruchnahme des Gerichts gegen Treu und Glauben verstoßen würde. Im vorliegenden Fall seien keine Anhaltspunkte für ein treuwidriges Verhalten vorhanden.

Das französische Zivilverfahrensrecht erlaubt es dem Richter, die missbräuchliche Inanspruchnahme der Gerichte mit einer Geldstrafe zu sanktionieren (*amende pour recours abusif*)[235]. Davon kann sowohl der Kläger als auch der Beklagte

---

232 BGH, 29.06.2000, JZ 2000, 1067 mit Anm. Gross hat sich zur Anwendung der ordre public Klausel entschieden.

233 Cass. Ass. Plen., 02.03.2001, JCP 14.03.2001, 529; D. jp. 2001, 1899 mit Anm. Pradel.

234 Civ. Bruxelles, 06.03.1970, JT 1970, 298.

235 Art. 32-1 NCPC, Art. 559 NCPC (missbräuchliche Berufung), Art. 581 NCPC (Missbrauch außerordentlicher Rechtsbehelfe), Art. 628 NCPC (missbräuchliche Revision). Die "*amende pour recours abusif*" ist auch im französischen Verwaltungsprozessrecht bekannt, s. Fraisseix, S. 20 ff.

betroffen sein. Die französischen Gerichte bis hin zur *Cour de cassation* machen oft davon Gebrauch[236]. Als Rechtsmissbrauch kann schon eine "*légèreté blâmable*" genügen[237].
Aus der Perspektive des Klägers kollidiert dieses Rechtsinstitut mit dem Justizgewährungsanspruch. Aus Sicht des Beklagten ist sein Recht auf Verteidigung berührt. In der französischen Literatur wird dieses Rechtsinstitut deswegen auch für verfassungswidrig gehalten und als Verstoß gegen Art. 6 Abs. 1 EMRK betrachtet[238]. Zukünftig könnten auch andere Rechtsordnungen diese Ansicht vertreten.

5) Beweisrecht

Im Beweisrecht kann die kollisionsrechtliche Vorbehaltsklausel relevant werden, wenn materielles Recht und Beweisregelung stark verflochten sind[239], so dass sich auch das Beweisrecht nach dem anwendbaren (materiellen) Recht richtet. Meistens wird in diesem Bereich aber die anerkennungsrechtliche ordre public Klausel zur Anwendung gebracht.
Das Beweisrecht ist in den europäischen Staaten sehr unterschiedlich geregelt. Teilweise bestehen grundsätzliche Differenzen[240]. Wenn sich auch eine gegenüber der Vergangenheit liberalere und tolerantere Haltung in der europäischen Rechtsprechung beobachten lässt[241], verbleiben einige Problemfelder, in denen die Vorbehaltsklausel Anwendung findet.

a) Bindung des Zivilrichters an die Tatsachenfeststellungen des Strafrichters

In der deutschen Literatur wird die Anwendung der anerkennungsrechtlichen ordre public Klausel für den Fall gefordert, dass der ausländische Zivilrichter nach seinem Recht an die Tatsachenfeststellungen des Strafrichters gebunden ist[242]. Das deutsche Verbot der Bindung des Zivilrichters an die Feststellungen des

---

236 Siehe etwa die *Cour de cassation* in dem Fall, der von dem EGMR entschieden wurde, EGMR, Dulaurans, 21.03.2000.

237 Cass. com., 30.10.1968, JCP 1969 II 15964.

238 Fraisseix, S. 20 ff.

239 Geimer, IZPR, S. 570, Nr. 2261; dazu allgemein Coester-Waltjen, Internationales Beweisrecht.

240 Einen guten rechtsvergleichenden Überblick gibt Perrot, S. 95 ff.

241 Coester-Waltjen, S. 162 ff, Nr. 202 f.

242 Geimer, IZPR, Rn. 109 ff; Geimer/Schütze, Europäisches Zivilverfahrensrecht, Art. 27, Nr. 52.

Strafrichters sei schon im 19 Jahrhundert eingeführt worden und folge zwingend aus der deutschen Verfassung[243]. Der Strafprozess verfolge andere Ziele als der Zivilprozess. Die Wahrheitsermittlung könne deshalb auch unterschiedlich ausfallen[244]. Tatsächlich ist der Fahrlässigkeitsmaßstab im Strafrecht und im Zivilrecht durchaus unterschiedlich.
Im französischen Recht ist der Zivilrichter an die Tatsachenfeststellungen des rechtskräftigen Strafurteils gebunden. Hat der Strafrichter ein Verschulden des Angeklagten bejaht, so ist auch im Zivilverfahren von einem Verschulden der Partei auszugehen. Dieser Grundsatz ist durch die Rechtsprechung entwickelt worden und seit langem fest verankert[245]. Er beruht auf dem Gedanken der Überordnung des im Strafprozess verfolgten allgemeinen Interesses über die bloßen Parteiinteressen des Zivilverfahrens. Auch habe der Strafrichter weitere Ermittlungsmöglichkeiten als der Zivilrichter und könne deshalb weniger irren[246]. In der französischen Literatur wird dieses Prinzip mancherorts als Relikt alter Zeiten kritisiert[247].
Wenn sich die deutsche Auffassung in der Rechtsprechung durchsetzt, sind Anerkennungsprobleme mit Urteilen aus Frankreich zu erwarten.

b) Beweisgrundlage im Versäumnisverfahren

Die Vollstreckbarerklärung von deutschen Versäumnisurteilen wird von französischen Gerichten mittels der Vorbehaltsklausel abgelehnt, weil die deutschen Urteile entsprechend § 331 ZPO die vom Kläger angegebenen Tatsachen als vom Beklagten zugestanden ansehen[248]. Das gut begründete französische Urteil der *Cour d'appel d'Amiens* sieht in der Geständnisfiktion des § 331 ZPO eine Regelung, die dem Art. 472 NCPC zuwiderläuft. Das oberste Gericht folgt dieser Auffassung[249].

---

243 Auch in der Schweiz (Art. 53 OR) ist der Zivilrichter an das Strafurteil nicht gebunden, Habscheid, Zivilprozess, S. 85, Nr. 149-151.
244 Geimer, IZPR, Rn. 114.
245 Levasseur/Chavanne, S. 281, Nr. 874.
246 Vincent/Guinchard, S. 643, Nr. 824.
247 Levasseur/Chavanne, S. 281, Nr. 876.
248 CA Amiens, 02.04.1979, RC 1979, 641; Cass. civ. 1, 17.02.1982, JCP 1982 IV 159; Cass. civ. 1, 10.03.1982, RC 1982, 724; Versailles, 21.10.1981, RC 1984, 704; Gothot/Holleaux S. 156 Nr. 272; Mayer, S. 257, Nr. 384; aM CA Paris, 16.11.1976, RC 1978, 140 mit krit. Anm. Mezger.
249 Cass. civ. 1, 17.02.1982, JCP 1982 IV 159.

In Frankreich wird die Regelung des Art 472 NCPC zu den unverzichtbaren Prozessgrundsätzen gezählt, die zum ordre public international gehört[250]. Nach dem Wortlaut des Art. 472 NCPC kann der französische Richter der Klage nur stattgeben, wenn er sie als ordnungsgemäß, zulässig und begründet betrachtet. Gemäß der obergerichtlichen Interpretation dieser Vorschrift muss der französische Richter neben der Schlüssigkeit der Klage auch die Qualität der Beweismittel (wenn auch nur summarisch) überprüfen[251]. Die Säumnis des Beklagten darf nicht als stillschweigendes Zugeständnis gewertet werden[252]. Zu den wesentlichen Grundsätzen des französischen Prozessrechts gehört das Prinzip, dass keine Partei sich einen Titel allein durch eigene Angaben schaffen darf[253]. Auch im französischen Mahnverfahren (*injonction de payer*) gilt dieser Grundsatz. Dort müssen dem Antrag ebenfalls Beweismittel zugefügt werden (Art 1407 Abs. 3 NCPC).

Der deutsche Richter dagegen überprüft in der Versäumnissituation des Beklagten nur die Schlüssigkeit der Klage. Dies gilt nach § 332 ZPO sogar dann, wenn die bereits durchgeführte Beweisaufnahme die Unbegründetheit der Klage deutlich gemacht hat[254]. Eine Beweiswürdigung findet nicht statt[255].

Die Situation hat sich mittlerweile insoweit entschärft, als viele französische Entscheidungen Familiensachen betroffen haben. Seit einer Reform des deutschen Rechts im Jahre 1970 sind heute nach §§ 640 I, 612 IV ZPO Versäumnisurteile gegen den Beklagten in solchen Fällen nicht mehr zulässig. Die französische Rechtsprechung betrifft aber auch vermögensrechtliche Angelegenheiten[256].

Es handelt sich hier um einen grundsätzlichen Unterschied[257], der nicht nur diese beiden Rechtsordnungen voneinander trennt. Während im österreichischen Recht in § 396 öZPO eine Geständnisfiktion geregelt ist, in England zum Teil sogar auf eine Schlüssigkeitsprüfung verzichtet wird[258], ist in Italien eine dem französischen Recht ähnliche Rechtslage zu finden.

Erstaunlich ist, dass deutsche Versäumnisurteile gegen den Beklagten überhaupt in Frankreich anerkannt werden, denn ein solches Urteil ergeht immer auf der

---

250 CA Amiens, 02.04.1979, RC 1979, 641, 644; a.A. Huet, JDI 1974, 622, 624. Für den Sonderfall der Überprüfung eines Schriftstückes kennt auch das französische Recht die Geständnisfiktion (Art. 296 NCPC).

251 So ausdrücklich Cass. civ. 2, 10.10.1990, Bull. civ., no 190.

252 Solus/Perrot, S. 188 No.184; s.a. Cuniberti, RC 2000, 786, 791 unter Nr. 11.

253 CA Amiens, 02.04.1979, RC 1979, 641.

254 Kritisch demgegenüber Steinhauer, S. 168.

255 Eine gesetzliche Ausnahme gilt für Tatsachenbehauptungen zu § 29 II und § 38 ZPO. Dort ist eine Beweiswürdigung erforderlich.

256 TGI Libourne, 05.04.1973, JDI 1974, 622 (gegenüber marokkanischem Recht); CA Orléans, 24.01.2002, RC 2002 (gegenüber amerikanischem Recht).

257 Siehe Steinhauer, insbesondere S. 161 ff.

258 Siehe Steinhauer, S. 98 ff, 103; Normand, S. 337, 345 f.

Grundlage einer Geständnisfiktion. Wahrscheinlich sind die meisten französischen Gerichte gegenüber ausländischen Entscheidungen deshalb so wohlwollend, weil sie selber in der Praxis weitgehend den Behauptungen des Klägers folgen[259].
Die belgische Rechtsprechung hat eine tolerantere Haltung gegenüber der Geständnisfiktion eingenommen als das französische Recht[260]. In der Entscheidung der belgischen *Cour de cassation* ging es um ein griechisches Urteil, welches auf der Grundlage von Art. 271 der griechischen Zivilprozessordnung erging. Nach dieser Norm hat der griechische Richter lediglich die Schlüssigkeit der Klage zu prüfen. Die vom Kläger vorgebrachten Tatsachen werden als zugestanden angesehen. Die Geständnisfiktion gilt aber nur für Tatsachen, für die ein Geständnis erlaubt ist. In den Rechtsgebieten wo ein Geständnis nicht erlaubt ist, d.h. dort wo die Parteien über den Rechtsstreit nicht frei verfügen können, wird die Fiktion nicht angewandt. Unter diesen Voraussetzungen hält das belgische Recht den Erlass eines Versäumnisurteils für akzeptabel.
Das schweizerische Recht erkennt ausländische Versäumnisurteile auf der Grundlage einer Geständnisfiktion grundsätzlich an[261], obwohl der schweizerische Richter nach § 131 Abs. 1 ZPO[262] immer die Möglichkeit hat, für die Angaben des Klägers Beweise zu fordern[263]. Dieser Grundsatz gehört aber nicht zum schweizerischen verfahrensrechtlichen ordre public.

c) Zeugenbeweis

aa) Zeugenaussagen

Französische Gerichte haben deutschen Urteilen, die eine Vaterschaftsfeststellung alleine auf der Grundlage der Aussage der Mutter aussprachen, die Anerkennung versagt[264]. Aus heutiger Sicht sind solche Fälle nicht mehr denkbar. Im deutschen Recht genügt die Aussage der Mutter grundsätzlich nicht, um die Vaterschaft eines Mannes festzustellen[265]. Es werden immer auch medizinische Gutachten

---

259 Huet, JDI 1974, 622, 624; Steinhauer, S. 131, Fn. 51 m.w.N.

260 *Cour de cassation belge*, 10.05.1990, Revue de la faculté de droit de Liège 1991, 191 mit Anm. Markiewicz.

261 BG, 19.12.1990, BGE 116 II 625, 632 gegenüber einem amerikanischen Versäumnisurteil.

262 § 131 Abs. 1 Zürcherische ZPO.

263 Walder-Richli, S. 400, Rn. 32.

264 Cass. civ. 1, 19.12.1973, D. jp 74, 661 mit zust. Anmerkung Mezger; RC 1974, 534 mit Anm. Wiederkehr; Cass. civ. 1, 03.01.1980, DAVorm 1980, 329.

265 Staudinger-Rauscher, § 1600o, Rn. 9.

eingeholt. Anderes gilt nur, wenn der Vater seine Mitwirkung an den medizinischen Untersuchungen verweigert. Die Weigerung wird als stillschweigendes Geständnis betrachtet. So geht aber auch das französische Recht vor[266]. Eine unterschiedliche Rechtslage ist in dieser Hinsicht zwischen Frankreich und Deutschland nicht mehr festzustellen. Die Feststellung der Vaterschaft allein auf der Grundlage der Aussage der Mutter ist im polnischen Recht möglich[267]. Hier sind Konflikte zwischen Frankreich und dem zukünftigen EU-Mitglied Polen denkbar.

bb) Ausschluss des Zeugenbeweises

Im luxemburgischen Recht dürfen die Abkömmlinge der Parteien eines Trennungs- oder Scheidungsverfahrens nicht als Zeugen herangezogen werden (Art. 277 *Code de procédure civile luxembourgeois*). Diese Regelung wird zum ordre public international gerechnet und wurde gegenüber dem italienischen Recht durchgesetzt[268], wo ein solches Beweisverbot in Trennungs- oder Scheidungsverfahren nicht vorgesehen ist.

d) Entscheidungseid nach französischem Recht (serment décisoire)

In der deutschen Literatur werden die Regelungen der Art. 1358 ff *Code civil* als ordre public widrig angesehen, so weit es um den kollisionsrechtlichen ordre public geht[269].
Nach Art. 1358 *Code civil* kann eine Partei von der Gegenpartei gezwungen werden, einen Eid über die Wahrheit von bestimmten Tatsachen abzulegen. Die beeideten Tatsachen werden dann als wahr vermutet. Dem Richter verbleibt kein Beurteilungsspielraum. Zu diesem Mittel greift der Kläger dann, wenn er den Beweis für ein Tatbestandsmerkmal nicht erbringen kann. Er hofft, dass der Beklagte aus Furcht vor einem strafrechtlichen Verfahren den Eid verweigert. Dies gilt dann als Zugeständnis. Der Beklagte kann allerdings den Eid verweigern und ihn gleichzeitig dem Kläger zuschieben, damit dieser über die Wahrheit der streitigen

---

266 Carbonnier, S. 192.

267 OLG Düsseldorf, 07.11.1997, IPRspr. 1997, Nr. 190. Das deutsche Gericht hat die Vorbehaltsklausel nicht angewandt. Ebenso BGH, 09.04.1986, IPRspr. 1986, Nr. 95 gegenüber dem jugoslawischen Recht, das eine Vaterschaftsfeststellung allein auf der Grundlage der Aussage der Mutter ebenso erlaubt.

268 Luxembourg, 04.03.1993 zitiert in Schockweiler, Nr. 190-1.

269 Coester-Waltjen, S. 433 f., Nr. 616.

Tatsache einen Eid ablegt[270]. Der Eid kann nur für Tatsachen verlangt werden, die eine Partei persönlich betreffen (Art. 1359 *Code civil*).
Aus deutscher Sicht werden dieser Regelung zwei Vorwürfe gemacht. Indem die Art. 1358 ff *Code civil* ein Tatbestandsmerkmal der Anspruchsnorm der Disposition der zum Eid verpflichteten Partei überlassen, seien grundlegende Vorstellungen des deutschen Rechts über die Wahrheitsermittlung verletzt. Das deutsche Recht kenne keine Verkürzung der Wahrheitsermittlung, die vom Belieben einer Partei abhängen würde[271]. Im übrigen verstoße diese Regelung gegen den Grundsatz des fairen Verfahrens, da die aufgeforderte Partei in eine Zwangssituation geriete[272]. Der hier beschriebene Konflikt zwischen deutschem und französischem Recht wird aber dadurch relativiert, dass der Entscheidungseid in der französischen Praxis nur eine sehr geringe Rolle spielt[273].

6) Gestaltung des Urteils

a) Tenorierung und Bestimmtheitsgrundsatz

Es mag verwundern, dass die Fassung des Tenors einer ausländischen Entscheidung zum Einsatz der ordre public Klausel führen kann.
Im europäischen Rechtsverkehr hat die deutsche Rechtsprechung oftmals ausländischen Entscheidungen aus diesem Gesichtspunkt die Anerkennung verweigert[274]. Ausländische Entscheidungen, die eine Partei zur Zahlung von gesetzlichen Zinsen verurteilten, sind wegen Verstoßes gegen den aus § 253 II Nr. 2 ZPO abgeleiteten Bestimmtheitsgrundsatz nicht zur Vollstreckung in Deutschland zugelassen worden[275]. Betroffen waren vor allem französische und italienische Entscheidungen. Probleme haben sich auch wegen der Unbestimmtheit des Beginns der Zinspflicht[276] im ausländischen Tenor ergeben. Auch Ansprüche aus

---

270 Siehe zum *serment décisoire* Encyclopédie Dalloz, Preuve, Nr. 1349 ff.
271 Coester-Waltjen, S. 433 f., Nr. 616.
272 Coester-Waltjen, S. 433 f., Nr. 616.
273 Perrot, S. 107.
274 Die Entscheidungen werden nur selten ausdrücklich mit der ordre public Klausel begründet; s. aber OLG München, 17.07.1980, IPRpsr. 1980 Nr. 170; s. auch Münch RIW 1989, 18, 20 m.w.N..
275 OLG Celle, 08.12.1977, IPRspr. 1977, Nr. 155; OLG München, 17.07.1980, IPRspr. 1980, Nr. 170; LG Düsseldorf, 30.11.1983, IPRax 1985, 160; OLG München, 16.09.1987, IPRax 1988, 291.
276 LG Hamburg, 10.10.1977, IPRspr 1977, Nr. 154; OLG München, 17.07.1980, IPRspr 1980 Nr. 170.

Unterhaltstiteln, deren Höhe indexiert war, wurden teilweise wiederum wegen mangelnder Bestimmtheit für nicht vollstreckbar erklärt[277].
Der BGH hat dazu Stellung genommen[278]. Ausländische Urteile mit nach deutscher Sicht unbestimmtem Tenor sollten möglichst im Exequaturverfahren konkretisiert werden[279]. Eine ordre public Widrigkeit bestünde in der Regel nicht. Dies war schon die Position einer Vielzahl von Gerichten[280]. Die vom EuGVÜ erstrebte Förderung der grenzüberschreitenden Anerkennung von Urteilen erfordert nach Ansicht des BGH, dass der Exequaturrichter den Antragsteller zur Abgabe eines vollständigen, die Konkretisierung des Tenors ermöglichenden, Antrages anhält (§ 139 Abs. 1 Satz 1 ZPO).

b) Entscheidungsgründe

Einem Versäumnisurteil des LG Saarbrücken hat die französische *Cour de cassation* im Jahre 1991 die Erteilung des Exequatur versagt. Der internationale ordre public stünde einer nicht begründeten Entscheidung entgegen, wenn keine anderen die Begründung nachvollziehbar dokumentierenden Schriftstücke mitgeliefert werden[281]. Mit derselben Begründung haben französische Gerichte mehrmals die Anerkennung von belgischen Entscheidungen auf der Grundlage von Art. 27 Nr. 1 EuGVÜ verneint[282]. Dieser Rechtssatz entspricht einer ständigen Rechtsprechung der französischen Gerichte[283] und wird auch außerhalb des EuGVÜ zur Geltung gebracht[284]. Er könnte auch der Anerkennung von englischen *default judgments* entgegenstehen, die allgemein keine Begründung enthalten[285].

---

277 LG Karlsruhe, 04.06.1986, RIW 1988, 226.

278 BGH, 06.11.1985, JZ 1987, 203; BGH, 05.04.1990, RIW 1990, 497; BGH, 04.03.1993, IPRax 1994, 367.

279 So auch Baumann, S. 130 ff; Geimer, IZPR, Rn. 3156 ff.

280 LG Hamburg, 10.10.1977, IPRspr 1977, Nr. 154; LG Landau, 23.12.1983, IPRspr 1983, Nr. 182; OLG Stuttgart, 10.11.1986, RIW 1988, 302; später auch OLG Celle, 29.02.1988, RIW 1988, 565.

281 Cass. civ. 1, 09.10.1991, JDI 1993, 157 mit Anm. Huet = RC 1992, 517 mit Anm. Kessedjian.

282 CA Versailles 26.09.1991, RC 1992, 517; Cass. civ. 1, 17.5.1978, JDI 1979, 380 Anm Holleaux.

283 Zuletzt Cass. civ. 1, 12.01.1994, Juridisque Lamy, Entscheidung Nr. 59; kritisch gegenüber dieser Rechtsprechung Donzallaz Nr. 2818.

284 Cass. civ. 1, 17.10.1972, gegen ein marokkanisches Urteil, RC 1973, 556 mit Anm. Francescakis; weitere Nachweise bei Holleaux, JDI 1979, 390.

285 Siehe Cuniberti, RC 2000, 786, 791.

Eine Ausnahme wird allerdings für ausländische Prozesskostenentscheidungen gemacht[286].
Das Brüsseler Abkommen gibt dem Exequaturrichter das Recht, die ausländische Entscheidung in gewissen Punkten einer Kontrolle zu unterwerfen. Er darf zwar nicht prüfen, ob der ausländische Richter das ausländische Recht richtig angewandt hat. Er untersucht jedoch, ob das ausländische Recht, so wie es angewandt wurde, im konkreten Fall gegen materiellrechtliche oder verfahrensrechtliche Grundsätze des Forums verstößt[287]. Für diese Prüfung benötigt der Richter die Entscheidungsgründe des ausländischen Urteils. So kann beispielsweise eine Kontrolle nach Art 27 Nr. 4 EuGVÜ ohne Vorlage der begründeten Entscheidung nicht erfolgen. Und gerade beim deutschen Versäumnisurteil prüft der französische Richter bekanntlich, ob das Urteil auf der Grundlage einer Geständnisfiktion ergangen ist. Die Existenz eines Prüfungsrechts bedingt also die Vorlage einer begründeten Entscheidung. Insofern ist die Position der *Cour de cassation* durchaus gerechtfertigt[288]. Es ist also gar nicht ein Verstoß gegen Art 455 NCPC - der das Begründungserfordernis von Entscheidungen viel strenger sieht als zum Beispiel das deutsche oder belgische Recht[289] - der die Anerkennung hindert. Die Anerkennung der ausländischen Entscheidung verstößt gegen den ordre public, weil diese Entscheidung von Anfang an nicht überprüfbar ist[290]. Das nationale deutsche Recht hält mit § 32 AVAG eine Lösung für dieses Problem bereit. Auf Antrag des Gläubigers kann das Urteil durch das Gericht nachträglich vervollständigt werden. Nach dem 1986 neu eingefügten § 313b Abs. 3 ZPO ist sogar von vornherein das Versäumnisurteil mit Tatbestand und Entscheidungsgründen zu versehen, wenn das Urteil voraussichtlich im Ausland geltend gemacht werden soll.
Das schweizerische Recht erblickt dagegen in der abgekürzten Fassung eines ausländischen Versäumnisurteils keinen ordre public Verstoß[291]. Es genügt, dass dem Beklagte die Möglichkeit gegeben wurde, sich zu verteidigen. Dazu bedarf es lediglich der rechtzeitigen und ordnungsgemäßen Ladung[292]. Wusste der Beklagte vom dem Verfahren, hat er sich aber willentlich vom Prozessfortgang fern ge-

---

286 Cass. civ. 1, 13.01.1998, Juridisque Lamy, Entscheidung Nr. 60.

287 Gaudemet-Tallon S. 233 Nr. 333.

288 Gothot/Holleaux S. 147 Nr. 257.

289 Héron, Droit judiciaire privé, Nr. 420, S.299.

290 Holleaux, JDI 1979, 390; Cuniberti, RC 2000, 786, 791; a.A. Mayer, S. 252, Nr. 384: es sei keine Frage des ordre public, sondern die Unmöglichkeit des Klägers, die Voraussetzungen für die Anerkennung darzubringen.

291 BG, 09.02.1977, BGE 103 Ia 199 gegenüber einem deutschen Versäumnisurteil; BG, 19.12.1990, BGE 116 II 625 gegenüber einem amerikanischen Versäumnisurteil; Bucher, Nr. 427; Donzallaz, Rn. 2821.

292 BG, 19.12.1990, BGE 116 II 625, 632.

halten, so muss er das Versäumnisurteil gegen sich gelten lassen, auch wenn dieses keine Begründung enthält. Auch das italienische Recht lässt die Vollstreckbarerklärung von deutschen Versäumnisurteilen ohne Begründung zu[293].

7) Rechtswidrige Urteilserschleichung

Die Vorbehaltsklausel kann auch der Abwehr einer im Ausland rechtswidrig erschlichenen Entscheidung dienen. In einem Fall, der dem BGH vorlag[294], hatte eine italienische Gläubigerin in Italien ein Zahlungsurteil gegen einen deutschen Schuldner erwirkt. Die Parteien standen früher in Geschäftsbeziehungen. Dem Urteil lag aber keine Forderung zu Grunde. Der Schuldner ließ ein Versäumnisurteil gegen sich ergehen. Die Gläubigerin hatte ihm versichert, sie werde aus dem Urteil nicht vollstrecken. Das Urteil diene nur kreditrechtlichen Gründen. Als die Gläubigerin in Deutschland einen Antrag auf Exequatur stellte, half der BGH dem Schuldner mit der Anwendung von Art. 27 Nr. 1 EuGVÜ. Nach Auffassung des BGH würde die Vollstreckung eines durch Täuschung des ausländischen Gerichts und des Verfahrensgegners erlangten Urteils die öffentliche Ordnung Deutschlands verletzen[295].

II. Vollstreckungsverfahren

Im Vollstreckungsverfahren spielt die Vorbehaltsklausel bisher eine geringe Rolle. Dies hängt damit zusammen, dass das grenzüberschreitende Vollstreckungsverfahren bisher in Gesetz und Rechtsprechung ein Schattendasein führt und hier noch vieles ungeklärt ist[296].
Ausländische Vollstreckungsakte bedürfen im Inland der Anerkennung, um dort wirksam zu sein[297]. Die Anerkennung bestimmt sich nach dem autonomen Recht. Zu den Anerkennungsvoraussetzungen zählen vor allem die internationale Zu-

---

293 CA Milano, 16.06.1975, Riv. dir. int. priv. proc. 1975, 801; CA Genua, 21.04.1976, Riv. dir. int. priv. proc. 1976, 583.

294 BGH, 10.07.1986, IPRax 1987, 236; dazu Grunsky IPRax 1987, 219 ff.

295 Siehe zur rechtswidrigen Urteilserschleichung auch BGH, 15.10.1992, IPRax 1993, 321, 323.

296 Stürner, FS Henckel, 863, 875.

297 OLG Oldenburg, 25.04.1995, IPRspr. 1995 Nr. 180; Schack, IPRax 1997, 318, 319; derselbe Rpfleger 1980, 175, 177; a.A. Gottwald, IPRax 1991, 285, 288: ausländische Vollstreckungsakte, soweit sie im Inland zu vollziehen wären, werden nicht anerkannt.

ständigkeit des Vollstreckungsstaates und die ordre public Konformität des ausländischen Vollstreckungsaktes[298].

Die deutsche Rechtsprechung zählt das Erfordernis der Zustellung des Pfändungsbeschlusses an den Drittschuldner i.S.d. § 829 III ZPO bei der Pfändung von Forderungen und anderen Vermögensrechten zum deutschen ordre public[299]. Die vollstreckende Partei muss also den Nachweis führen, dass dem Drittschuldner der Pfändungsbeschluss zugestellt worden ist[300]. In dem der Entscheidung des OLG Oldenburg zu Grunde liegende Fall ging es um die Wirksamkeit eines niederländischen Pfändungsbeschlusses. In den Niederlanden hatte eine italienische Gesellschaft den Gesellschaftsanteil der niederländischen Klägerin an der in Deutschland ansässigen Beklagten gepfändet. Nach Auffassung des deutschen Gerichts könne die Pfändung nur ab dem Zeitpunkt der Zustellung an den Drittschuldner Wirksamkeit erlangen. Ein ausländisches Recht, nach dem die Pfändung auch ohne Zustellung an den Drittschuldner wirksam sei, verstößt gegen den deutschen ordre public.

C) Ergebnis von Teil 1

Als Zwischenergebnis können bereits einige Feststellungen getroffen werden. Es ist deutlich geworden, dass die Vorbehaltsklausel heute im europäischen Rechtsverkehr in einer Vielzahl von Fällen angewandt wird. Sie wird vornehmlich im Familienrecht und im Prozessrecht eingesetzt. Im Familienrecht zeigt sich, dass die Anwendung der Vorbehaltsklausel vielfach nur für die Vergangenheit Bedeutung hat. Denn oft wird ein fremdes Recht mittels der Vorbehaltsklausel abgewehrt, das später geändert wird. In der geänderten Fassung ist das fremde Recht dann nicht mehr ordre public widrig[301]. Die Vorbehaltsklausel dient hier eher der Abwehr eines überholten Rechts als der Verteidigung der internen Rechtsordnungen gegen aktuelles fremdes Recht. Sie nimmt hier eine intertemporale Funktion wahr, indem sie das für die heutige Zeit angemessene Recht anwendet. In diesen Bereichen zeigt sich, dass die europäischen Rechtsordnungen grundsätzlich

---

298 Schack, IPRax 1997, 318, 320.

299 OLG Oldenburg, 25.04.1995, IPRspr. 1995, Nr. 180.

300 Schack, IPRax 1997, 318, 322 läßt unabhängig von der Zustellung die Kenntnis des Drittschuldners von der Forderungspfändung genügen. Der Nachweis dieser Kenntnis gehöre jedoch zum ordre public.

301 Siehe A I 2 b (Widerrufsrecht); A I 3 a.E (Ausschlussfrist); A III 1 a aa 2. (Ehehindernisse); A III 1 b (Ehegüterrecht); A III 2 a (eheliche und nichteheliche Kindschaft); A III 2 d a.E. (Adoption); A III 2 e (Entziehung der elterlichen Sorge); A III 3 c (Entschädigungscharakter der Unterhaltsleistung).

dieselben Reformansätze verfolgen, wenn auch in unterschiedlichen Zeitabschnitten. Im Verfahrensrecht lässt sich diese Tendenz nur teilweise beobachten[302].

Eine Übersicht über die praktische Bedeutung der Vorbehaltsklausel im europäischen Rechtsverkehr kann nur eine Momentaufnahme sein. Die Anwendungsfälle der Vorbehaltsklausel ändern sich mit der Zeit. Dies hängt mit dem Wandel der Anschauung darüber, was zu den wesentlichen Rechtssätzen einer Rechtsordnung zählt, zusammen. Dennoch gibt sie Auskunft darüber, wo sich heute die Konfliktfelder zwischen den europäischen Staaten befinden.
Um den gegenwärtigen und zukünftigen Stellenwert der Vorbehaltsklausel in Europa richtig einzuschätzen, bedarf es aber noch der Analyse der Einwirkungen des europäischen Rechts auf dieses Rechtsinstitut. Dies erfolgt im zweiten Teil dieser Arbeit.

302 Siehe B I 3 und B I 4 d.

Teil 2: Europäisierung

Im ersten Teil dieser Arbeit ist ein europäischer Rechtsstand ermittelt worden, ein Bild der gegenwärtigen Bedeutung der Vorbehaltsklausel im europäischen Rechtsverkehr. Im zweiten Teil steht die Analyse dynamischer Prozesse im Vordergrund. Es werden die maßgeblichen Kräfte des Europäisierungsprozesses dargestellt und deren Wirkungen auf die Vorbehaltsklausel.
Die Vorbehaltsklausel ist wie das gesamte nationale Recht dem Prozess der Europäisierung ausgesetzt. Europäisierung des Rechts bedeutet, dass bei der Anwendung des Rechts europäische Normen zu berücksichtigen sind. Diese Normen sind im Gemeinschaftsrecht enthalten und in Staatsverträgen, die von europäischen Staaten ratifiziert wurden. Im Hinblick auf die Vorbehaltsklausel können zwei Arten der Europäisierung unterschieden werden. Im ersten Fall wird die Vorbehaltsklausel selbst auf europäischer Ebene geregelt. Dies erfolgt durch eine ausdrückliche Regelung in einem europäischen Staatsvertrag oder einer gemeinschaftsrechtlichen Verordnung. Im zweiten Fall wird die nationale oder staatsvertragliche Vorbehaltsklausel angewandt; der nationale Richter muss dabei aber geltende europäische Normen beachten. Diese Normen stammen entweder aus der EMRK oder aus dem Gemeinschaftsrecht.
Die zwei Arten der Europäisierung sind zu unterscheiden, weil sie zwei verschiedene Methoden der Harmonisierung der nationalen Rechtsordnungen darstellen. Die erste Art regelt das Rechtsinstitut der Vorbehaltsklausel unmittelbar und präzisiert ihre Anwendungsvoraussetzungen. Die zweite Art beeinflusst die Vorbehaltsklausel mittelbar durch übergeordnete Grundsätze.
Die folgende Darstellung greift diesen methodischen Unterschied auf. Im ersten Abschnitt (A) wird die Europäisierung der Vorbehaltsklausel durch unmittelbare Regelung ihrer Anwendungsvoraussetzungen untersucht. Dabei wird aus den vielen staatsvertraglichen Regelungen das EuGVÜ herausgegriffen, da dieses Übereinkommen bisher besonders erfolgreich gewesen ist[303] und als Modell für andere normative Vorhaben dient[304]. Es zeichnet sich auch durch die Existenz einer Kontrollinstanz in der Gestalt des EuGH aus. Außer für Dänemark, ist das EuGVÜ nunmehr zwischen den Mitgliedstaaten der Europäischen Union durch

303 Geimer, IPRax 2002, 69.
304 Das EuGVÜ hat das Luganer Übereinkommen über die gerichtliche Zuständigkeit und die Vollstreckung gerichtlicher Entscheidungen in Zivil- und Handelssachen vom 16.09.1988, BGBl 1994 II, 2260, unmittelbar beeinflusst. Es diente ferner als Modell für die EG Verordnung Nr. 1347/2000, ABl. EG L 160, 30.06.2000, S. 19 über die Zuständigkeit und die Anerkennung und Vollstreckung von Entscheidungen in Ehesachen und in Verfahren betreffend die elterliche Verantwortung für die gemeinsamen Kinder der Ehegatten. Weiter dient es als Orientierung bei den Verhandlungen über ein weltweites Anerkennungs- und Vollstreckungsübereinkommen; siehe Schack, ZEuP 1993, 306.

die EuGVO ersetzt worden[305]. Dabei hat die EuGVO die Vorbehaltsklausel des EuGVÜ weitgehend übernommen, wenn auch einige wenige Änderungen zu vermerken sind. Im Folgenden wird deshalb noch auf das EuGVÜ verwiesen. Wo die EuGVO Besonderheiten aufweist, werden diese hervorgehoben. Im zweiten Abschnitt wird der mittelbare Einfluss europäischer Rechtsnormen auf die Vorbehaltsklausel untersucht (B). Behandelt wird der Einfluss der EMRK und der Einfluss des Gemeinschaftsrechts. Diese beiden Normenbestände haben heute einen wichtigen Einfluss auf den Inhalt, die Dogmatik und den Stellenwert der Vorbehaltsklausel in den europäischen Rechtsordnungen.

---

305 Droz/Gaudemet-Tallon, RC 2001, 601; Beraudo, JDI 2001, 1033; Niboyet, Gaz.Pal., 10.06.2001/12.06.2002, 943; Bruneau JCP G I 304.

A) Europäisierung durch unmittelbare Regelung: die Vorbehaltsklausel in Art. 27 EuGVÜ (Art. 34 EuGVO)

In diesem Abschnitt soll die Vorbehaltsklausel des EuGVÜ (EuGVO) näher betrachtet werden. Sie wird in den Art. 27 Nr. 1 EuGVÜ (Art. 34 Nr. 1 EuGVO) und Art 27 Nr. 2 EuGVÜ (Art. 34 Nr. 2 EuGVO) und ergänzend in Art. 28 EuGVÜ (Art. 35 EuGVO) hinsichtlich der Anerkennung der fremden Entscheidung geregelt. Art. 34 Abs. 2 EuGVÜ (Art. 45 Abs. 1 EuGVO) beinhaltet die Vorbehaltsklausel hinsichtlich der Vollstreckbarerklärung der fremden Entscheidung. Dabei verweist Art. 34 Abs. 2 EuGVÜ (Art. 45 Abs. 1 EuGVO) auf Art. 27 EuGVÜ (Art. 34 EuGVO) und Art. 28 EuGVÜ (Art. 35 EuGVO).
Die Darstellung orientiert sich an den zwei wesentlichen Merkmalen der Vorbehaltsklausel des EuGVÜ (EuGVO): die Beschränkung ihres Anwendungsbereiches und ihre Auslegung durch den EuGH.

I. Ein beschränkter Anwendungsbereich

Wie es die europäische Kommission treffend ausdrückt, steht die Vorbehaltsklausel zur Idee des Binnenmarktes in einer Schieflage[306]. Das EuGVÜ bezweckt in erster Linie, die Freizügigkeit der Urteile in der Europäischen Union herzustellen[307]. Die Vorbehaltsklausel ist dabei ein Hindernis. Sie wurde zwar in das Übereinkommen integriert, es wird jedoch auf unterschiedliche Weise versucht, ihren Anwendungsbereich zu reduzieren. Erfolg und Misserfolg dieser Versuche zeigen zugleich, welche Bedeutung der Vorbehaltsklausel in Europa zukommt.
Hinsichtlich der Beschränkung des Anwendungsbereiches der Vorbehaltsklausel sind hauptsächlich drei Ansatzpunkte festzustellen. Zunächst sieht das System des Übereinkommens selbst eine Einschränkung der ordre public Prüfung vor: die Überprüfung der internationalen Zuständigkeit des ausländischen Gerichts ist grundsätzlich verboten. Die hierzu geäußerte Kritik in Literatur und Rechtsprechung zeigt, auf welche Schwierigkeiten die normative Beschränkung der Vorbehaltsklausel stößt (1). Weitere Versuche, den Anwendungsbereich der Vorbehaltsklausel zu verringern, setzen bei Art. 27 Nr. 1 EuGVÜ an. In Lehre und Rechtsprechung wird Art. 27 Nr. 1 EuGVÜ teilweise so ausgelegt, dass er allein

---

306 Mitteilung der Kommission an den Rat und das Europäische Parlament, „Wege zu einer effizienteren Erwirkung und Vollstreckung von gerichtlichen Entscheidungen in der EU“, KOM (97) 609 (endg.), 97/0339 (CNS), Rn. 20.

307 EuGH, Régie nationales des usines Renault, 11.05.2000, Slg. 2000 I-3009, Erw. 20; EuGH, Krombach, 28.03.2000, Slg. 2000, I-1956, Erw. 19; EuGH, Coursier, 29.04.1999, Slg. 1999 I-2543, Erw. 25; Droz, Rn. 487; Calvo Caravaca, S. 480.

den materiellrechtlichen ordre public beinhaltet. Auch die neue EuGVO hat die Begrenzung der Vorbehaltsklausel zum Ziel (2). Schließlich gibt die Anwendung von Art. 27 Nr. 2 EuGVÜ in Rechtsprechung und die entsprechende neue Regelung in der EuGVO Auskunft über die Bedeutung der Vorbehaltsklausel im Binnenmarktprozess[308] (3). Diese drei Problembereiche werden im Folgenden dargestellt.

1) Überprüfung der internationalen Zuständigkeit

a) System

Die Anerkennung bzw. Vollstreckbarerklärung einer ausländischen Entscheidung ist in den meisten europäischen Rechtsordnungen mit einer Überprüfung der internationalen Zuständigkeit des ausländischen Gerichts verbunden. Im Allgemeinen wird die fremde Entscheidung dann nicht anerkannt, wenn der ausländische Richter seine internationale Zuständigkeit bejaht hat, obwohl der Sachverhalt nach Auffassung des Anerkennungsstaates keine relevante Beziehung zur ausländischen Rechtsordnung hat. Der Schuldner soll davor geschützt werden, in unzumutbarer Weise vor den Gerichten des Urteilsstaates gerichtspflichtig zu werden. Unter den Anerkennungsvoraussetzungen wird dieser Gesichtspunkt meistens ausgesondert und unter anderen Voraussetzungen neben der ordre public Prüfung gestellt. Dennoch gehört er zum verfahrensrechtlichen ordre public[309]. Dies ist auch das Verständnis des EuGVÜ (EuGVO), denn Art. 28 Abs. 3 2. Hs EuGVÜ (Art. 35 Abs. 3 Satz 2 EuGVO) klammert die internationale Zuständigkeit explizit aus der ordre public Prüfung aus.
Das Brüsseler Übereinkommen und die EuGVO zeichnen sich dadurch aus, dass sie die Berufung auf den ordre public hinsichtlich der internationalen Zuständigkeit des fremden Gerichts nicht zulassen[310]. So lautet der Grundsatz in Art. 28 Abs. 3 EuGVÜ (Art. 35 Abs. 3 EuGVO). Ausnahmsweise kann die internationale Zuständigkeit des fremden Gerichts bei Versicherungssachen, Verbrauchersachen und im Falle der ausschließlichen Zuständigkeit nach Art. 16 EuGVÜ (Art. 22 EuGVO) überprüft werden[311]. Die internationale Zuständigkeit darf auch über-

---

308 Diesen Ausdruck verwendet Heß, JZ 1998, 1021. Der Binnenmarktprozess folgt nach Auffassung des Autors gegenüber dem nationalen Prozess oder dem internationalen Prozess eigenen Regeln.

309 Gottwald, ZZP 1990, 257, 276.

310 Gaudemet-Tallon, S. 242, Rn. 334; Schlosser, EuGVÜ-Kommentar, Art 27-29 Rn. 1; Gottwald, ZZP 1990, 257, 270.

311 Siehe z.B. Cour d'appel, 15.05.1991, Pasicrisie luxembourgeoise, vol. 28 (1990-1992), S. 157.

prüft werden, wenn das ausländische Gericht gegenüber einem in einem Drittstaat wohnhaften Beklagten eine exorbitante Zuständigkeit nach Art. 3 Abs. 2 EuGVÜ (Art. 3 Abs. 2 EuGVO) angenommen hat und der Anerkennungsstaat sich gegenüber diesem Drittstaat verpflichtet hat, solche Entscheidungen nicht anzuerkennen (Art. 59 Abs. 1 EuGVÜ / Art. 72 EuGVO)[312].

b) Probleme

Das oben kurz dargestellte System wird von zwei Richtungen aus kritisiert. Auf der einen Seite wird die generelle Abschaffung der Überprüfbarkeit der internationalen Zuständigkeit des ausländischen Richters in Frage gestellt. Diese Auffassung hat die Wahrung der Verfahrensrechte des Beklagten im Auge. Sie führt zu einem gegenüber dem jetzigen Stand erweiterten Anwendungsbereich der Vorbehaltsklausel. Auf der anderen Seite wird bezweifelt, ob die Ausnahmetatbestände des Art. 28 Abs. 1 EuGVÜ (Art. 35 Abs. 1 EuGVO) wirklich berechtigt sind. Diese Ansicht will den Anwendungsbereich der ordre public Klausel weiter einschränken.

aa) Überprüfung trotz Art. 28 Abs. 3 EuGVÜ (Art. 35 Abs. 3 EuGVO)

Die Einschränkung der ordre public Kontrolle gemäß Art. 28 Abs. 3 EuGVÜ (Art. 35 Abs. 3 EuGVO) ist sowohl in der Lehre als auch in der Rechtsprechung auf Kritik gestoßen.

1. Lehre

In der Literatur werden verschiedene Konstellationen gebildet, bei denen ausnahmsweise eine Anwendung der ordre public Klausel entgegen Art. 28 Abs. 3 EuGVÜ (Art. 35 Abs. 3 EuGVO) möglich sein soll.
Bejaht der ausländische Richter seine internationale Zuständigkeit auf der Grundlage eines exorbitanten Gerichtsstandes gegenüber einer Person mit Wohnsitz außerhalb der Gemeinschaft, was ihm Art. 4 Abs. 1 EuGVÜ (Art. 4 Abs. 1 EuGVO) erlaubt, so soll die Anerkennung versagt werden können[313], auch wenn

---

312 Zum Abschluß solcher Verträge, siehe Kropholler, Europäisches Zivilprozessrecht, Art. 59, Rn. 4 ff.

313 Schlosser, EuGVÜ-Kommentar, Art 27-29, Rn. 30; ders. RabelsZ 1983, 529; Bajons, S. 58.

kein Staatsvertrag i.S. des Art. 59 EuGVÜ (Art. 72 EuGVO) mit dem Drittland, in dem die Person wohnhaft ist, geschlossen wurde. Diese Autoren sprechen sich dem Grunde nach für eine Abschaffung der Diskriminierung der Personen aus, die in einem Nichtvertragsstaat wohnhaft sind[314].
Nimmt der ausländische Richter eine internationale exorbitante Zuständigkeit fehlerhaft gegenüber einer Person in der Gemeinschaft an, so soll ebenfalls die ordre public Klausel zur Anwendung kommen können. Dies soll vor allem dann gelten, wenn der Urteilsrichter eine exorbitante internationale Zuständigkeit für sich in Anspruch genommen hat, die dem Maßstab des Art. 6 Abs. 1 EMRK nicht entspricht[315]. Auch wenn der Urteilsrichter seine internationale exorbitante Zuständigkeit auf eine Norm des EuGVÜ gegründet hat - wie dies z.B. nach Art. 5 Nr. 4 EuGVÜ (Art. 5 Nr. 4 EuGVO) möglich ist - soll die ordre public Klausel im Anerkennungsstadium angewendet werden können[316]. Diese Ansicht stützt sich ebenfalls auf Art. 6 Abs. 1 EMRK bzw. auf den nationalen Grundrechten, die das Recht auf Verteidigung gewährleisten.
Die hM aber stellt sich auf den Standpunkt, dass außer in den Fällen des Art. 28 Abs. 1 EuGVÜ (Art. 35 Abs. 1 EuGVO) eine Überprüfung der internationalen Zuständigkeit nicht zulässig ist[317]. Angesichts des eindeutigen Wortlautes des Art. 28 Abs. 3 EuGVÜ (Art. 35 Abs. 3 EuGVO) ist eine andere Auslegung auch schwerlich zu begründen.

2. Rechtsprechung

Der Ausschluss der Überprüfbarkeit der internationalen Zuständigkeit des Urteilsstaates hat auch beim BGH Unbehagen geweckt. Der BGH hat die ordre public Klausel des Art. 27 Nr. 1 EuGVÜ im Fall "Krombach"[318] anwenden wollen, um dem französischen Urteil, das sich allein aufgrund der französischen Staatsangehörigkeit des Opfers für zuständig erklärte, die Anerkennung zu versagen. Es hat die Frage dem EuGH vorgelegt[319]. Der EuGH hat sich zu dieser Vorlagefrage knapp geäußert[320]. Er hat sich auf den Wortlaut von Art. 28 Abs. 3 EuGVÜ berufen und jede über die Fälle des Art. 28 Abs. 1 EuGVÜ hinausgehende Kontrolle

---

314 Kritisch gegen die im EuGVÜ verankerte Diskriminierung von Personen, die in Drittstaaten wohnhaft sind, Juenger, RC 1983, 37 ff.
315 Kropholler, Europäisches Zivilprozessrecht, Art 28. Rn. 3.
316 Piekenbrock, IPRax 2000, 364 ff.
317 Gothot/Holleaux, S. 169 ff, Nr. 299 ff; Mosconi, Studi in Onore Denti, Bd. I, S. 493, 500; Generalanwalt Saggio, Schlussanträge, EuGH Krombach, 28.03.2000.
318 Siehe Teil 1 B I 4 e.
319 BGH, 04.12.1997, IPRax 1998, 205 mit Anm. Pieckenbrock S. 177.
320 EuGH, Krombach, 28.03.2000, Slg. 2000, I-1956, Erw. 29 bis 34.

der internationalen Zuständigkeit des Ursprungsrichters abgelehnt. Dies soll auch dann gelten, wenn der Ursprungsrichter seine internationale Zuständigkeit zu Unrecht angenommen hat[321]. Angesichts des eindeutigen Wortlautes von Art. 28 Abs. 3 EuGVÜ war diese Entscheidung zu erwarten.
Mit dieser Entscheidung ist nicht geklärt, ob der französische Strafrichter im Fall "Krombach" seine internationale Zuständigkeit, soweit es um das zivilrechtliche Adhäsionsverfahren ging, tatsächlich zu Unrecht angenommen hat. Dies ist zu bejahen. Es ergibt sich aus folgenden Erwägungen: Die Zuständigkeitsvorschriften des EuGVÜ (EuGVO) sind im Anwendungsbereich des Übereinkommens abschließend[322] und verdrängen die autonomen Regeln über die internationale Zuständigkeit[323]. Deshalb ist der Ausschluss der exorbitanten Zuständigkeiten in Art. 3 Abs. 2 EuGVÜ (Art. 3 Abs. 2 EuGVO) eigentlich überflüssig[324]. Einen Sinn macht diese Norm nur, wenn ausnahmsweise das EuGVÜ für die Bestimmung der internationalen Zuständigkeit auf das interne Recht verweist. Dies ist der Fall für Art. 5 Nr. 4 EuGVÜ[325] (Art. 5 Nr. 4 EuGVO). Die internationale Zuständigkeit für das Adhäsionsverfahren bestimmt sich nach der internationalen Zuständigkeit des nationalen Strafgerichts. Diese ist nach dem autonomen Recht zu bestimmen. In diesem Fall kommen die eigentlichen Zuständigkeitsvorschriften des EuGVÜ (EuGVO) nicht zum Tragen. Deshalb ist auf Art. 3 Abs. 2 EuGVÜ (Art. 3 Abs. 2 EuGVO) zurückzugreifen[326]. Da Art. 3 Abs. 2 EuGVÜ (Art. 3 Abs. 2 EuGVO) die exorbitanten Zuständigkeiten nicht abschließend aufzählt[327], sind alle Normen des autonomen Rechts, die für ein Zivilverfahren die internationale Zuständigkeit allein aus der Staatsangehörigkeit einer Partei ableiten, unanwendbar. Dies gilt also auch für Art. 689-1 CPP a.F. und für Art. 689 CPP i.V. mit 113-7 CP. Somit hat das Gericht jedenfalls das EuGVÜ falsch angewandt[328]. Wäre im Urteilsstaat eine weitere Instanz eröffnet, könnte eine Verletzung von Art. 3 Abs. 2 EuGVÜ (Art. 3 Abs. 2 EuGVO) geltend gemacht werden.

---

321 EuGH, Krombach, 28.03.2000, Slg. 2000, I-1956, Erw. 33; ZIP 2000, 859 mit Anm. Geimer.

322 Kropholler, Europäisches Zivilprozessrecht, vor Art. 2, Rn. 18.

323 Kropholler, Europäisches Zivilprozessrecht, vor Art. 2, Rn. 17.

324 Schlosser, Studi in Onore Denti, Bd. I, S. 581.

325 Piekenbrock, IPRax 1999, 177.

326 Anders für Art. 24 EuGVÜ, da Art. 3 Abs. 2 EuGVÜ für den 9. Abschnitt nicht gilt. Siehe Stadler, JZ 1999, 1089, 1091 m.w.N.

327 Gothot/Holleaux, S. 28; Kropholler, Europäisches Zivilprozessrecht, vor Art. 2, Rn. 17; Schlosser, Studi in Onore Denti, Bd. I, S.581.

328 A.A., Generalanwalt Saggio, EuGH, Krombach, 28.03.2000, Erw. 18.

bb) Abschaffung von Art. 28 Abs. 1 EuGVÜ (Art. 35 Abs. 1 EuGVO)

Nachdem festgestellt wurde, dass die internationale Zuständigkeit des Urteilsrichters über die Ausnahmefälle des Art. 28 Abs. 1 EuGVÜ (Art. 35 Abs. 1 EuGVO) hinaus nicht kontrolliert werden darf, stellt sich die Frage der Berechtigung des Ausnahmetatbestandes des Art. 28 Abs. 1 EuGVÜ (Art. 35 Abs. 1 EuGVO).
Nach Art. 28 Abs. 1 EuGVÜ (Art. 35 Abs. 1 EuGVO) kontrolliert der Anerkennungsrichter, ob der Richter des Urteilsstaates die Vorschriften des EuGVÜ (EuGVO) über die internationale Zuständigkeit in Versicherungssachen, in Verbrauchersachen und in bestimmten anderen in Art. 16 EuGVÜ (Art. 22 EuGVO) aufgelisteten Fällen beachtet hat. Dabei überprüft der Anerkennungsrichter in der Sache die richtige Anwendung der Abschnitte 3, 4 und 5 des 2. Titels des EuGVÜ (3, 4 und 6 des 2. Titels des EuGVO) durch den ausländischen Richter. An die tatsächlichen Feststellungen des ausländischen Richters, auf die dieser sich bei der Begründung der internationalen Zuständigkeit stützt, ist der Anerkennungsrichter aber gebunden (Art. 28 Abs. 2 EuGVÜ / Art. 35 Abs. 2 EuGVO).
Solange die internationale Zuständigkeit durch nationales Recht bestimmt wurde, war deren Überprüfung im Rahmen des anerkennungsrechtlichen ordre public gerechtfertigt. Die internationale Zuständigkeit ist jetzt für den in Art. 1 EuGVÜ (Art. 1 EuGVO) bezeichneten Anwendungsbereich einheitlich im EuGVÜ (EuGVO) geregelt. Nach Art. 29 EuGVÜ (Art. 36 EuGVO) darf der Anerkennungsrichter die ausländische Entscheidung nicht auf ihre Vereinbarkeit mit dem ausländischen Recht überprüfen (Verbot der *révision au fond*). Warum soll er die richtige Anwendung von Konventionsrecht durch den ausländischen Richter überprüfen können?[329]. Es kann nicht Aufgabe des Exequaturrichters sein, sich als zusätzliche Revisionsinstanz zu betätigen. Es ist auch nicht ersichtlich, warum dem Urteilsrichter weniger Vertrauen entgegengebracht wird, wenn er das ihn bindende Konventionsrecht bzw. Gemeinschaftsrecht anwendet, als wenn er sein eigenes nationales Recht anwendet. Die doppelte Prüfung der internationalen Zuständigkeit sowohl durch die Instanzgerichte im Urteilsstaat als auch durch den Anerkennungsrichter in den Fällen der Abschnitte 3., 4. und 5. des 2. Titels des EuGVÜ (Abschnitte 3., 4. und 6. des 2. Titels der EuGVO) ist überflüssig. Wenn man das Erfordernis der Prozessökonomie europäisch denkt, so ist eine Abschaffung der oben genannten Kontrolle erstrebenswert. Die Prozessparteien sollten vielmehr darauf beschränkt werden, die fehlerhafte Anwendung des Konventions-

329 Kritisch Schlosser, EuGVÜ-Kommentar, Art 27-29, Rn. 1, 31; Kropholler, Europäisches Zivilprozessrecht, Art. 28, Rn. 7, kritisiert die Ausnahmen für Versicherungs- und Verbrauchersachen.

rechts im ausländischen Verfahren zu rügen. Demnach sollte Art. 28 Abs. 1 EuGVÜ (Art. 35 Abs. 1 EuGVO) abgeschafft werden.
Die Möglichkeit, die Entscheidung eines Vertragsstaates dann nicht anzuerkennen, wenn ein Fall des Art. 59 Abs. 1 EuGVÜ (Art. 72 EuGVO) vorliegt, sollte aus Rücksichtnahme gegenüber Drittstaaten dagegen zulässig bleiben.
Die EuGVO hat die Regelung des Art. 28 Abs. 1 EuGVÜ im neuen Art. 35 Abs. 1 EuGVO aber beibehalten.

c) Ergebnis

Eine Überprüfung der internationalen Zuständigkeit des Urteilsrichters ist mit Ausnahme der in Art. 28 Abs. 1 EuGVÜ (Art. 35 Abs. 1 EuGVO) geregelten Fällen *de lege lata* nicht möglich.
Die Überprüfung durch den Exequaturrichter der richtigen Anwendung der 3., 4. und 5. Abschnitte des 2. Titels des EuGVÜ (3., 4. und 6. Abschnitte der EuGVO) durch den Ursprungsrichter sollte *de lege ferenda* abgeschafft werden.

2) Art. 27 Nr. 1 EuGVÜ in Literatur und Reformvorschlägen

a) Eine restriktive Auslegung von Art. 27 Nr. 1 EuGVÜ

aa) Problematik

In der französischen, spanischen und belgischen Literatur wird die Ansicht vertreten, Art. 27 Nr. 1 EuGVÜ regele nur den materiellrechtlichen ordre public. Der verfahrensrechtliche ordre public sei in Art. 27 Nr. 2 EuGVÜ abschließend geregelt worden. Andere verfahrensrechtliche Gesichtspunkte als die ordnungsgemäße und rechtzeitige Zustellung des verfahrenseinleitenden Schriftstückes im Säumnisverfahren dürften der Anerkennung nicht entgegenstehen[330].

---

330 Pluyette, S. 453 ff; Droz, Rn. 489; Gothot/Holleaux, S. 155, Nr. 271; Kessedjian, RC 1992, 519, 524 ff (Anm. zu Cass. civ. 1, 09.10.1991); Huet, JDI 1993, 158, 160 (Anm. zu Cass. civ. 1, 09.10.1991); Gaudement-Tallon, Rn. 353; Markiewicz (aus belgischer Sicht), Revue de la faculté de droit de Liège 1991, 194, 201 (Anm. zu Cass. civ. 1 belge, 10.05.1990); Calvo Caravaca, S. 483 (aus spanischer Sicht), s.a. Benayas, Anm. zu TS, 24.12.1996, REDI 1998, vol. 2, S. 223, 226 f.; so im Grundsatz auch O'Malley/Layton Art. 27, 27.16 mit einer Ausnahme für "*gross procedural irregularity*". Eine Übersicht über die Stellungnahmen in der Schweiz gibt Donzallaz, Nr. 2897.

bb) Rechtsprechung

Ein Teil der französischen Rechtsprechung hat sich diese Meinung zu eigen gemacht[331]. Dies gilt jedoch nicht für die *Cour de cassation*. Sowohl die Rechtsprechung des Gerichts zu den Anforderungen, die an die Entscheidungsgründe ausländischer Urteile zu stellen sind[332] wie auch die Rechtsprechung zu der Problematik der Geständnisfiktion beim Versäumnisurteil[333], zeigt dass die *Cour de cassation* davon ausgeht, Art. 27 Nr. 1 EuGVÜ beinhalte auch den verfahrensrechtlichen ordre public[334]. Auch im Fall "Pordéa" hat die *Cour de cassation* den verfahrensrechtlichen ordre public mittels Art. 27 Nr. 1 EuGVÜ durchgesetzt[335]. Die Rechtsprechung in Deutschland[336] stellt sich auf den Standpunkt, dass Art. 27 Nr. 2 EuGVÜ den verfahrensrechtlichen ordre public nicht abschließend definiert. Ein neueres Urteil der *Cour d'appel* in Luxemburg hat sich jedoch die Ansicht der französischen Literatur zu eigen gemacht[337]. Dem Gericht lag ein Antrag nach Art. 36 EuGVÜ vor. Der Antragsteller hatte als Kläger in Deutschland einen Prozess verloren. Er wehrte sich nun in Luxemburg gegen die Vollstreckbarerklärung des deutschen Kostenfestsetzungsbeschlusses. Er trug vor, er sei in dem Verfahren, das zum Kostenfestsetzungsbeschluss geführt habe, nicht gehört worden. Sein Anspruch auf rechtliches Gehör sei nicht gewahrt worden. Das Gericht führt aus, eine Überprüfung des ausländischen Verfahrens mittels der ordre public Klausel sei durch Art. 27 Nr. 1 EuGVÜ nicht erlaubt. Die Wahrung der Verteidigungsrechte sei allein in Art. 27 Nr. 2 EuGVÜ geregelt. Dieser Fall sei aber hier nicht gegeben. Das Gericht stützt sich dabei ausdrücklich auf die EuGH Entscheidung "Klomps"[338]. So wie die französischen Autoren auch, beruft sich das Gericht auf die Absicht der Verfasser des Brüsseler Übereinkommens, den ordre public so weit wie möglich zu reduzieren.

---

331 CA Paris, 02.10.1987, JDI 1989, 100; und siehe die Nachweise der meist unveröffentlichten Rechtsprechung bei Pluyette, S. 454.

332 Siehe Teil 1 B I 6 b.

333 Siehe Teil 1 B I 5 b.

334 Gothot/Holleaux, S. 156 Nr. 272.

335 Cass. civ. 1, 16.03.1999, JDI 1999, 773 mit Anm. Huet.

336 BGH, 21.3.1990, IPRax 1992, 33; OLG Hamm, 28.12.1993, NJW-RR 1995, 189; OLG Köln, 8.3.1999, IPRax 2000, 528.

337 *Cour d'appel*, 17.07.1997, Pasicrisie luxembourgeoise, Bd. 30 Nr. 4/1997, S. 340, 342.

338 EuGH, 16.06.1981, Klomps, Slg. 1981, 1593; das luxemburgische Gericht zitiert teilweise aus der Erwägung Nr. 7.

cc) Stellungnahme

In der französischen Literatur wird geltend gemacht, dass die Unterscheidung zwischen ordre public und Verteidigungsrechten im Sinne einer Unterscheidung zwischen materiellrechtlichem ordre public und verfahrensrechtlichem ordre public bekannt sei und dem Übereinkommen zu Grunde liege[339]. Das Übereinkommen hätte diese Unterscheidung übernommen und in Art. 27 Nr. 2 EuGVÜ die Wahrung der Verteidigungsrechte auf den dort geregelten Fall beschränkt.
Diese dogmatische Unterscheidung findet man tatsächlich in eindeutiger Weise in Art. 570 *Code judiciaire belge*. In Art. 570 Nr. 1 *Code judiciaire belge* wird der allgemeine ordre public erwähnt. In Art. 570 Nr. 2 *Code judiciaire belge* wird die Wahrung der Verteidigungsrechte als Anerkennungsvoraussetzung normiert. Auch im französischen Recht ist diese Unterscheidung bekannt, wird aber nicht immer so deutlich praktiziert[340]. In anderen Rechtsordnungen aber, insbesondere in Deutschland, Italien[341] und Luxemburg[342] werden die Verteidigungsrechte im Rahmen des allgemeinen ordre public geprüft, soweit sie nicht in Teilbereichen durch eine spezifische ordre-public Klausel erfasst werden (z.B. im deutschen Recht § 328 Abs. 1 Nr. 2 ZPO). Da also die Verfasser des Übereinkommens nicht von einer gemeinsamen Terminologie ausgingen, kann die oben genannte Unterscheidung für die Auslegung des EuGVÜ nicht entscheidend sein. Sie ist zu stark vom französischen bzw. belgischen Recht geprägt.
Auch die Absicht der Verfasser des Übereinkommens, die ordre public Anwendung möglichst zu reduzieren, spricht nicht für die restriktive Auslegung von Art. 27 Nr. 1 EuGVÜ. Die Einschränkung der Überprüfung der internationalen Zuständigkeit des ausländischen Richters ist nur auf der Grundlage einer Regelung der Zuständigkeiten in Teil 2 des Übereinkommens akzeptiert worden[343]. Das System des Übereinkommens zeigt, dass die Mitgliedstaaten ihre Überprüfungskompetenz nur behutsam und nur im Gegenzug zu einer Vereinheitlichung des gemeinsamen Rechts beschränken wollten. Dass die Mitgliedstaaten ohne weitere Gegenleistung auf die gesamte Prüfung des ausländischen Verfahrens (außer Art. 27 Nr. 2 EuGVÜ) verzichten wollten, erscheint wenig plausibel.

---

339 Muir Watt, Justices 1996, 329, 330.

340 Mayer, S. 251, Rn. 384 erläutert die Verteidigungsrechte im Rahmen der ordre public Prüfung.

341 Droz, Rn. 489 Fn.1; Baumann, S. 45.

342 So ausdrücklich Trib. arr. Luxembourg 26.04.1989, Pasicrisie luxembourgeoise, Bd. 29, sommaire de jurisprudence S. 26.

343 Wenn der Beklagte seinen Wohnsitz in einem Drittstaat hat, wird die Entscheidung eines Vertragsstaates allerdings auch dann anerkannt, wenn der Urteilsrichter seine Zuständigkeit auf Grund seines nationalen Rechts angenommen hat.

Im übrigen zeigt Art. 28 Abs. 3 letzter Hs EuGVÜ, der die internationale Zuständigkeit ausdrücklich aus der ordre public Prüfung des Art. 27 Nr. 1 EuGVÜ herausklammert, dass in Art. 27 Nr. 1 EuGVÜ auch der verfahrensrechtliche ordre public enthalten sein muss.
Auch ist nicht recht verständlich, warum gerade der in Art. 27 Nr. 2 EuGVÜ vorgesehene Verfahrensverstoß als einziger Ausnahmetatbestand bestehen bleiben soll und andere gravierende Verstöße unbeachtet bleiben müssen.
Gegen die französische Auffassung wird auch angeführt, dass die Mitgliedstaaten, hätten sie eine solche restriktive Handhabung des verfahrensrechtlichen ordre public gewollt, dies ausdrücklich geregelt hätten. In Art. 13 Abs. 2 Benelux Übereinkommen vom 24.11.1961 wird eine solche restriktive Klausel beispielsweise formuliert[344].
Der EuGH hat in der Entscheidung "Krombach" innerhalb von Art. 27 Nr. 1 EuGVÜ verfahrensrechtliche Gesichtspunkte geprüft[345]. Damit hat er eindeutig zum Ausdruck gebracht, dass Art. 27 Nr. 2 EuGVÜ den verfahrensrechtlichen ordre public nicht abschließend definiert[346].

Im Ergebnis kann der restriktiven Auslegung von Art. 27 Nr. 1 EuGVÜ nicht gefolgt werden[347]. Art. 27 Nr. 1 EuGVÜ beinhaltet sowohl den materiellrechtlichen als auch den verfahrensrechtlichen ordre public. Eine restriktive Auslegung von Art. 27 Nr. 1 EuGVÜ ist mit der Systematik und dem Geist des Übereinkommens nicht vereinbar.

b) Art. 27 Nr. 1 EuGVÜ in der Reform

Die europäische Kommission hat in ihrem ersten Vorschlag über die Änderung des EuGVÜ im Jahre 1998 die Abschaffung der in Art. 27 Nr. 1 EuGVÜ normierten Vorbehaltsklausel vorgeschlagen[348]. Als Begründung wird nur angeführt, dass der aus dem Begriff der öffentlichen Ordnung abgeleitete Versagungsgrund

344 Donzallaz, Nr. 2908.

345 EuGH, Krombach, 28.03.2000, Slg. 2000, I-1956.

346 Muir Watt, RC 2000, 493, 499.

347 Benayas, Anm. zu TS, 24.12.1996, REDI 1998, vol.2, 223, 227; Kropholler, Europäisches Zivilprozessrecht, Art. 27 Rn. 11; Geimer/Schütze, Europäisches Zivilverfahrensrecht, Art. 27, Nr. 26.

348 Vorschlag für einen Rechtsakt des Rates über die Ausarbeitung des Übereinkommens über die gerichtliche Zuständigkeit, die Anerkennung und die Vollstreckung gerichtlicher Entscheidungen in Zivil- und Handelssachen in den Mitgliedstaaten der Europäischen Union, KOM (97) 609 (endg.), 97/0339 (CNS).

sich in einer "Schieflage" im Verhältnis zum europäischen Integrationsprozess und zu den behandelten Zivil- und Handelssachen befände.
Die Literatur hat sich mehrheitlich gegen die Streichung der ordre public Klausel ausgesprochen[349]. Die Abschaffung der anerkennungsrechtlichen Vorbehaltsklausel würde dem Urteilsstaat die alleinige Kontrolle über die gerichtliche Entscheidung zuordnen. Diese vertikale Kontrolle (allein im Urteilsstaat) sei einer horizontalen Kontrolle (durch den Urteilsstaat und den Anerkennungsstaat) aber unterlegen[350].
Der Schuldner, der regelmäßig in seinem eigenen Staat[351] vom Vollstreckungsgläubiger belangt wird, habe ein legitimes Recht, die Entscheidung durch seinen Staat überprüfen zu lassen[352]. Der Gläubiger habe nämlich regelmäßig seinerseits seinen eigenen Staat für den Urteilsspruch in Anspruch nehmen können. Die Waffengleichheit zwischen den Parteien sei somit nur gewahrt, wenn sowohl der Staat des Gläubigers als auch der Staat des Schuldners Rechtsschutz bieten würden. Im Staat des Schuldners müsse diesem der Rückgriff auf die anerkennungsrechtliche Vorbehaltsklausel möglich sein.
Ferner wird geltend gemacht, dass die Gerichte nur im Urteilsstaat eine demokratisch legitimierte Gewalt ausüben würden[353]. Eine unmittelbare Wirkung der Entscheidung, d.h. der richterlichen Gewalt des Urteilsstaates auf das Gebiet eines anderen Staates würde dort nicht auf einer demokratischen Legitimation beruhen.
Schließlich wird der Gedanke des Wettbewerbs der Rechtskulturen ins Feld gebracht[354]. Die bessere Lösung solle sich auch mittels der Vorbehaltsklausel durchsetzen können.
Zu der Auffassung, die vertikale Kontrolle sei einer horizontalen Auffassung unterlegen, ist zu entgegnen, dass mit der zunehmenden Überprüfungskompetenz des EuGH und des EGMR zwei wichtige Kontrollorgane im Rahmen der vertikalen Kontrolle zur Verfügung stehen[355]. Damit entsteht die Chance einer einheitlichen europäischen Rechtsprechung. Problematisch ist die notorische Überlastung beider Gerichte.
Das Argument, die Abschaffung der anerkennungsrechtlichen Vorbehaltsklausel würde die prozessuale Waffengleichheit aufheben, geht von der Prämisse aus,

---

349 Stadler, zit. bei Huber, IPRax 1999, 298, 299; Wagner, IPRax 1998, 241, 244; Bruns, JZ 1999, 278; Kohler, RC 1999, 1, 28 Fn. 58 a.E.; Schack, ZEuP 1999, 805, 807; Muir Watt, RC 2000, 493, 502.

350 Bruns, JZ 1999, 278, 284 ff.

351 Das ist nach Bruns der Staat, in dem er seine Dispositionen trifft. Gleiches gilt für den Gläubiger.

352 Bruns, JZ 1999, 278, 285 f.

353 Bruns JZ 1999, 278, 286.

354 Bruns JZ 1999, 278, 286.

355 Dazu näher unter B.

dass die Entscheidung im Staat des Gläubigers ergeht und deren Vollstreckung im Staat des Schuldners erfolgt. Das Grundprinzip im internationalen Zuständigkeitsrecht in Europa ist jedoch, dass der Beklagte an seinem Wohnsitz verklagt wird[356]. In der Rechtsprechung des EuGH wird dieser Grundsatz auch konsequent verfolgt[357]. Im übrigen kann nicht davon ausgegangen werden, dass der Kläger in seinem Staat beim Urteilsspruch bevorzugt wird. Nachteile ergeben sich in einem solchen Fall nur dann, wenn der Beklagte keinen Rechtsanwalt beauftragt und sich selbst mit dem fremden Recht und dem fremden Verfahren auseinandersetzen will. Das wird in der Praxis selten der Fall sein.
Zum Problem der demokratischen Legitimation, ist Folgendes zu sagen: die Abschaffung der anerkennungsrechtlichen Vorbehaltsklausel durch einen Staatsvertrag oder eine gemeinschaftsrechtliche Norm würde eine demokratisch legitimierte Entscheidung sein. Entweder handeln die legitimierten Exekutivorgane unter Kontrolle der nationalen Parlamente. Oder es werden gemeinschaftsrechtliche Entscheidungsverfahren befolgt, die über die nationalen Exekutivorgane (Art. 67 Abs. 1 EGV) oder über das Europäische Parlament (Art. 67 Abs. 2 EGV) demokratisch legitimiert sind. Das blinde Vertrauen, das dem ausländischen Richter entgegengebracht würde, wäre dadurch im Anerkennungsstaat durch das Volk gebilligt worden.
Gegen die Abschaffung der anerkennungsrechtlichen ordre public Klausel spricht am ehesten der Gedanke des Wettbewerbs der Rechtskulturen[358]. Im ersten Teil dieser Arbeit ist deutlich geworden, dass einzelne Rechtsordnungen notwendige Gesetzesreformen nur verspätet einleiten, während andere Rechtsordnungen diese Reformen längst verabschiedet haben. Im Familienrecht beispielsweise haben manche Rechtsordnungen frauendiskriminierende Normen erst sehr spät abgeschafft[359]. Hier erscheint es gerechtfertigt, dass eine Rechtsordnung ihre eigenen früheren Reformen durchsetzt und fremde entgegenstehende Entscheidungen nicht anerkennt. Gleiches gilt im Verfahrensrecht. Ein Rechtssystem, das durch die Höhe seiner Prozesskosten den Justizgewährungsanspruch in Frage stellt, muss reformiert werden[360]. Die Einsetzung der ordre public Klausel kann als konstruktive Kritik verstanden werden, die eine Rechtsordnung zur Änderung ihres Rechts anregt. Das Bewusstsein von einer problematischen Rechtslage wird in einer Rechtsordnung oftmals erst dann richtig geweckt, wenn eine ausländische Rechtsordnung die Anwendung der relevanten Rechtsnormen ablehnt[361]. Dies gilt

---

356 Dazu Buchner, S. 155.
357 Buchner, S. 8 ff, 15.
358 Muir Watt, RC 2000, 493, 501 ff.
359 Siehe z.B. das schweizerische Ehegüterrecht, oben unter Teil 1 A II 1 b.
360 Siehe den Fall Pordéa, Cass. civ. 1, 16.03.1999, JDI 1999, 772 mit Anm. Huet, oben unter Teil 1 B I 3.
361 Muir Watt, RC 2000, 493, 502.

vor allem angesichts der bevorstehenden Erweiterung der EU auf neue Mitglieder, deren Rechtsordnung in mancher Hinsicht möglicherweise nicht den Standards der EU-Mitglieder entsprechen. Das blinde Vertrauen in den Urteilsrichter würde diese Art von Dialog untergraben[362].
Die positiven Effekte, die sich aus dem Wettbewerb der Rechtsordnungen ergeben, müssen aber mit den Vorteilen eines einheitlichen Raumes des Rechts abgewogen werden. Für den Kläger bedeutet ein einheitlicher Rechtsraum eine Vereinfachung bei der Durchsetzung seiner Rechte. Der Beklagte ist durch die vertikale Kontrolle mindestens in seinen Grundrechtspositionen geschützt. Auch hindert die Freizügigkeit der Urteile die Staaten nicht daran, ihr eigenes Rechtssystem zu verbessern und für den Unionsbürger attraktiv zu gestalten. Ferner ist ein Wettbewerb der Gedanken in der Rechtswissenschaft weiterhin gesichert. Der Wettbewerb um die bessere Lösung stirbt mit der Urteilsfreizügigkeit nicht ab. Letztlich ist die Abschaffung der anerkennungsrechtlichen Vorbehaltsklausel im europäischen Rechtsraum, in dem die materiellen und prozessualen Grundrechte durch die europäischen Gerichte gesichert sind, kein Sprung ins Dunkle. Wann man ihn wagen kann, ist auch eine politische Frage.

In der EG-Verordnung Nr. 44/2001 ist die Vorbehaltsklausel beibehalten worden. Vorgesehen ist lediglich eine terminologische Änderung. Der Widerspruch zur öffentlichen Ordnung muss jetzt "offensichtlich" sein (Art. 34 Nr. 1).
In der neuen EG-Verordnung darf der Richter die ordre public Klausel bei der Überprüfung des Antrages auf Vollstreckbarerklärung einer gerichtlichen Entscheidung nicht geltend machen (Art. 41 Satz 1). Dies steht im Gegensatz zu der geltenden Fassung (Art. 34 Abs. 2 EuGVÜ). Nach der heutigen Rechtslage wird die ordre public Klausel bereits bei der Antragstellung von Amts wegen geprüft[363].
In der neuen EG-Verordnung ist das Verfahren in erster Instanz weiterhin einseitig ausgestaltet. Der Antragsgegner wird nicht gehört. Um einen Versagungsgrund geltend zu machen, muss der Antragsgegner einen Rechtsbehelf gegen die Exequaturerteilung einlegen (Art. 45). Lediglich bei der Inzidentanerkennung kann der Richter die Versagungsgründe in erster Instanz prüfen (Art. 34 Nr. 1).

Nicht geklärt ist die Frage, ob der mit dem Rechtsbehelf des Schuldners gegen die Exequaturerteilung befasste Richter die Anerkennungshindernisse nunmehr von

362 So auch Schulze, IPRax 1999, 342, 347.
363 Zum geltenden Recht, s. Kropholler, Europäisches Zivilprozessrecht, vor Art. 26, Rn. 6 und Art. 34, Rn. 7; Gaudemet-Tallon, S. 288, Rn. 392 aE.

Amts wegen zu beachten hat[364]. Denkbar wäre, dass er seine Prüfung allein auf die vom Schuldner erhobenen Rügen beschränkt. Die Antwort auf diese Frage hängt davon ab, ob die Anwendung der Vorbehaltsklausel allein dem Schutz des Schuldners dient oder ob auch staatliche Interessen verfolgt werden[365].
Der verfahrensrechtliche ordre public schützt vor allem den Schuldner[366]. Die Verletzung von Verfahrensrechten des Schuldners im Urteilsstaat hat im Anerkennungsstaat lediglich Auswirkungen auf seine eigenen Rechte. Staatliche Interessen sind hier nicht berührt. Hier wird man eine Rüge des Schuldners verlangen müssen.
Im Bereich des materiellrechtlichen ordre public ist zu differenzieren. Wenn sich der Anerkennungsstaat in der eigenen Rechtsordnung des Schutzes des Schuldners angenommen hat (als Verbraucher oder uninformierter Anleger etwa), muss dies auch gegenüber fremden Entscheidungen gelten. Wenn die fremde Entscheidung solche schützenden unverzichtbaren Normen des Anerkennungsstaates nicht kennt, muss der Richter die Vorbehaltsklausel von Amts wegen anwenden. Dies würde zum Beispiel der Fall sein, wenn ein ausländisches Recht den aufklärungsbedürftigen nichtbörsentermin-geschäftsfähigen Anleger ohne Schutz lässt[367]. Die Vorbehaltsklausel wird auch dann von Amts wegen anzuwenden sein, wenn die fremde Entscheidung nicht nur Auswirkungen auf die eigenen Rechte des Schuldners im Anerkennungsstaat hat, sondern auch auf staatliche Ordnungssysteme. Die Vorbehaltsklausel wäre zum Beispiel von Amts wegen einzusetzen, wenn das Sozialversicherungssystem des Anerkennungsstaates tangiert wäre[368]. Gleiches würde gelten, wenn ein fremdes Scheidungsurteil der alleinerziehenden Mutter keinen nachehelichen Unterhaltsanspruch gewähren würde. Auch hier hat der Staat eigene Interessen zu verteidigen. In anderen Fällen wäre die Verletzung der öffentlichen Ordnung nur auf Rüge des Schuldners zu prüfen[369].

---

364 In der französischen Rechtsprechung werden die Anerkennungshindernisse in Art. 27 und 28 EuGVÜ im Rahmen des Rechtsbehelfs nach Art. 36 EuGVÜ von der *Cour d'appel* (Art. 37 EuGVÜ) nicht von Amts wegen geprüft, Cass. civ. 1, 12.01.1984, Bull. Civ. Nr. 12; Cass. civ. 1, 17.11.1999, RC 2000, 52 mit Anm. Ancel.

365 Geimer/Schütze, Europäisches Zivilverfahrensrecht, Art. 27, Nr. 53. Stets für eine Prüfung von Amts wegen, Spellenberg, S. 188.

366 Geimer/Schütze, Europäisches Zivilverfahrensrecht, Art. 27, Nr. 31.

367 Siehe Teil 1 A IV.

368 Siehe Teil 1 A V (Unfallversicherungsschutzsystem).

369 So z.B. im Fall des LG Hamburg, s. Teil 1 A I 1.

3) Art. 27 Nr. 2 EuGVÜ in Rechtsprechung und Reform

Auch die Art und Weise wie Art. 27 Nr. 2 EuGVÜ ausgelegt wird, zeigt welche Gestalt die Vorbehaltsklausel im Rahmen der staatsvertraglichen Regelung des EuGVÜ gewinnen kann.

a) Rechtsprechung

aa) Die Auslegung durch den EuGH

Im Rahmen des Art. 27 Nr. 2 EuGVÜ praktiziert der EuGH eine anerkennungsfeindliche Rechtsprechung zugunsten einer effektiven Durchsetzung der Verteidigungsrechte des Beklagten[370]. Zwischen dem Grundsatz der Freizügigkeit der Urteile und dem Beklagtenschutz, hat der EuGH eindeutig das Schwergewicht auf letzteren gesetzt[371]. Zu den Tatbestandsvoraussetzungen des Art. 27 Nr. 2 EuGVÜ hat sich der EuGH in mehreren Entscheidungen geäußert.
In bezug auf die Tatbestandsvoraussetzungen der Ordnungsmäßigkeit und Rechtzeitigkeit der Zustellung hat der EuGH entschieden, dass diese kumulativ vorliegen müssen[372]. Insofern sind die Ordnungsmäßigkeit der Zustellung und die Rechtzeitigkeit der Zustellung zwei verschiedene Anerkennungsvoraussetzungen. Fehlt nur eine dieser Voraussetzungen, ist die Anerkennung zu verweigern.
Das europäische Gericht hat ferner zum Begriff der Versäumnissituation Stellung genommen. Der Begriff der Versäumnissituation wird nicht eng gefasst. Damit wird der Anwendungsbereich von Art. 27 Nr. 2 EuGVÜ erweitert. Wenn eine Partei im Urteilsstaat durch einen Rechtsanwalt vertreten war, den sie nicht bevollmächtigt hat, so hat sich diese Partei i.S.d. Art. 27 Nr. 2 EuGVÜ auf das Verfahren nicht eingelassen. Sinn des Art. 27 Nr. 2 EuGVÜ sei sicherzustellen, dass der Beklagte sich im Urteilsstaat verteidigen könne[373]. Allerdings ist der Rückgriff auf Art. 27 Nr. 2 EuGVÜ dann ausgeschlossen, wenn sich der Beklagte im Rahmen einer Schadensersatzklage mittels eines Rechtsanwalts vor einem Strafgericht zu der öffentlichen Klage ausgesprochen hat, jedoch nicht zur Zivilklage. In diesem Fall hat er sich auf das Verfahren eingelassen i.S.d. Art. 27 Nr. 2 EuGVÜ[374]. Hier hat der EuGH den Beklagtenschutz zurückgestellt.

---

370 Rauscher, IPRax 1997, 314, 315; kritisch Schlosser, EuGVÜ-Kommentar, Art. 27-29, Rn. 8; kritisch auch Geimer/Schütze, Europäisches Zivilverfahrensrecht, Art. 27, Nr. 73.

371 Rauscher, IPRax 1993, 376, 378.

372 EuGH, Isabelle Lancray, 03.07.1990, Slg. 1990 I-2725, Erw. 18; EuGH, Minalmet, 12.11.1992, Slg. 1992 I-5661, Erw. 13.

373 EuGH, Hendrikman, 10.10.1996, Slg. 1996 I-4943, Erw. 18.

374 EuGH, Sonntag, 21.04.1993, Slg. 1993 I-1963.

Derjenige, gegen den sich die Anerkennung oder Vollstreckung des Urteils richtet, kann sich im Anerkennungsstaat auch dann auf Art. 27 Nr. 2 EuGVÜ berufen, wenn er im Urteilsstaat mögliche Rechtsbehelfe nicht eingelegt hat[375]. Wenn also bei der Zustellung ein Fehler erfolgt, der Beklagte aber während der Rechtsbehelfsfrist auf andere Weise Kenntnis von dem Versäumnisurteil erhält, so ist er nicht verpflichtet diesen Rechtsbehelf im Urteilsstaat einzulegen[376]. Schließlich hat der EuGH aus Art. 27 Nr. 2 EuGVÜ, aus Art. 46 Nr. 2 EuGVÜ und aus Art. 47 Nr. 1 EuGVÜ abgeleitet, dass *ex-parte* Entscheidungen nicht in den Anwendungsbereich des 3. Titels des EuGVÜ fallen[377]. Solche *ex-parte* Entscheidungen sind meist Entscheidungen im einstweiligen Rechtsschutz, die ohne vorherige Ladung des Schuldners ergehen, und ohne vorherige Zustellung vollstreckt werden können. Nach Auffassung des EuGH ist der 3. Titel des EuGVÜ nur auf kontradiktorische Verfahren oder auf solche, die es sein könnten (Versäumnisverfahren), anwendbar[378]. Auch hier zeigt sich eine besondere Berücksichtigung der Verteidigungsrechte des Beklagten.

Insgesamt lässt sich also feststellen, dass der EuGH der Freizügigkeit der Urteile keine unbedingte Priorität gibt. Andere Grundsätze, insbesondere der Schutz des rechtlichen Gehörs des Beklagten, werden ebenso verfolgt.

bb) Die Auslegung durch die nationalen Gerichte

Eine einheitliche Tendenz, wie sie der EuGH verfolgt, ist in den nationalen Rechtsordnungen nicht festzustellen. Die deutsche Rechtsprechung wird teilweise als anerkennungsfeindlich bezeichnet[379]. Auf der anderen Seite hat der BGH, indem er die mangelnde Mitteilung der Klageänderung nicht als Anerkennungshindernis gewertet hat und damit den Begriff des verfahrenseinleitenden Schriftstückes eng ausgelegt hat, eine anerkennungsfreundliche Haltung eingenommen[380]. In den anderen Rechtsordnungen ist ein ähnliches Bild anzutreffen. In

---

375 EuGH, Minalmet, 12.11.1992, Slg. 1992 I-5661; EuGH, Hendrikman, 10.10.1996, Slg. 1996 I-4943, Erw 19, 20.

376 Kritisch Droz RC 1983, 525, 528; Geimer, IZPR, Rn. 2921.

377 EuGH, Denilauler, 21.05.1980, Slg. 1980, 1558.

378 Kritisch gegen die Ausklammerung solcher Entscheidungen aus dem Anerkennungssystem des EuGVÜ, Gottwald, ZZP 1990, 257, 266.

379 Linke RIW 1986, 409.

380 BGH, 10.07.1986, IPRax 1987, 236; s. auch BGH, 21.03.1990, IPRax 1992, 33: kein Verstoß gegen Art. 27 Nr. 2 EuGVÜ, wenn zwar der Scheidungsantrag zugestellt wurde, aber nicht der Antrag auf Leistung von nachehelichem Unterhalt. Kritisch Heß, JZ 1998, 1021, 1029.

Frankreich verlangt die *Cour de cassation* auf der einen Seite, dass die zuzustellende Klageschrift bestimmte Angaben enthält und wendet demgemäß die Vorbehaltsklausel an[381]. Auf der anderen Seite wehrt sie eine fremde Entscheidung nicht ab, wenn das zugestellte verfahrenseinleitende Schriftstück keine Übersetzung enthält[382].

Die vielen Entscheidungen, die eine Anerkennung deshalb verweigern, weil dem Beklagten vom Urteilsrichter keine hinreichende Einlassungsfrist gewährt wurde[383], sind meist berechtigt. Hierin ist keine anerkennungsfeindliche Haltung zu sehen.

381 Cass. civ. 1, 09.10.1991, RC 1992, 516.
382 Cass. civ. 1, 17.05.1978, JDI 1979, 381.
383 Siehe Teil 1 B I 2 b bb.

b) Art. 27 Nr. 2 EuGVÜ in der neuen EG-Verordnung Nr. 44/2001

Sowohl im Reformvorschlag von Januar 1998[384] als auch im Vorschlag von Juli 1999[385] hat die europäische Kommission eine Modifizierung des bisherigen Art. 27 Nr. 2 EuGVÜ vorgesehen. In der neuen EG-Verordnung Nr. 44/2001 ist dieser Vorschlag in Artikel 34 Nr. 2 übernommen worden.
Die Tatbestandsvoraussetzungen des Anerkennungshindernisses werden zu Gunsten der Freizügigkeit der Urteile verschärft. Die Rechtzeitigkeit der Zustellung des verfahrenseinleitenden Schriftstückes ist weiterhin eine Voraussetzung für die Anerkennung bzw. Vollstreckbarerklärung der Versäumnisentscheidung. Die Zustellung braucht aber nicht mehr ordnungsgemäß zu sein. Rein formale Zustellungsfehler sollen nicht mehr zur Versagung der Anerkennung führen[386]. Nur wenn ein Mangel der Zustellung auch Auswirkungen auf die Verteidigungsmöglichkeit des Beklagten hat, kann er als Anerkennungshindernis geltend gemacht werden. Der Beklagte kann sich gemäß Art. 34 Nr. 2 der EG-Verordnung Nr. 44/2001 auf die mangelhafte Zustellung des verfahrenseinleitenden Schriftstückes nicht berufen, wenn er einen Rechtsbehelf im Urteilsstaat nicht eingelegt hat, obwohl er die Möglichkeit dazu hatte. Dies kann der Fall sein, wenn der Beklagte zwar das verfahrenseinleitende Schriftstück nicht erhalten hat, aber durch Zustellung der Versäumnisentscheidung von dem Verfahren erfährt. Diese Regelung steht im Gegensatz zur Rechtsprechung des EuGH[387] und der bisher herrschenden Meinung[388]. Die Gegenmeinung wird seit langem nachdrücklich vertreten[389]. Die neue Regelung ist sinnvoll. Wenn die nationalen Verfahrenssysteme durch ein europäisches System ersetzt werden sollen, müssen daraus auch Konsequenzen für die Aufteilung der Gerichtstätigkeit gezogen werden. Ist im erststaatlichen Verfahren ein Fehler geschehen, z.B. der Erlass eines Versäumnisurteils ohne Zustellung des verfahrenseinleitenden Schriftstückes, so soll in diesem Staat auch die Beseitigung des Fehlers erfolgen. Dies verhindert eine Prozessverschleppung durch den Beklagten.

---

384 Vorschlag für einen Rechtsakt des Rates über die Ausarbeitung des Übereinkommens über die gerichtliche Zuständigkeit, die Anerkennung und die Vollstreckung gerichtlicher Entscheidungen in Zivil- und Handelssachen in den Mitgliedstaaten der Europäischen Union, KOM (1997) 609 (endg.), 97/0339 (CNS).

385 KOM (1999) 348 endg. - 99/0154 (CNS) Vorschlag für eine Verordnung des Rates über die gerichtliche Zuständigkeit und die Anerkennung und Vollstreckung von Entscheidungen in Zivil- und Handelssachen. Abgedruckt in IPRax 2000, 41 ff.

386 Stadler, IPRax 2002, 282, 285.

387 EuGH, Minalmet, 12.11.1992, Slg. 1992-I-5661.

388 BGH, 18.2.1993, IPRax 1993, 396; OLG Karlsruhe, 12.03.1999, RIW 1999, 538; Kropholler, Europäisches Zivilprozessrecht, Art. 27 Nr. 40; Stürner, JZ 1992, 325, 332.

389 Geimer, IZPR, Rn. 2921; ders., EuZW 1990, 354.

Art. 34 Nr. 2 wird vom Richter, der mit einem Antrag auf Feststellung der Anerkennung oder auf Vollstreckbarerklärung befasst ist, nicht geprüft. Die neue EG-Verordnung gibt aber keinen Hinweis darüber, ob der Schuldner das Anerkennungshindernis in Art. 34 Nr. 2 geltend machen muss, oder ob dies von Amts wegen vom Richter zu prüfen ist, der mit dem Rechtsbehelf des Schuldners gegen die Exequaturerteilung befasst ist. Da hier allein die Verfahrensrechte des Schuldners tangiert sind und keine staatlichen Interessen im Spiel sind, ist eine Prüfung von Amts wegen abzulehnen[390]. Dies ist die gegenwärtige Haltung der französischen Rechtsprechung zu Art. 27 Nr. 2 EuGVÜ[391]. Im deutschen autonomen Recht wird dieses Anerkennungshindernis auch nur auf Rüge beachtet (Art. 328 Abs. 1 Nr. 2 ZPO).

II. Eine geteilte Auslegungskompetenz

Die europäische Vorbehaltsklausel in Art. 27 EuGVÜ wird wesentlich durch die Auslegungskompetenz des EuGH geprägt. Die Auslegungskompetenz des EuGH ist in Art. 1 des Luxemburger Protokolls betreffend die Auslegung des EuGVÜ vom 3. Juni 1971[392] festgelegt. Der EuGH entscheidet auf Vorlage der in Art. 2 des Protokolls bezeichneten Gerichte der Mitgliedstaaten. Demzufolge legt der EuGH auch Art. 27 Nr. 1 EuGVÜ aus. Allerdings bezieht sich der Wortlaut dieser Norm ausdrücklich auf die öffentliche Ordnung des Staates, in dem die Anerkennung geltend gemacht wird. Das EuGVÜ scheint hier dem einzelnen Mitgliedstaat die Bestimmung über seinen ordre public zu überlassen. Dies soll näher untersucht werden. Zunächst wird die Verteilung der Auslegungskompetenz zwischen Mitgliedstaaten und EuGH dargestellt (1). Dann werden die Auslegungsmaßstäbe des EuGH herausgearbeitet (2).

---

390 Für das geltende Recht bereits Geimer/Schütze, Europäisches Zivilverfahrensrecht, Art. 27, Nr. 92; zweifelnd Kropholler, Europäisches Zivilprozessrecht, vor Art. 26, Rn. 6.

391 Cass. civ. 1, 09.11.1983, RC 1984, 501 mit Anm. Ancel. Siehe auch Cass. civ. 1, 12.01.1994, Bull. civ., Nr. 12.

392 Luxemburger Protokoll betreffend die Auslegung des Übereinkommens vom 27. September 1968 über die gerichtliche Zuständigkeit und die Vollstreckung gerichtlicher Entscheidungen in Zivil- und Handelssachen durch den Gerichtshof vom 3. Juni 1971, BGBl. 1994 II, S. 531 (in der Fassung des 3. Beitrittsübereinkommens vom 26. Mai 1989).

1) Verteilung der Auslegungskompetenz

In der Literatur und Rechtsprechung wurde bisher überwiegend vertreten, dass die Auslegung des ordre public Begriffes dem nationalen Recht überlassen sei[393]. Andere Autoren wollen dem EuGH die Befugnis zusprechen, einen Rahmen für die Anwendung der Vorbehaltsklausel abzustecken[394].
Der EuGH hat sich zuerst im Fall "Krombach" zu dieser Problematik geäußert[395]. Gemäß dieser Entscheidung ist es nicht Sache des Gerichtshofs, den Inhalt der öffentlichen Ordnung eines Vertragsstaates zu definieren. Er wacht aber über die Grenzen, innerhalb deren sich das mitgliedstaatliche Gericht auf die öffentliche Ordnung stützt.
Mit dieser Formel wird die Auslegungskompetenz aufgeteilt. Der nationale Richter trifft die Entscheidung, ob ein bestimmter Grundsatz des nationalen Rechts zu den unverzichtbaren zu verteidigenden Normen der eigenen Rechtsordnung zählt oder nicht. Der EuGH überprüft die Anwendung der Vorbehaltsklausel und setzt bestimmte Grenzen fest[396]. Es bleibt zu prüfen, welche Grenzen damit gemeint sind.

2) Auslegungsmaßstäbe des EuGH

a) Gemeinschaftsrechtlicher Ursprung

Bei der Entwicklung von Auslegungsmaßstäben für die Prüfung der Anwendung der Vorbehaltsklausel durch die Mitgliedstaaten sind zwei Wege denkbar. Es könnten zunächst Auslegungsmaßstäbe eigens für das EuGVÜ entwickelt werden. Nichts hindert den EuGH im Rahmen des EuGVÜ allgemeine Rechtsgrundsätze zu schaffen, wie dies im Rahmen des Gemeinschaftsrechts geschehen ist. Dabei würde strikt zwischen der Auslegungskompetenz, die dem EuGH kraft des

---

393 Generalanwalt Darmon, Schlussanträge (Erw. 16), EuGH, Hoffmann ./. Krieg, 04.02.1988, Slg. 1988, 645: "ausschließlich Sache der nationalen Gerichte, den Inhalt der öffentlichen Ordnung zu bestimmen"; Gothot/Holleaux, S. 146, Nr. 256; BGH, 26.09.1979, JZ 1979, 815; Schack, IZVR, Rn. 862; Donzallaz, Rn. 2808; Mosconi, Studi in Onore Denti, Bd. I, 493, 597; Hammje, RC 1997, 1, 29.

394 Schlosser, EuGVÜ-Kommentar, Art. 27-29 Rn.6; Rauscher, IPRax 1997, 314, 317; Kropholler, Europäisches Zivilprozessrecht, Art. 27, Rn. 4; nunmehr auch BGH, 04.12.1997, IPRax 1998, 205, 207; für eine weite Auslegungskompetenz des EuGH, Franchi, S. 70, 78 f.

395 EuGH, Krombach, 28.03.2000, Slg. 2000, I-1956, Erw. 22, 23; s. a. EuGH, Régie nationale des usines Renault, 11.05.2000, Slg. 2000 I-3009, Erw. 27 ff; siehe hierzu Leipold, FS Hans Stoll, 625, 630 ff.

396 Völker, S. 296.

Luxemburger Protokolls vom 3. Juni 1971 zusteht, und derjenigen, die nach Gemeinschaftsrecht besteht, getrennt. Dies würde der herrschenden Auffassung entsprechen, nach der das EuGVÜ als staatsvertragliche Regelung nicht zum Gemeinschaftsrecht zu rechnen ist[397]. Der EuGH könnte aber auch eine Brücke zum Gemeinschaftsrecht bauen und die dort entwickelten allgemeinen Rechtsgrundsätze für die Auslegung des EuGVÜ übernehmen. In diesem Fall würden sich die verschiedenen Auslegungskompetenzen vermischen.
Der EuGH ist den zweiten Weg gegangen. In vorsichtiger Weise erklärt er, dass das EuGVÜ auf der Grundlage von Art. 220 EGV (jetzt Art. 293 EGV) geschlossen wurde und dass seine Bestimmungen in dem durch diesen Artikel festgelegten Rahmen im Zusammenhang mit dem EGV stehen[398]. Im Fall "Krombach" beispielsweise führt der Zusammenhang des EuGVÜ mit dem EGV dazu, dass die gemeinschaftsrechtlichen Prozessgrundrechte als Auslegungsmaßstäbe herangezogen werden[399].

b) Auslegungsmaßstäbe

aa) Urteilsfreizügigkeit

Der EuGH hat bisher in mehreren Entscheidungen betont, dass Art. 27 Nr. 1 EuGVÜ restriktiv auszulegen sei, da diese Norm ein Hindernis für die Verwirklichung der Urteilsfreizügigkeit sei[400]. Dies ist bei der Anwendung der Vorbehaltsklausel zu beachten und wird vom EuGH kontrolliert.
Die restriktive Auslegung von Art. 27 Nr. 1 EuGVÜ führt den EuGH im Fall "Krombach" dazu, eine *offensichtliche*[401] Verletzung einer wesentlichen Rechtsnorm des Vollstreckungsstaates zu fordern[402]. Damit geht der EuGH der neuen EG-Verordnung Nr. 44/2001 voraus, die diese Terminologie in dem neuen Art. 34 Nr. 1 einführt.

---

397 Gaudemet-Tallon, S. 5, Rn. 3; Besse, ZEuP 1999, 107, 117; Oppermann, Rn. 1261.

398 EuGH, Krombach, 28.03.2000, Slg. 2000, I-1956, Erw 24; ähnlich EuGH, Mund und Fester, 10.02.1994, Slg. 1994, I-467, Erw. 11 und 12.

399 EuGH, Krombach, 28.03.2000, Slg. 2000, I-1956, Erw. 25 ff.

400 EuGH, Hoffmann ./. Krieg, 04.02.1988, Slg. 1988, 645; EuGH, Hendrikman, 10.10.1996, Slg. 1996 I-4943, Erw. 23; EuGH, Krombach, 28.03.2000, Slg. 2000, I-1956, Erw. 21; EuGH, Régie nationale des usines Renault, 11.05.2000, Slg. 2000 I-3009, Erw. 26.

401 Hervorhebung durch den Verfasser dieser Arbeit.

402 EuGH, Krombach, 28.03.2000, Slg. 2000, I-1956, Erw. 37.

bb) Verhältnismäßigkeit

Das EuGVÜ dient der Freizügigkeit der Urteile[403]. Es ist im Rahmen des Art. 293 EGV als Staatsvertrag ergangen. Die Nähe zum Ideal des Gemeinsamen Marktes ist unverkennbar[404]. Die Anwendung der Vorbehaltsklausel stellt immer ein Hindernis für die Freizügigkeit der Urteile dar. Durch eine extensive Anwendung der Vorbehaltsklausel hätte es jeder Mitgliedstaat in der Hand, die Freizügigkeit einzuschränken. Der EuGH hat über die Erhaltung der Urteilsfreizügigkeit zu wachen. Bei der Anwendung der ordre public Klausel sind die Interessen des Staates am Schutz der eigenen Wertmaßstäbe mit dem Grundsatz der Freizügigkeit abzuwägen. Diese Abwägung steht unter der Kontrolle des EuGH. Dieser wendet den Verhältnismäßigkeitsgrundsatz an. Der nationale Richter muss im Rahmen der Anwendung der Vorbehaltsklausel ein legitimes Ziel verfolgen. Er muss die Freizügigkeit möglichst schonend eingrenzen. Freizügigkeit und Schutz der eigenen Rechtsordnung müssen in einem angemessenen Verhältnis zueinander stehen.

cc) Diskriminierungsverbot

Die Bestimmungen des EuGVÜ stehen nach Auffassung des EuGH im Zusammenhang mit dem EGV. Dazu zählt das Diskriminierungsverbot (Art. 12 EGV)[405]. Die Vorbehaltsklausel muss also von den mitgliedstaatlichen Gerichten ohne Diskriminierung aus Gründen der Staatsangehörigkeit angewandt werden[406]. Dies hat vor allem Bedeutung für die Handhabung des Kriteriums der Inlandsbeziehung[407].

dd) Grundrechte

Die nationale Vorbehaltsklausel wird gemeinhin als Einbruchsstelle für die im nationalen Recht geltenden Grundrechte gesehen[408]. Es fragt sich deshalb, ob Art.

---

403 EuGH, Solo Kleinmotoren, 02.06.1994, Slg. 1994 I-2237, Erw. 20; EuGH, Krombach, 20.03.2000, Slg. 2000, I-1956, Erw. 19; EuGH, Régie nationale des usines Renault, 11.05.2000, Slg. 2000 I-3009, Erw. 20.

404 EuGH, Mund und Fester, 10.02.1994, Slg. 1994 I-467, Erw. 11.

405 EuGH, Mund und Fester, 10.02.1994, Slg. 1994 I-467.

406 BGH, 16.09.1993, IPRspr. 1993, Nr. 178.

407 Siehe Teil 2 B II 2 d.

408 BVerfG, Spanier-Beschluss, 04.05.1971, RabelsZ 1972, 145, 155, 162; Leipold, FS Hans Stoll, 625, 638.

27 Nr. 1 EuGVÜ nicht Einbruchsstelle für einen europäischen Grundrechtsschutz sein soll.
Der EuGH hat sich im Fall "Krombach" dazu sehr behutsam geäußert. Der BGH hatte im Wege des Vorabentscheidungsverfahrens unter anderem die Frage aufgeworfen, ob ein deutsches Gericht Art. 27 Nr. 1 EuGVÜ zur Anwendung bringen dürfe, wenn den Verteidigern des abwesenden Beklagten im Ursprungsstaat ein Auftreten im Prozess verboten worden sei[409]. Der EuGH betont zunächst, bevor er auf die Vorlagefragen eingeht, dass der Anspruch auf ein faires Verfahren zu den gemeinschaftsrechtlichen Grundsätzen gehöre. Er erklärt dann, dass die Vorlagefragen im Lichte des gemeinschaftsrechtlichen Grundrechtsschutzes zu beantworten seien. Zur oben genannten Vorlagefrage des BGH zitiert der EuGH die vom EGMR zu dieser Problematik entwickelte Rechtsprechung. Nach dieser Rechtsprechung darf die Tatsache der Abwesenheit des ordnungsgemäß geladenen Angeklagten im Prozess nicht zu der Sanktion führen, dass ihm eine Verteidigung durch einen Rechtsanwalt verwehrt wird. Das Recht auf eine effektive Verteidigung sei auch bei seiner Abwesenheit zu gewährleisten[410]. Die Erscheinungspflicht des Angeklagten bzw. des Beklagten müsse auf eine andere Weise sanktioniert werden. Der EuGH erklärt anschließend, dass diese Rechtsprechung einen Mitgliedstaat dazu *berechtigt*[411], seine ordre public Klausel wegen einer Grundrechtsverletzung anzuwenden[412]. Später führt er aus, dass die Wahrung der Verteidigungsrechte in allen Verfahren, die zu einer den Betroffenen beschwerenden Maßnahme führen können, einen fundamentalen Grundsatz des Gemeinschaftsrechts bildet[413]. Auf die Vorlagefrage des BGH antwortet der EuGH schließlich, dass ein Mitgliedstaat seine Vorbehaltsklausel in einem solchen Fall anwenden *darf*[414].
Die Ausdrucksweise des EuGH ist problematisch. Wenn ein Mitgliedstaat selbst entscheiden darf, ob er seine Vorbehaltsklausel bei einer Verletzung von allgemeinen gemeinschaftsrechtlichen Rechtsgrundsätzen anwenden darf, dann steht ihm der gemeinschaftsrechtliche Grundrechtsschutz zur Disposition. Wenn der EuGH im Rahmen seiner aus dem EGV entspringenden Kompetenzen entscheidet, setzt er eindeutig einen einheitlichen gemeinschaftsrechtlichen Grundrechtsschutz durch. Nach der bekannten Formel des EuGH gelten die gemeinschaftsrechtlichen Grundrechte "im Anwendungsbereich" des EGV. Dann gilt aber nur ein einziger Maßstab. Denn das Gemeinschaftsrecht gilt in allen Mit-

---

409 BGH, 04.12.1997, IPRax 1998, 205 ff.

410 EGMR, Poitrimol, 23.11.1993; EGMR, Lala, 22.07.1994, Erw. 33; EGMR, Van Geyseghem, 21.01.1999, Erw. 34.

411 Hervorhebung durch den Verfasser dieser Arbeit.

412 EuGH, Krombach, 28.03.2000, Slg. 2000, I-1956, Erw. 40.

413 EuGH, Krombach, 28.03.2000, Slg. 2000, I-1956, Erw. 42.

414 Hervorhebung durch den Verfasser dieser Arbeit.

gliedstaaten in der gleichen Weise. Hätten die Mitgliedstaaten es in der Hand, ob sie einen Gemeinschaftsgrundsatz mittels der Vorbehaltsklausel durchsetzen oder nicht, wäre die einheitliche Geltung des Gemeinschaftsrechts in allen Mitgliedstaaten gefährdet. Im Fall "Krombach" scheint der EuGH zu zögern, diese Konsequenz zu ziehen. Das ist vielleicht dadurch zu erklären, dass er in derselben Entscheidung den Mitgliedstaaten bei der Definition der öffentlichen Ordnung einen Ermessensspielraum einräumt. Wenn das EuGVÜ aber im Zusammenhang mit dem Gemeinschaftsrecht steht, dann kann nur der einheitliche gemeinschaftsrechtliche Grundrechtsschutz gelten. Hätte der BGH mittels Art. 27 Nr. 1 EuGVÜ eine Rechtsnorm durchsetzen wollen, die nicht zu den vom EuGH entwickelten Grundrechten und Rechtsgrundsätzen zählt, so hätte er durchaus selbst entscheiden können, ob er die Vorbehaltsklausel anwendet oder nicht[415]. Im Fall eines gemeinschaftsrechtlichen Grundsatzes kann dies nicht gelten.
Im übrigen riskiert der Vollstreckungsstaat, der eine vom EGMR entwickelte Rechtsprechung mittels der Vorbehaltsklausel nicht durchsetzt, selbst zur Partei eines EMRK-Verfahrens zu werden. Denn die im Ursprungsstaat erfolgte Verletzung der EMRK wird im Vollstreckungsstaat mit der Erteilung des Exequatur perpetuiert. Da sich der EuGH in weitem Maße nach der Rechtsprechung des EGMR richtet, ist eine direkte Durchsetzung des gemeinschaftsrechtlichen Grundrechtsschutzes auch im Rahmen des EuGVÜ sinnvoll.
Der EuGH hätte den BGH also nicht nur zur Anwendung der Vorbehaltsklausel berechtigen sollen. Er hätte ihn dazu verpflichten müssen. Anders wäre die Rechtslage, wenn der EuGH sich entschieden hätte, seine Auslegung des EuGVÜ strikt von seiner im Rahmen des EGV entwickelten Rechtsprechung zu trennen. Dann käme der Grundsatz der einheitlichen Anwendung des Gemeinschaftsrechts in allen Mitgliedstaaten nicht zur Anwendung. Aber auch dann erscheint ein einheitlicher Grundrechtsschutz erforderlich.
Im Ergebnis ist festzustellen, dass zu den Auslegungsmaßstäben des EuGH bei der Auslegung der Vorbehaltsklausel auch die gemeinschaftsrechtlichen Grundrechte zählen.

3) Perspektiven

Das EuGVÜ ist zwischen den EU-Mitgliedstaaten (außer Dänemark) im März 2002 durch die EuGVO ersetzt worden. Mit der Implementierung des EuGVÜ als Verordnung wird sich der Prüfungsmaßstab des EuGH eindeutig aus dem Gemeinschaftsrecht ergeben. Die Anwendung der ordre public Klausel als gemein-

---

415 Denkbar ist eine Fallkonstellation, wie sie dem LG Hamburg, 27.12.1977, IPRspr. 1977, Nr. 157 vorgelegen hat.

schaftsrechtliche Norm muss dann im Einklang mit den Grundfreiheiten und den allgemeinen Rechtsgrundsätzen erfolgen, zu denen die gemeinschaftsrechtlichen Grundrechte gehören. Die Auslegungskompetenz des EuGH wird sich unmittelbar aus dem Gemeinschaftsrecht (Art. 68 Abs. 1 EGV) ergeben.
Die Regelung des Art. 68 Abs. 1 EGV hat gegenüber dem geltenden Recht allerdings Nachteile. Im Gegensatz zu Art. 234 EGV können im Rahmen des IV. Titels des EGV gemäß Art. 68 Abs. 1 EGV nur die obersten Gerichte ein Vorabentscheidungsverfahren betreiben[416]. Im Rahmen des geltenden Rechts sind auch Rechtsmittelinstanzgerichte zur Vorlage an den EuGH befugt (Art. 2 des Luxemburger Protokolls über die Auslegung des EuGVÜ vom 3. Juni 1971). Auch ist die Anrufung des Gerichts im neuen Titel IV des EGV durch die obersten Gerichte anders als im geltenden Recht (Art. 3 Luxemburger Protokoll) fakultativ[417]. Die Umwandlung des EuGVÜ in eine Verordnung führt damit zu einer Gefährdung der einheitlichen Anwendung des europäischen Rechts[418].

III. Ergebnis

Die Europäisierung der Vorbehaltsklausel, wie sie im EuGVÜ zu beobachten ist, hat zu einer Reduzierung ihres Anwendungsbereiches geführt. Die internationale Zuständigkeit des Urteilsrichters wird grundsätzlich nicht mehr überprüft. In bestimmten Fällen haben sich Teile der Literatur und der Rechtsprechung aber gegen eine solche Begrenzung ausgesprochen. Der EuGH ist diesen Gegenstimmen nicht gefolgt. Man sieht aber, dass der Tendenz, den Anwendungsbereich der Vorbehaltsklausel zu beschränken, auch Gegenkräfte gegenüberstehen. Dies zeigt sich bei der Auslegung von Art. 27 Nr. 1 EuGVÜ ganz besonders. Die in der Literatur vorgeschlagene Reduzierung von Art. 27 Nr. 1 EuGVÜ auf den materiellrechtlichen ordre public wurde von der herrschenden Meinung in der Rechtsprechung und der Literatur nicht übernommen. Auch die Rechtsprechung des EuGH zu Art. 27 Nr. 2 EuGVÜ hat die Urteilsfreizügigkeit dem Beklagtenschutz nicht vorgezogen. Es wurde deutlich, dass die Begrenzung des Anwendungsbereiches der Vorbehaltsklausel, kein leichtes Unterfangen ist.
Die neue EG-Verordnung Nr. 44/2001 sieht eine weitere Eingrenzung der Vorbehaltsklausel im Hinblick auf die Neuregelung von Art. 27 Nr. 2 EuGVÜ vor.

---

416 Kritisch deshalb Basedow, EuZW 1997, 609.
417 Wachsmann, Rev. trim. dr. eur. 1997, 883, 890.
418 Kritisch deshalb Besse, ZEuP 1999, 107, 120.

Auch die EG-Verordnung, die das "Brüssel 2" Abkommen übernimmt[419], verringert den Anwendungsbereich der ordre public Klausel.
Die Auslegung der ordre public Klausel ist auf der Grundlage der Rechtsprechung "Krombach"[420] zwischen den nationalen Richtern und dem EuGH aufgeteilt worden. Somit kann behauptet werden, dass die Auslegung der ordre public Klausel nicht völlig "europäisiert" wurde. Den Mitgliedstaaten verbleibt bei der Bestimmung, welche Normen mittels der Vorbehaltsklausel zur Geltung kommen müssen, ein Handlungsspielraum. Der EuGH prüft die Anwendung der Vorbehaltsklausel an übergeordneten Grundsätzen. Dieser Verteilung der Auslegungskompetenz kann dann zugestimmt werden, wenn rein nationale Grundsätze durchgesetzt werden sollen. Wenn aber gemeinschaftsrechtliche Grundsätze als Inhalt der Vorbehaltsklausel in Frage kommen, darf den Mitgliedstaaten kein Ermessensspielraum mehr gelassen werden. Dies gebietet die einheitliche Anwendung des Gemeinschaftsrechts.

---

419 EG-Verordnung Nr. 1347/2000 des Rates, ABl. EG L 160, 30.06.2000, S. 19, über die Zuständigkeit und die Anerkennung und Vollstreckung von Entscheidungen in Ehesachen und in Verfahren betreffend die elterliche Verantwortung für die gemeinsamen Kinder der Ehegatten.

420 EuGH, Krombach, 28.03.2000, Slg. 2000, I-1956.

B) Europäisierung durch übergeordnete Grundsätze: der Einfluss der EMRK und des Gemeinschaftsrechts

Im ersten Abschnitt dieses zweiten Teiles wurde anhand des Beispiels des EuGVÜ festgestellt, welchen Einfluss eine Europäisierung durch staatsvertragliche Regelung auf die Gestaltung der Vorbehaltsklausel hat. Weniger sichtbar, aber noch bedeutender, ist der Einfluss übergeordneter europäischer Normen auf die Vorbehaltsklausel. Zu diesen Normen zählen die Vorschriften der EMRK (I) und das Gemeinschaftsrecht (II).

I. Europäisierung durch die EMRK

Der Einfluss der EMRK auf das nationale Privatrecht ist deutlich zu beobachten[421]. Der Einfluss der EMRK auf das nationale IPR und das IZVR ist ebenfalls Gegenstand wissenschaftlicher Untersuchung[422]. Auch die Vorbehaltsklausel wird durch die EMRK geprägt[423]. Der Einfluss der EMRK auf die Anwendung der Vorbehaltsklausel ist eine neuere Tendenz, deren Bedeutung nicht zu unterschätzen ist. Sie geht einher mit der steigenden Relevanz der EMRK bei der Rechtsanwendung durch die Zivilgerichte.

Der Einfluss der EMRK betrifft zunächst den Inhalt des nationalen ordre public (1). Die mitgliedstaatlichen Gerichte beziehen sich bei der Konkretisierung der Vorbehaltsklausel immer mehr auf die Vorschriften der EMRK. Der EGMR legt diese Vorschriften aus und entwickelt dabei einen europäischen ordre public. Aber auch die Methodik der ordre public Klausel wird durch die Geltung der EMRK in empfindlichem Maße berührt (2). Schließlich wird der Anwendungsbereich der Vorbehaltsklausel durch die EMRK bestimmt (3). Diese drei Aspekte werden nacheinander erläutert.

---

421 Siehe Band 63 der RabelsZ (1999), der eine Vielzahl von Beiträgen enthält, die ausschließlich diesem Thema gewidmet sind.

422 Matscher, FS Neumayer 1985, 459; ders., FS Schwind 1993, 71; Cohen, RC 1989, 451; Mayer, RC 1991, 651; Courbe, S. 249; de Miguel Asensio, Rev. der. priv. 1998, 541; Ehricke, EuGRZ 1993, 113; v. Bar in Aktuelle Probleme des Menschenrechtsschutzes, S. 191; Geimer, in Aktuelle Probleme des Menschenrechtsschutzes, S. 213.

423 Sarolea, R.T.D.F. 1996, 141; Dubbink, S. 51 ff; Viviani, Riv. dir. int priv. proc. 1999, 847; de Miguel Asensio, Rev. der. priv. 1998, 541, 545 ff.

1) EMRK als Inhalt des ordre public

Die Vorschriften der EMRK gehören als Teil des geltenden Rechts der einzelnen europäischen Rechtsordnungen zu den potentiellen Normen, die mittels der Vorbehaltsklausel zu schützen sind[424]. Als Menschenrechte und Grundfreiheiten rechnen sie zum Kern der unverzichtbaren Normen des innerstaatlichen Rechts und genießen deshalb besondere Beachtung bei der Anwendung der Vorbehaltsklausel. In diesem Abschnitt wird untersucht, inwieweit die Vorbehaltsklausel zur Durchsetzung der Grundrechte der EMRK tatsächlich eingesetzt wird und welche Fragen sich dabei stellen. Zunächst wird die Bedeutung der EMRK bei der Konkretisierung der Vorbehaltsklausel durch die nationalen Gerichte betrachet (a). Dann wird die Rolle des EGMR bei der Bestimmung eines europäischen ordre public dargestellt (b).

a) Rechtsprechung der nationalen Gerichte

Nachfolgend wird ein Überblick über die europäische Rechtsprechung gegeben. Es werden Entscheidungen der nationalen Gerichte zitiert, die im Rahmen der Anwendung der Vorbehaltsklausel die Grundrechte der EMRK zur Geltung gebracht haben. Damit wird ein Überblick über die Bedeutung der Menschenrechte der EMRK bei der Konkretisierung der Vorbehaltsklausel gegeben. Eine erschöpfende Auflistung aller Gerichtsentscheidungen zu diesem Thema wird nicht angestrebt. Anders als im ersten Teil werden auch Entscheidungen europäischer Gerichte zitiert, die sich mit dem Recht eines Drittstaates zu befassen hatten. Es wird zwischen dem materiellrechtlichen und dem verfahrensrechtlichen ordre public unterschieden.

aa) Materiellrechtlicher ordre public

Die Darstellung orientiert sich an den einzelnen in Betracht kommenden Menschenrechten der EMRK.

---

424 Kropholler, Internationales Privatrecht, S. 231; a.A. Stöcker, StAZ 1981, 16, 17: Art. 30 EGBGB (a.F.) passe nur für spezifisch innerstaatliche Wertvorstellungen und Belange, nicht für Normen internationalen Ursprungs.

1. Art. 3 EMRK

Nach Art. 3 EMRK darf niemand der Folter oder unmenschlicher oder erniedrigender Strafe oder Behandlung unterworfen werden. Der österreichische OGH hat in einem Streitverfahren eines geschiedenen Ehepaares über das Sorgerecht für das gemeinsame Kind dem anwendbaren jordanischen Recht die kollisionsrechtliche Vorbehaltsklausel entgegengesetzt[425]. Nach dem jordanischen Recht hängt das Verbleiben der Kinder bei der Mutter ab einem gewissen Alter von der Zustimmung des Vaters ab. Das Gericht betont, dass ein Recht, welches das Sorgerecht dem Vater auch dann automatisch überträgt, wenn der Vater das Kind misshandeln würde, gegen Art. 3 EMRK verstoßen würde. Diese Entscheidung dokumentiert, dass die EMRK in der österreichischen Rechtsprechung bei der Konkretisierung der ordre public Klausel eine gewisse Rolle spielt[426].

2. Art. 5 Zusatzprotokoll Nr. 7 EMRK

Art. 5 Zusatzprotokoll Nr. 7 EMRK garantiert die Gleichberechtigung der Ehegatten bei der Eheschließung, während der Ehe und bei der Eheauflösung. Die Vorschrift normiert ein spezielles Diskriminierungsverbot. Bei der Anwendung der Vorbehaltsklausel ist Art. 5 Zusatzprotokoll Nr. 7 EMRK vor allem im Bereich der Verstoßung als besondere Form der Eheauflösung im islamischen Recht und im Bereich des Ehegüterrechts relevant geworden.

a. Verstoßung

Die EMRK diente schon 1981 belgischen Entscheidungen als Maßstab für die ordre public Prüfung von marokkanischen Verstoßungen[427]. Dort wurde noch allein das Diskriminierungsverbot in Art. 14 EMRK herangezogen. In Art. 5 Zusatzprotokoll Nr. 7 EMRK ist seitdem die Gleichberechtigung der Ehegatten verankert worden.
Seit einem Urteil des Kassationshofes aus dem Jahre 1994 ziehen auch die französischen Gerichte die EMRK als Maßstab bei der ordre public Prüfung von ausländischen Verstoßungen heran[428]. Um die Bedeutung der EMRK für die Aner-

---

425 OGH, 07.11.1974, IPRE I/29.

426 Rummel-Schwimann, § 6 IPRG, Rn. 2; siehe auch OGH, 24.09.1998, ZfRV 1999, 79.

427 Bruxelles, 30.06.1981, JT 1981, 655

428 Cass. civ. 1, 01.06.1994, D.95, 263; Cass. civ. 1, 31.01.1995, RC 1995, 569; Cass. civ. 1, 11.03.1997, D. 1997, 400; Cass. civ. 1, 27.01.1998, Juridisque Lamy, 1998, Nr. 178; Cass. civ. 1, 05.01.1999, D. jp. 1999, 671 mit Anm. Agostini.

kennung von Verstoßungen zu unterstreichen, soll kurz die Entwicklung der französischen Rechtsprechung nachgezeichnet werden, bevor die Tragweite der neuen Rechtsprechung analysiert wird.

aa. Französische Rechtsprechung

Der französische Kassationshof hat zunächst ausländischen Entscheidungen, die eine Verstoßung ausgesprochen hatten, die Anerkennung versagt, wenn der verfahrensrechtliche ordre public verletzt war. Insbesondere achtete er darauf, dass sich die Ehefrau im ausländischen Verfahren verteidigen konnte[429].
Auf der Grundlage der franko-marokkanischen Konvention vom 10. August 1983 hat die französische Rechtsprechung ihre Haltung liberalisiert und marokkanische Verstoßungen weitgehend anerkannt[430]. Entscheidend war nicht mehr, dass die Verfahrensrechte der Ehefrau geachtet wurden. Es genügte, dass der Ehefrau ein ausreichender Unterhalt gewährt wurde[431]. Es wurde allerdings stets geprüft, ob der Ehemann die Verstoßung durch *fraus legis* erhalten hatte. Dies war dann der Fall, wenn der Ehemann während eines in Frankreich anhängigen Unterhalts- oder Scheidungsverfahrens eine Verstoßung in seinem Heimatland betrieben hatte, um sich den Konsequenzen eines inländischen Urteils zu entziehen[432].
Diese liberale Haltung wurde später aufgegeben. Der verfahrensrechtliche ordre public wurde im Rahmen der Vorbehaltsklausel der franko-marokkanischen Konvention wieder zur Anwendung berufen[433]. Es wurde wiederum geprüft, ob das ausländische Verfahren jeder Partei rechtliches Gehör gegeben hatte.
Mit dem Urteil des französischen Kassationshofes vom 1. Juni 1994 prüft die Rechtsprechung nun die Verstoßung anhand des Art. 5 Zusatzprotokoll Nr. 7 EMRK[434]. Hierin ist ein weiterer Schritt gegen die Anerkennung von Verstoßungen zu sehen[435].

429 Cass. civ. 1, 18.12.1979, Dahar, RC 1981, 88
430 Cass. civ. 1, 03.11.1983, Rohbi, RC 1984, 325; Cass. civ. 1, 08.12.1987 und Cass. civ. 1, 06.07.1988, beide RC 1988, 733.
431 Légier, RRJ 1999, 293.
432 Cass. civ. 1, 01.03.1988, D. 1988, 486; Cass. civ. 1, 04.05.1994, RC 1995, 104.
433 Cass. civ. 1, 06.06.1990, Akla, RC 1991, 593.
434 Cass. civ. 1, 01.06.1994, D. 95, 263 = RC 95, 103.
435 Ganz im Gegensatz zu der neueren Tendenz der *Cour de cassation*, CA Dijon, JDI 2000, 997 mit Anm. Kahn: die Verstoßung verletzt nicht den ordre public, auch wenn die Ehefrau zu dem Verfahren nicht geladen war.

bb. Tragweite der Rechtsprechung

Es geht aus der Rechtsprechung nicht eindeutig hervor, ob die fundamentale Ungleichheit zwischen den Geschlechtern, welche die Verstoßung charakterisiert, bereits eine Verletzung von Art. 5 Zusatzprotokoll Nr. 7 EMRK bedeutet[436]. D.h. es ist nicht klar, ob eine Verstoßung, welche die Verfahrensrechte der Ehefrau beachten würde, trotzdem an Art. 5 Zusatzprotokoll Nr. 7 EMRK scheitern würde[437]. Diese Unklarheit hängt mit dem elliptischen Stil der *Cour de cassation* zusammen. In der Entscheidung vom 1. Juni 1994 hat der Kassationshof die ordre public Widrigkeit der ausländischen Verstoßung unter zwei Gesichtspunkten geprüft. Einmal hat er wissen wollen, ob die Ehefrau ordnungsgemäß geladen und vertreten wurde. Zweitens hat er Art. 5 Zusatzprotokoll Nr. 7 EMRK angeführt. Daraus kann geschlossen werden, dass die Beachtung der wesentlichen inländischen Verfahrensgrundsätze durch die ausländische Entscheidung für sich allein nicht genügt, um die ordre public Prüfung zu bestehen[438]. Berücksichtigt man, dass die Verstoßung allein vom Willen des Mannes abhängt und dass die Ehefrau hinsichtlich des vom Ehemannes zu leistenden Unterhalts nur wenig Argumentationsspielraum hat, so kann auch ihre Anwesenheit bei dem Verfahren die Verstoßung kaum beeinflussen[439].

Die französische Literatur analysiert die neue Rechtsprechung der *Cour de cassation* als grundsätzliche Ablehnung des Rechtsinstituts der Verstoßung, da diese in seiner jetzigen Fassung die Ehefrau prinzipiell ungleich behandelt[440]. Dabei wird nicht immer deutlich, ob sich die Ungleichbehandlung aus der einseitigen Auflösung der Ehe durch den Mann ergibt oder aus der Tatsache, dass nur dem Mann ein solches Recht zusteht[441]. Richtig ist die zweite Betrachtung[442]. Nur der Ehemann kann die Ehe einseitig auflösen. Der Ehefrau steht dieses Recht

---

436 So aber CA Paris, 30.05.2000, D. IR 2000, 231.

437 Das ist auch deshalb wichtig, weil sich z.B. das marokkanische Recht geändert hat. Nach dem neuen marokkanischen Recht (Art. 48 *Code de statut personnel marocain*) ist die Verstoßung in Anwesenheit der Ehefrau vorzunehmen. Erscheint die Ehefrau nicht, obwohl sie geladen worden ist, kann die Verstoßung auf Willen des Ehemannes trotzdem durchgeführt werden, siehe Déprez, RC 1995, 106, 116 (Anm. zu Cass. civ. 1, 01.06.1994, RC 1995, 103).

438 Massip, D. jp. 95, 263 (Anm. zu Cass. civ. 1, 01.06.1994).

439 Niboyet, D. jp 1997, 401, 402 m.w.N. (Anm. zu Cass. civ. 1, 11.03.1997); Déprez, RC 1995, 106 ff, s. Fn. 74.

440 Niboyet, D. 1997, 401 (Anm. zu Cass. civ. 1, 11.03.1997); Massip, D. jp. 95, 263 (Anm. zu Cass. civ. 1, 01.06.1994); Déprez, RC 1995, 106, 115 (Anm. zu Cass. civ. 1, 01.06.1994); Ferrand, RabelsZ 1999, 665, 669; Fulchiron, JCP 1998 I 101, S. 20 (Anm. zu Cass. civ. 1, 11.03.1997). Kritisch Agostini, D. jp 1999, 671.

441 Niboyet, D. jp. 1997, 401, 402 (Anm. zu Cass. civ. 1, 11.03.1997).

442 Carlier, R.T.D.F. 1996, 131, 135.

nicht zu. Dadurch ist die Gleichheit der Geschlechter verletzt. Allerdings verzichtet die französische Lehre nicht auf eine Betrachtung in concreto. Wenn die Verstoßung tatsächlich im Einvernehmen mit der Frau stattgefunden hat, ist diese anzuerkennen[443].

Damit hat die Berufung auf die EMRK zu einer Änderung der Rechtsprechung und zu einer radikalen Ablehnung der Verstoßung geführt. Der EGMR ist bisher mit dieser Frage nicht befasst worden. Die Konsequenzen dieses Verständnisses von Art. 5 Zusatzprotokoll Nr. 7 EMRK, d.h. die strikte Durchsetzung der Gleichberechtigung der Geschlechter, sind weittragend. Viele Rechtsinstitute des islamischen Rechts wären in Frankreich nicht anerkennungsfähig. Dies gilt beispielsweise für die Polygamie[444], für die Verteilung des Sorgerechts, für das Ehegüterrecht[445], für das Erbrecht[446]. Die Durchsetzung von Art. 5 Zusatzprotokoll Nr. 7 EMRK in ganz Europa würde viele Rechtsordnungen zu einer Änderung ihrer Rechtsprechung zwingen.

b. *Ehegüterrecht*

Wie oben gezeigt wurde, war Art. 5 Zusatzprotokoll Nr. 7 EMRK auch Maßstab für die Überprüfung des schweizerischen gesetzlichen Ehegüterrechts alter Fassung durch den französischen Kassationshof und führte zu der Anwendung der ordre public Klausel[447].

3. Art. 8 EMRK

Art. 8 EMRK schützt das Privat- und das Familienleben, die Wohnung und den Briefverkehr. Wichtig für das Zivilrecht sind nur die beiden ersten Bereiche. Die Vorschrift spielt seit der "Marcks" Entscheidung[448] eine zunehmende Rolle in der Rechtsprechung des EGMR[449]. Durch eine dynamische Auslegungsmethode hat der EGMR dieses Menschenrecht zu einem wichtigen Schutz des Einzelnen aus-

443 Niboyet, D. jp. 1997, 401, 402 (Anm. zu Cass. civ. 1, 11.03.1997); Massip, D. jp. 1995, 263 (Anm. zu Cass. civ. 1, 01.06.1994). Siehe demgegenüber TS, 24.09.1996, REDI 1997, 237, das eine grundsätzlich ablehnende Haltung gegenüber der Verstoßung annimmt

444 Dazu Légier, RRJ 1999, 293, 307; Hammje, RC 1997, 1, 25.

445 Siehe den Hinweis von Droz, RC 1998, 639, 642 (Anm. zu Cass. civ. 1, 24.02.1998)

446 Kerckhove, JDI 1998, 732, 735 (Anm. zu Cass. civ. 1, 24.02.1998).

447 Cass. civ. 1, 24.02.1998, D. 1999, 309 jp. Siehe dazu Teil 1 A III 1 b.

448 EGMR, Marcks, 13.06.1979.

449 Mock, RUDH 1998, 237; Brötel, RabelsZ 1999, 580 f.

gebaut. Art. 8 EMRK hat einen großen Einfluss auf das Privatrecht der Mitgliedstaaten gewonnen[450]. Im Rahmen der Anwendung der Vorbehaltsklausel kommt Art. 8 EMRK im Zusammenhang mit dem juristischen Status des Transsexuellen und im Kindschaftsrecht zur Geltung.

a. *Transsexualität*

Ein französisches Gericht hatte sich mit folgendem Fall zu befassen[451]: Ein Argentinier wollte in Frankreich die Änderung seines Geschlechts und seines Vornamens im Personenstandsregister eintragen lassen. Er wollte nunmehr als Person weiblichen Geschlechts erscheinen. Das erstinstanzliche Gericht wandte das nach französischem Recht[452] anwendbare argentinische Recht an, das eine solche Geschlechtsänderung in keiner Weise berücksichtigt. Nach Auffassung des erstinstanzlichen Gerichts verstieß das argentinische Recht nicht gegen den französischen ordre public. Der Antrag wurde abgewiesen.
Fraglich war, wie eine solche Entscheidung mit dem Recht auf Achtung des Privatlebens in Art. 8 EMRK zu vereinbaren war. Die französische Rechtsprechung war 1992 vom EGMR[453] zu einer Änderung ihrer Rechtsprechung im Hinblick auf die rechtliche Anerkennung der Geschlechtsumwandlung gezwungen worden. Während der Kassationshof zuvor die Geschlechtsumwandlung rechtlich nicht berücksichtigen wollte, insbesondere keinen Anspruch auf Umschreibung des Geschlechts und des Vornamens im Personenstandsregister vorsah[454], bejahte es nach der Entscheidung des EGMR einen solchen Anspruch[455]. Der EGMR hatte Frankreich verurteilt und dazu aufgefordert, dem Transsexuellen die Änderung des Vornamens und die Änderung des Geschlechts im Personenstandsregister und in den amtlichen Dokumenten zu ermöglichen. Das Berufungsgericht hat im Ausgangsfall dementsprechend Art. 8 EMRK zur Geltung gebracht und dem Kläger grundsätzlich einen Anspruch auf Berücksichtigung der Geschlechtsumwandlung in den offiziellen Dokumenten zugebilligt. Das Berufungsgericht hat die EMRK unmittelbar angewandt ohne Rücksicht auf das anwendbare Recht[456]. Es hat die

---

450 Zum Einfluss von Art. 8 I EMRK auf das deutsche Privatrecht siehe Ellger, RabelsZ 1999, 625, 642 ff.

451 CA Paris, 14.06.1994, RC 1995, 308 mit Anm. Lequette. Siehe auch Droz, transsexualisme, S. 43 ff.

452 Nach Art. 3 Abs. 3 *Code civil* bestimmt sich das Personalstatut nach dem Heimatrecht des Betroffenen.

453 EGMR, 25.03.1992, B vs Frankreich.

454 Zuletzt Cass. civ. 1, 21.05.1990, Terré/Lequette, Nr. 22.

455 Cass. civ., Ass. plen., 11.12.1992, Terré/Lequette, Nr. 23.

456 Siehe dazu unten Teil 2 B I 2 a.

ordre public Klausel jedoch hilfsweise eingesetzt und dabei festgestellt, dass die Anwendung des argentinischen Rechts zu einer Verletzung der EMRK führen würde. Zwar könne die argentinische Geburtsurkunde vom französischen Richter nicht geändert werden. Das französische Personenstandsregister müsse aber die Geschlechtsumwandlung berücksichtigen.

Ohne sich ausdrücklich auf Art. 8 EMRK zu berufen aber dennoch auf die EMRK zurückgreifend, hat ein italienisches Gericht in einem ähnlichen Fall die kollisionsrechtliche Vorbehaltsklausel angewandt, um einem Peruaner die Geschlechtsumwandlung und anschließende Änderung seines Namens zu ermöglichen[457]. Das peruanische Recht sah zur Problematik der Geschlechtsumwandlung überhaupt keine Regelung vor. Das Gericht wandte deshalb das italienische Recht an.

b. *Kindschaftsrecht*

aa. *Vaterschaftsfeststellung*

Im Bereich des Kindschaftsrechts kommt Art. 8 EMRK ebenfalls mittels der Vorbehaltsklausel zur Anwendung. Hier wird Art. 8 EMRK i.V. mit Art. 14 EMRK geltend gemacht.
Art. 14 EMRK normiert ein Diskriminierungsverbot. Die Norm ist nicht selbständig anwendbar[458]. Sie gilt nur im Schutzbereich eines Konventionsrechts, d.h. sie kann nur im Zusammenhang mit einem Menschenrecht der EMRK geltend gemacht werden. Sie verpflichtet die Mitgliedstaaten im Anwendungsbereich der europäischen Menschenrechte das Diskriminierungsverbot zu beachten.
Die nachstehenden Entscheidungen sind allesamt dem belgischen Recht entnommen. Darin zeigt sich die besondere Aufmerksamkeit, die in Belgien seit dem "Marcks" Urteil[459] des EGMR der EMRK geschenkt wird.
Ein belgisches Gericht hatte sich mit einem Antrag eines Marokkaners zu befassen, der seine vier marokkanischen Kinder anerkennen wollte[460]. Nach dem belgischen IPR bestimmt sich die Anerkennung der Vaterschaft nach dem Heimatrecht des Kindes[461]. Das marokkanische Recht verbietet die Anerkennung von

457 *Tribunale de Milano*, 14.07.1997, Rev. dir. int. priv. proc. 1998, 568.
458 Brötel, RabelsZ 1999, 580, 596.
459 EGMR, Marcks, 13.06.1979.
460 Civ. Bruxelles (12e ch.), 29.06.1994, R.T.D.F. 1996, 231.
461 Civ. Bruxelles (12e ch.), 29.06.1994, R.T.D.F. 1996, 231.

nichtehelichen Kindern[462]. Das belgische Gericht hat das marokkanische Recht nicht gelten lassen. Im Rahmen der Vorbehaltsklausel bringt es Art. 8 EMRK i.V. mit Art. 14 EMRK zur Durchsetzung. Das belgische Recht habe sich dem Grundsatz der Gleichberechtigung von ehelichen und nichtehelichen Kindern verschrieben, das aus den oben genannten Normen der EMRK entspringe.
Ein belgisches Gericht hat sich ebenfalls auf Art. 8 EMRK i.V. mit Art. 14 EMRK berufen, um das türkische Recht abzuwehren. Dort wird dem Ehebruchskind das Recht auf Feststellung seiner Abstammung verwehrt[463].
Die belgische Rechtsprechung hat auch das französische Abstammungsrecht an Art. 8 EMRK i.V. mit Art. 14 EMRK geprüft[464]. In Streit stand, ob eine zweijährige Frist für einen Antrag der Mutter auf Vaterschaftsfeststellung gegenüber einem Mann wegen ihrer Kürze gegen das Diskriminierungsverbot in der EMRK verstößt. Es verneinte jedoch eine Diskriminierung des nichtehelichen Kindes und wandte die Vorbehaltsklausel im Gegensatz zur Vorinstanz[465] nicht an. Die Vorinstanz hatte sich ausdrücklich an die Rechtsprechung "Marcks" des EGMR[466] angelehnt und das französische Recht als ordre public widrig angesehen.

bb. Adoption

Im Adoptionsrecht wird Art. 8 EMRK bei der Anwendung der Vorbehaltsklausel von den nationalen Gerichten oft zitiert. Bezugspunkt ist das in Art. 8 Abs. 1 EMRK verankerte Recht auf Achtung des Familienlebens. Meist geht es um die Frage, ob sich aus der EMRK ein Recht auf Adoption ableiten lässt. Die Durchsetzung der EMRK mittels der Vorbehaltsklausel ist in den nachfolgenden Entscheidungen diskutiert worden: In einem französischen Verfahren ging es um die Frage, ob das brasilianische Recht, welches ausländischen Annehmenden mit ausländischem Wohnsitz die Volladoption (*adoption plénière*) eines brasilia-

---

462 Nach Art. 83 des marokkanischen "*Code du statut personnel et des successions*" besteht zwischen dem Vater und dem nichtehelichen Kind kein Verwandtschaftsverhältnis, abgedruckt bei Ferid/Bergmann, Internationales Ehe- und Kindschaftsrecht, Marokko, 129. Lieferung, S. 33.

463 Civ. Anvers (2e ch.), 06.05.1992, A.R.V. 15.614, F V543 zitiert von Sarolea, R.T.D.F. 1996, 141, 149. Das türkische Recht hat sich seitdem geändert. Das im Ehebruch des verheirateten Vaters gezeugte Kind kann nunmehr vom Vater anerkannt werden. Das im Ehebruch der verheirateten Mutter gezeugte Kind kann vom Vater weiterhin nicht anerkannt werden (Art. 292 türkisches ZGB), Bergmann/Ferid, Internationales Ehe- und Kindschaftsrecht, Türkei, 123. Lieferung, S. 36h.

464 Mons, 25.06.1991, JT 1991, 744.

465 Charleroi, 12.01.1990, JT 1990, 662.

466 EGMR, Marcks, 13.06.1979.

nischen Kindes verweigerte, gegen den französischen ordre public verstößt[467]. Nach dem damaligen brasilianischen Recht war in solchen Fällen lediglich eine Adoption mit Teilwirkungen (*adoption simple*) möglich[468]. Die *Cour de cassation* hat die Vorbehaltsklausel nicht eingesetzt. Nach Auffassung des französischen Gerichts steht die EMRK einem ausländischen Recht nicht entgegen, das in legitimer Weise zwischen dem Kind und seiner Ursprungsfamilie familienrechtliche Beziehung bestehen lässt. Die französische Rechtsprechung hat sich auch geweigert das marokkanische Recht, das die Adoption verbietet, als ordre public zu betrachten[469]. Die Kläger hatten sich auch auf Art. 8 EMRK gestützt, um ihr Adoptionsrecht durchzusetzen. Die *Cour de cassation* hat sich auf dieses Argument nicht eingelassen.
Das belgische Recht hat sich ebenfalls geweigert Art. 8 EMRK i.V. mit Art. 14 EMRK mittels der Vorbehaltsklausel gegenüber dem italienischen Recht durchzusetzen, das eine Adoption eines Kindes durch die (nichteheliche) Mutter nicht erlaubt[470]. Das belgische Gericht war der Ansicht, dass die Anwendung des italienischen Rechts der Mutter und dem Kind keine Nachteile bringt.
Belgische Entscheidungen haben sich dagegen auf Art. 8 EMRK und Art. 14 EMRK berufen, um dem niederländischen Recht, das die Adoption eines volljährigen Kindes durch die belgische Stiefmutter nicht erlaubt, die kollisionsrechtliche Vorbehaltsklausel entgegenzusetzen[471]. Im niederländischen Recht können nur minderjährige Kinder adoptiert werden[472]. Nach Auffassung der belgischen Richter verbieten Art. 8 EMRK und Art. 14 EMRK eine Diskriminierung aus Gründen des Alters oder der Staatsangehörigkeit[473].

4. Art. 12 EMRK

Der österreichische VwGH hat die Anwendung der kollisionsrechtlichen Vorbehaltsklausel (§ 6 IPRG) mit Hinweis auf Art. 12 EMRK begründet[474]. Art. 12 EMRK gewährleistet das Recht auf Eheschließung. In dem Fall ging es um einen Antrag auf Trauung eines österreichischen Mannes und einer thailändischen Frau,

---

467 Cass. civ. 1, 31.01.1990, Pistre, RC 1990, 519 mit Anm. Poisson-Drocourt.
468 Die Volladoption durch ausländische Annehmende ist durch ein neues brasilianisches Gesetz von 1990 nunmehr ohne Einschränkungen erlaubt, s. Poisson-Drocourt, RC 1990, 526.
469 Cass. civ. 1, 19.10.1999, JDI 2000, mit Anm. Moneger.
470 Trib. Bruxelles, 21.12.1994, RGDC 1996, 153.
471 *Burgerlijke Rechtbank Te* Gent, 05.03.1992, RW 1992-1993, S. 1099.
472 Dies gilt auch für das englische Recht, siehe Teil 1 A III 2 d.
473 Civ. Turnhout (2e ch.), 12.12.1996, RAJB 2000, 729 Nr. 7.
474 VwGH, 30.09.1997, JBl. 1998, 461.

die sich einer geschlechtsumwandelnden Operation unterzogen hatte. Ursprünglich war sie männlichen Geschlechts. Die Behörde hatte den Antrag abgelehnt, weil die thailändische Frau von der thailändischen Botschaft kein Ehefähigkeitszeugnis erhalten konnte. Unklar war, ob dies damit zusammenhing, dass im thailändischen Recht eine Geschlechtsumwandlung nicht berücksichtigt wird. Nach Auffassung des VwGH würde jedenfalls ein solches Recht gegen den österreichischen ordre public verstoßen. Dabei beruft sich das Gericht ausdrücklich auf Art. 12 EMRK.

bb) Verfahrensrechtlicher ordre public

Art. 6 Abs. 1 EMRK spielt in der Judikatur des EGMR eine große Rolle. Es ist die Vorschrift der EMRK, die am meisten geltend gemacht wird[475]. Die Zahl der zu dieser Norm ergangenen Entscheidungen des EGMR ist im Verhältnis zur Gesamtheit der Urteile sehr hoch. Nicht nur das Strafverfahren, sondern auch das Zivilverfahren werden in starkem Maße von der Rechtsprechung des EGMR geprägt[476]. Der EGMR hat im Laufe der Zeit eine ganze Reihe von Verfahrensgrundsätzen entwickelt, die für alle Zivilverfahren in Europa gelten. Diese vom EGMR entwickelten Standards haben Eingang in das nationale Recht gefunden. Sowohl in der Literatur als auch in der Rechtsprechung wird auf Art. 6 Abs. 1 EMRK zurückgegriffen. In der Literatur ist die EMRK für die Bestimmung des verfahrensrechtlichen ordre public schon lange ein Maßstab[477]. In der Rechtsprechung wird im Rahmen des Exequaturverfahrens vor den nationalen Gerichten zunehmend die Anwendung der Vorbehaltsklausel damit begründet, dass im Urteilsstaat eine Verletzung von Art. 6 Abs. 1 EMRK erfolgt ist. Anhand von Beispielen aus der Rechtsprechung lässt sich verdeutlichen, inwieweit die Standards der EMRK für die positive Anwendung der Vorbehaltsklausel bedeutsam sind.

---

475 Peukert, RabelsZ 1999, 601.

476 Über den Einfluss der EMRK auf das Zivilverfahrensrecht berichten Matscher, FS Henckel, S. 593 ff; Guinchard, Petites affiches, 12.04.1999 Nr. 72, S. 4 ff; Peukert, RabelsZ 1999, 600 ff; Kohl, JT 1987, 637. Habscheid, in Sawczuk (Hrsg.), S. 77, 83 spricht als Zivilprozessrechtler von der EMRK als "*Magna Charta*" des Europäischen Prozessrechts.

477 Bereits 1973 Baur, S. 342.

1. Justizgewährungsanspruch

Zu den vom EGMR entwickelten verfahrensrechtlichen Standards gehört der Justizgewährungsanspruch[478]. Dem Bürger wird nicht nur garantiert, dass der laufende Zivilprozess dem Gebot der Fairness entspricht. Ihm wird auch ein effektiver Zugang zum Gericht gewährleistet. Dies wurde in der Sache Golder - der Fall betraf einen zivilrechtlichen Anspruch - durch den EGMR ausdrücklich ausgesprochen[479].
Der Justizgewährungsanspruch kann auch verletzt sein, wenn ein zu hohes Prozesskostenrisiko besteht[480]. Im Fall "Pordéa"[481] hat die *Cour de cassation* englischen Prozesskostenentscheidungen die Anerkennung wegen Verletzung von Art. 6 Abs. 1 EMRK versagt. Die Höhe der Prozesskosten hätten den Kläger, weil dieser die Prozesskostensicherheit nicht aufbringen konnte, den Zugang zum Gericht unmöglich gemacht. Auf eine Rechtsprechung des EGMR zu diesem Fall konnte sich das französische Gericht nicht berufen[482]. Es hat sich auf eine eigene Interpretation von Art. 6 Abs. 1 EMRK gestützt.

2. Waffengleichheit

Der Grundsatz der Waffengleichheit ist in Art. 6 Abs. 3 d) EMRK für die spezifische strafverfahrensrechtliche Frage der Ladung und Vernehmung von Entlastungszeugen und Belastungszeugen normiert. Der Grundsatz gilt aber nach allgemeiner Auffassung als Teil des in Art. 6 Abs. 1 EMRK verankerten Prinzips des fairen ("billigen") Verfahrens für den gesamten Verfahrensverlauf. Dies gilt sowohl für den Straf- als auch für den Zivilprozess[483]. Er besagt, dass es beiden Parteien unter im wesentlichen gleichen Bedingungen ermöglicht werden muss, sich vor Gericht Gehör zu verschaffen[484].
Im Fall "Krombach"[485] stellte sich die Frage nach der Verletzung von Art. 6 Abs. 1 EMRK. Dadurch dass sich der Angeklagte auch im Adhäsionsverfahren nicht verteidigen durfte, sei die Waffengleichheit zwischen den Parteien verletzt wor-

---

478 Peukert, RabelsZ 1999, 600, 608 ff; Jacobs, S. 197 ff.

479 EGMR, Golder, 21.02.1975. Siehe auch EGMR, Airey, 09.10.1979.

480 Matscher, FS Henckel, 1995, 593, 599.

481 Siehe Teil 1 B I 3.

482 EGMR, Tolstoy Miloslawsky, 13.07.1995, betraf eine Prozesskostensicherheit in der zweiten Instanz, dessen Höhe der EGMR überdies nicht beanstandete.

483 Matscher, FS Henckel, S. 593, 595, 602 f.

484 EGMR, Dombo Beheer, 27.10.1993, ist die maßgebende Entscheidung zur Waffengleichheit im Zivilprozess; dazu Schlosser, NJW 1995, 1404.

485 BGH, 04.12.1997, IPRax 1998, 205, s. Teil 1 B I 4 d.

den. Der EGMR hat in rein strafrechtlichen Fällen bereits mehrere Entscheidungen zu der Frage gefällt, ob dem Angeklagten ein Recht auf Abwesenheit und auf gleichzeitige Verteidigung zusteht[486]. Dieser Rechtsprechung kann entnommen werden, dass der Staat zwar ein legitimes Recht hat, die Erscheinungspflicht des Beklagten zu erzwingen. Er darf die Abwesenheit des Beklagten aber nicht dadurch sanktionieren, dass seinem Verteidiger seine Vertretung verweigert wird. Der Staat muss auf andere Sanktionsmittel zurückgreifen. Im Fall "Krombach" führt die Abwesenheit des Angeklagten und Beklagten im Schwurgerichtsverfahren gleich zu einer doppelten Sanktion. Einmal wird der Verteidiger gemäß Art. 630 S 1 CPP in der ersten Instanz nicht zugelassen. Zweitens wird nach Art. 636 CPP eine Revision des Urteils verweigert. Damit sind die Verteidigungsrechte des Angeklagten und zugleich die Waffengleichheit in unverhältnismäßiger Weise verletzt.

3. Rechtliches Gehör

Das Prinzip des rechtlichen Gehörs ist als Ausprägung des Grundsatzes des fairen Verfahrens in Art. 6 Abs. 1 EMRK verankert[487]. Den Verfahrensbeteiligten muss die Möglichkeit und die Gelegenheit gegeben werden, sich in rechtlicher und tatsächlicher Hinsicht zum Verfahrensgegenstand zu äußern.

Nach dem OGH muss deshalb jedes verfahrenseinleitende Schriftstück, das ins Ausland gesendet wird, eine Übersetzung enthalten. Das Gericht stützt sich dabei ausdrücklich auf Art. 6 Abs. 1 EMRK[488]. In der Entscheidung ging es zwar um ein Erkenntnisverfahren, die Aussage des OGH ist aber auf das Anerkennungsverfahren übertragbar[489].

Aus dem Grundsatz des fairen Verfahrens in Art. 6 Abs. 1 EMRK leitet die deutsche Rechtsprechung das Erfordernis ab, den Beklagten in seiner eigenen Sprache über die Klage zu informieren[490]. In diesem Fall war die Zustellung durch *remise au parquet* nach französischem Recht erfolgt. Das französische Recht betrachtet diese Form der Zustellung als reine Inlandszustellung. Eine Übersetzung ist deshalb nicht vorgesehen[491].

---

486 EGMR, Poitrimol, 23.11.1993; EGMR, Guérin, 29.07.1998; EGMR, Omar, 29.07.1998; zuletzt EGMR, Van Geyseghem, 21.01.1999.

487 Peukert, RabelsZ 1999, 601, 613 f.

488 OGH, 16.06.1998, IPRax 1999, 260.

489 Matscher, IPRax 1999, 274 f.

490 OLG Karlsruhe, 12.03.1999, RIW 1999, 538.

491 Geimer, Neuordnung, S. 31.

cc) Ergebnis

Aus dieser kurzen Übersicht geht deutlich hervor, dass die nationalen Gerichte oftmals auf die EMRK zurückgreifen, um das fremde Recht oder die fremde Entscheidung abzuwehren. Dabei spielen vor allem der Grundsatz der Gleichberechtigung in der Ehe (Art. 5 Zusatzprotokoll Nr. 7 EMRK), das Recht auf Achtung des Privat- und des Familienlebens (Art. 8 Abs. 1 EMRK) und die in Art. 6 EMRK verankerten Verfahrensrechte eine Rolle. Die EMRK kommt sowohl zur Abwehr europäischen Rechts als auch zur Abwehr des Rechts von Drittstaaten zur Anwendung.

In manchen europäischen Rechtsordnungen greifen die Gerichte allein auf die nationale Verfassung zurück, wenn es um die Durchsetzung von Menschenrechten mittels der Vorbehaltsklausel geht. Dabei ist jedoch zu beachten, dass diese nationalen Menschenrechte im Lichte der EMRK ausgelegt werden. Dies lässt sich beispielsweise in Spanien beobachten[492]. Dort wird regelmäßig Art. 24 der spanischen Verfassung herangezogen, wenn prozessuale Grundrechte mittels der Vorbehaltsklausel geltend gemacht werden sollen. Bei der Auslegung der spanischen Verfassungsnorm wird oft die EMRK herangezogen. Auch in solchen Fällen beeinflusst die EMRK die Anwendung der Vorbehaltsklausel. Sie kommt hier mittelbar zur Geltung.

Die Aufnahme der EMRK in die nationalen Vorbehaltsklauseln führt zu der Entstehung eines europäischen ordre public. Welche Rolle dem EGMR bei dieser Entwicklung zukommt, muss noch dargestellt werden.

b) EGMR und europäischer ordre public

aa) Begriff des europäischen ordre public

Unter dem Begriff des europäischen ordre public[493] kann aus der Sicht des IPR und des IZVR die Gesamtheit der privatrechtlichen Rechtssätze verstanden werden, die zum unverzichtbaren Teil der europäischen Rechtsordnungen zählen und gegenüber fremdem Recht mittels der Technik der Vorbehaltsklausel durchgesetzt werden. Er beinhaltet den Teilbereich des ordre public der Mitgliedstaaten, der in allen europäischen Rechtsordnungen gleich ist. Der europäische ordre public enthält u.a. die Menschenrechte und Grundfreiheiten der EMRK. Denn diese gelten

---

492 De Miguel Asensio, Rev. der. priv. 1998, 541, 548, 553.

493 Zum Begriff des europäischen ordre public siehe Sudre in Tavernier, S. 39 ff; Sudre analysiert den Begriff aber nicht nur aus der Sicht des IPR und des IZVR, sondern auch aus völkerrechtlicher Perspektive.

in allen europäischen Rechtsordnungen. Auch gehören sie als wesentliche Grundvorstellungen Europas zu den unverzichtbaren Normen der einzelnen Rechtsordnungen.
Der so definierte europäische ordre public ist zunächst ein Idealbild. Denn die Rechtsordnungen der Mitgliedstaaten enthalten auch konventionswidriges Recht. Insofern kann sich ihr nationaler ordre public vom europäischen ordre public unterscheiden. Das erklärt auch warum die ordre public Klausel gegenüber dem Recht von Mitgliedstaaten zur Anwendung kommt. Dennoch hilft der Begriff des europäischen ordre public, den Einfluss des EMRK auf die nationale Vorbehaltsklausel zu verstehen.
Als Hüter der EMRK ist der EGMR berufen. Er legt die Konvention aus. Bei der Bestimmung des europäischen ordre public ist der EGMR deshalb eine maßgebliche Instanz. Er definiert Menschenrechte und Grundfreiheiten der EMRK und damit einen wichtigen Teil der unverzichtbaren Rechtssätze der europäischen Rechtsordnungen. Er bestimmt beispielsweise den Inhalt der Eheschließungsfreiheit. Eine ausländische Norm, die nach der Scheidung dem schuldigen Teil eine neue Ehe nur nach einer längeren Wartefrist gestattet, ist konventionswidrig[494]. Die vom EGMR in dieser Weise konturierte Eheschließungsfreiheit gehört zum europäischen ordre public, zum ordre public aller europäischen Rechtsordnungen.

Es muss aber beachtet werden, dass die EMRK, die zum ordre public der Mitgliedstaaten zählt, nicht nur vom EGMR konkretisiert wird, sondern auch von den nationalen Gerichte. Die nationalen Gerichte, die sich bei der Anwendung der Vorbehaltsklausel auf die EMRK berufen, stützen sich nicht immer auf eine Rechtsprechung des EGMR. Die EMRK als europäische Rechtsnorm wird von den nationalen Gerichten dazu benutzt, ihren eigenen nationalen ordre public zu bestimmen. Unter dem europäischen Gewand wird der nationale ordre public eingesetzt. Wenn ein belgisches Gericht das niederländische Recht wegen Verletzung von Art. 8 EMRK und Art. 14 EMRK unangewendet lässt, weil dadurch die Adoption eines volljährigen Kindes nicht möglich ist, so legt es die EMRK selbst aus[495]. Der EGMR hat bis jetzt aus Art. 8 EMRK kein Recht auf Adoption abgeleitet[496]. Dasselbe gilt für die Entwicklung eines Rechts auf Übersetzung des verfahrenseinleitenden Schriftstückes aus Art. 6 Abs. 1 EMRK durch den österreichischen OGH[497]. Dies ändert aber nichts an der Tatsache, dass der EGMR einen wichtigen Teil des europäischen ordre public definiert und damit einen Teil der einzelnen nationalen ordre public Beständen.

494 EGMR, F. gegen Schweiz, 18.12.1987.
495 *Burgerlijke Rechtbank Te Gent*, 05.03.1992, RW 1992-1993, S. 1099.
496 Frowein/Peukert, EMRK-Kommentar, Art. 8, Rn. 17.
497 OGH, 16.06.1998, IPRax 1999, 260.

bb) Nationale Umsetzung der Vorgaben des EGMR

Der Einfluss des EGMR auf den Inhalt des europäischen ordre public hängt allerdings davon ab, inwieweit die Mitgliedstaaten an die Rechtsprechung des EGMR gebunden sind und inwieweit sie dadurch die Vorgaben des EGMR in die eigene Rechtsordnung integrieren. In Art. 46 EMRK haben sich die Mitgliedstaaten verpflichtet, in allen Rechtssachen, in denen sie Partei sind, die Urteile des EGMR zu befolgen. Nach Art. 41 EMRK fällt aber die Wiedergutmachung der Konventionsverletzung in die Kompetenz des innerstaatlichen Rechts. Wenn die Wiedergutmachung nur unvollkommen möglich ist, kann der EGMR dem Beschwerdeführer eine gerechte Entschädigung erteilen. Anerkannt ist deshalb lediglich die deklaratorische Wirkung der Entscheidung des EGMR[498]. Diese stellt fest, dass der betroffene Mitgliedstaat durch eine gerichtliche Entscheidung, einen Verwaltungsakt, ein Gesetz oder sonst ein ihm zuzurechnendes Verhalten die Konvention verletzt hat. Anerkannt ist ferner, dass der Staat nach Art. 46 EMRK verpflichtet ist, konventionswidrige Gesetze zu ändern[499]. Die Urteile des EGMR haben nach dem aktuellen System der Konvention jedoch keine unmittelbare Wirkung auf Gerichtsurteile, mit denen die Konvention verletzt wurde[500]. Sie wirken nur für die Zukunft. Das inländische Urteil, das Gegenstand der Beschwerde vor dem EGMR war, bleibt rechtskräftig. Eine Pflicht des Mitgliedstaates, ein Wiederaufnahmeverfahren vorzusehen, hat der EGMR bisher nicht entwickelt.

Auf die Urteile des EGMR reagieren die europäischen Rechtsordnungen in der Praxis unterschiedlich. Die belgischen Gerichte haben sich beispielsweise zunächst geweigert die Konsequenzen aus der "Marcks" Entscheidung zu ziehen[501]. Sie haben auf den belgischen Gesetzgeber verwiesen, um die nötige Reform des Kindschaftsrechts in Gang zu bringen. Die Reform ist im Jahre 1987 acht Jahre nach dem "Marcks" Urteil erfolgt. In der Zwischenzeit wurde Belgien wegen derselben Vorschriften des Kindschaftsrechts erneut vom EGMR verurteilt[502]. Der EGMR hat die Argumentation der belgischen Rechtsprechung nicht gelten lassen. Der konventionswidrige Zustand des belgischen Rechts könne in der Rechtsprechung nicht fortgeführt werden, bis der Gesetzgeber sich zum Handeln entschließt[503]. Auch der Fall "Mazurek"[504] zeigt, dass sich Frankreich an die Vorgaben des "Marcks" Urteils nicht gehalten hat. In diesem Fall ging es um eine erbrechtliche Diskriminierung des Ehebruchskindes (Art. 760 *Code civil*). Die

498 Frowein/Peukert, EMRK-Kommentar, Art. 53, Rn. 3.
499 Ress, EuGRZ 1996, 350, 351; Frowein/Peukert, EMRK-Kommentar, Art. 53, Rn. 6.
500 Polakiewicz, S. 17 mit Nachweisen zur Rechtsprechung des EGMR.
501 Pintens, RabelsZ 1999, 697, 703 ff.
502 EGMR, Vermeire, 29.11.1991.
503 EGMR, Vermeire, 29.11.1991, Erw. 25 und 26.
504 EGMR, Mazurek, 01.02.2000.

Cour de cassation hatte ausdrücklich erklärt, dass eine solche erbrechtliche Vorschrift nicht unter dem Anwendungsbereich der Art. 8 EMRK und Art. 14 EMRK falle[505]. Mit der Entscheidung "Marcks" war dies kaum zu vereinbaren. Es bedurfte einer Entscheidung des EGMR, um Frankreich zu der Einhaltung der im "Marcks" Urteil ausgesprochenen Verpflichtungen zu bringen. Dagegen haben sich die niederländischen Gerichte generell von selbst nach dem "Marcks" Urteil gerichtet[506]. Dies gilt auch in besonderem Maße von der luxemburgischen Rechtsprechung[507]. Im Ergebnis werden die Vorgaben des EGMR in den Mitgliedstaaten früher oder später beachtet. Das vom EGMR entwickelte Recht wird also in den europäischen Rechtsordnungen integriert. Dadurch entsteht ein vom EGMR bestimmter europäischer ordre public.

cc) Ermessensspielraum der Mitgliedstaaten und ordre public

Der direkte Einfluss des EGMR bei der Bestimmung des ordre public der Mitgliedstaaten hängt auch vom Ermessensspielraum (*margin of appreciation*) ab, den er den nationalen Rechtsordnungen einräumt. Die Rechtsprechung des EGMR achtet die Souveränität der Mitgliedstaaten. Bei der konkreten Ausgestaltung des Menschenrechtsschutzes sind oft verschiedene Lösungen möglich. Der EGMR diktiert den Mitgliedstaaten kein legislatives Programm, sondern entwickelt die Anforderungen des europäischen Grundrechtsschutzes. Die Mitgliedstaaten entscheiden über die Konkretisierung dieser Anforderungen. Der Ermessensspielraum ist je nach Fallkonstellation unterschiedlich[508]. Er hängt insbesondere von dem jeweiligen Grundrecht ab. Das Verbot der Folter ermöglicht einen geringeren Ermessensspielraum als das Recht auf Achtung des Privat- und Familienlebens.
Der Zusammenhang zwischen Ermessensspielraum und ordre public lässt sich am Beispiel der Rechtsprechung des EGMR zur Transsexualität darstellen. Nach der Rechtsprechung des EGMR müssen die Mitgliedstaaten die Geschlechtsumwandlung rechtlich zumindest insoweit anerkennen, als sie dem Transsexuellen die Änderung des Vornamens und die Änderung des Geschlechts in offiziellen Dokumenten sowie im Personenstandsregister ermöglichen[509]. Dies leitet der EGMR aus Art. 8 EMRK ab. Der EGMR hat sich aber zunächst geweigert zu der

---

505 Cass. civ. 1, 25.06.1996, D. jp. 1998, 453 mit Anm. Brunet.

506 De Groot, RabelsZ 1999, 681, 685.

507 Spielmann, S. 293, 300 f m.w.N. zur Rechtsprechung.

508 Dazu Mahoney, HRLJ 1998, 1 in einem Sonderheft der HRLJ über die *margin of appreciation*.

509 Aber auch hier darf das englische Recht, das im Personenstandsregister eine historische Datenaufnahme sieht und keine Wiedergabe des aktuellen Standes, sein System behalten, EGMR, Sheffield, 30.07.1998.

Frage des Eheschließungsrechts der Transsexuellen abschließend Stellung zu nehmen[510]. Hier hätten die Mitgliedstaaten eine weite Einschätzungsprärogative[511]. Sie bestimmen selbst über Heiratsmöglichkeit und Adoptionsrecht des Transsexuellen. Das Eheschließungsrecht des Transsexuellen gehörte also nicht zum europäischen ordre public. Die Mitgliedstaaten konnten selbst entscheiden, ob sie das Eheschließungsrecht zu ihrem ordre public zählen wollten oder nicht. Sie konnten entscheiden, ob sie dieses Recht des Transsexuellen gegenüber dem nach ihrem Kollisionsrecht anwendbaren fremdem Recht durchsetzen. Ob das ausländische Recht europäischer oder internationaler Herkunft ist, ist dabei unerheblich. Hier zeigte sich die Grenze des Einflusses des EGMR auf den ordre public der Mitgliedstaaten.
Die Rechtsprechung des EGMR hat sich später grundlegend geändert. In zwei neueren Entscheidungen hat der EGMR entschieden, dass das englische Recht Art. 12 EMRK verletze, indem es dem Transsexuellen eine Heirat nicht ermögliche[512]. Der Ermessensspielraum des Mitgliedstaates bleibe zwar bestehen, insoweit als es bestimmen kann unter welchen Voraussetzungen die Geschlechtsumwandlung anzuerkennen sei, unter welchen Voraussetzungen eine erste Heirat ungültig werde oder welche formellen Voraussetzungen für eine neue Heirat bestehen müssen[513]. Das Recht auf Eheschließung selbst fällt aber nicht mehr unter dem Ermessensspielraum des Mitgliedstaates. Das Recht auf Eheschließung des Transsexuellen gehört also nunmehr zum europäischen ordre public.
Während der EGMR in einer ersten Zeit, angesichts der unterschiedlichen Rechtslage der europäischen Rechtsordnungen den Mitgliedstaaten einen Ermessensspielraum gelassen hat, hat er später, als deutlich wurden, dass die meisten europäischen Rechtsordnungen nach und nach dem Transsexuellen die Eheschließung erlaubten, seine Rechtsprechung geändert und den Ermessenspielraum eingeschränkt. Das Beispiel zeigt jedoch, dass der EGMR bei neuen Reformansätzen, die zunächst nur in einzelnen Mitgliedstaaten durchgeführt werden, erst einmal abwartet, ob sich diese Reform auch in den meisten europäischen Staaten durchsetzt. Bei solchen neuartigen Rechtssätzen wird der Ermessensspielraum der Mitgliedstaaten zunächst beibehalten.
Da die nationalen Gerichte die Vorbehaltsklausel auch in den Rechtsgebieten anwenden, in denen sie neue Reformen verabschiedet haben, in denen sie gegenüber anderen Rechtsordnungen eine Vorreiterrolle spielen, ist hier ein wichtiger Be-

---

510 EGMR, Rees, 17.10.1986, Erw. 48 ff; EGMR, Sheffield, 30.07.1998, Erw. 62 ff.
511 EGMR, Sheffield, 30.07.1998, Erw. 67.
512 EGMR, Christine Goodwin gegen Vereinigtes Königreich, 11.07.2002; I. gegen Vereinigtes Königreich, 11.07.2002.
513 EGMR, Christine Goodwin gegen Vereinigtes Königreich, 11.07.2002, Erw. 103.

reich gegeben, in dem der nationale ordre public von der Rechtsprechung des EGMR unbeeinflusst bleibt. Wie das Beispiel des Eheschließungsrechts der Transsexuellen zeigt, weigert sich der EGMR zunächst gerade in solchen Rechtsmaterien eigene Grundsätze zu entwickeln. Der EGMR orientiert sich an der in Europa herrschenden mittleren Auffassung. Dadurch werden Nachzügler sanktioniert. Den Vorreitern macht der EGMR aber keine Vorgaben. Diese können selbst entscheiden, ob sie ihre Reformansätze gegenüber ausländischem Recht mittels der Vorbehaltsklausel durchsetzen oder nicht.
Zusammengefasst wird man sagen können: Wenn ein Rechtssatz des EGMR zum europäischen ordre public gehört, weil der EGMR den Mitgliedstaaten kein Ermessensspielraum einräumt, so haben die Mitgliedstaaten auch in bezug auf die Anwendung der ordre public Klausel kein Ermessen. Dieser Rechtssatz muss im Rahmen der üblichen Anwendungsvoraussetzungen der Vorbehaltsklausel gegenüber fremdem Recht durchgesetzt werden. Wenn der EGMR den Mitgliedstaat dagegen einen Ermessensspielraum eröffnet, bestimmen die Mitgliedstaaten weiterhin über den Inhalt ihres ordre public und der Anwendung ihrer Vorbehaltsklausel.

2) EMRK und Methodik der Vorbehaltsklausel

Im vorigen Abschnitt wurde der Begriff ordre public als Inbegriff von unverzichtbaren Normen einer internen Rechtsordnung bzw. aller europäischen Rechtsordnungen verwendet. Er ist von der Vorbehaltsklausel (oder ordre public Klausel) zu unterscheiden.
Die Vorbehaltsklausel bezeichnet eine juristische Technik oder Methodik, mit der dieser Normenbestand (ordre public) geschützt wird. Diese Technik kann man im Fall der kollisionsrechtlichen Vorbehaltsklausel in ihrer Anwendung etwa folgendermaßen beschreiben: Der Einsatz der Vorbehaltsklausel setzt zunächst voraus, dass das anwendbare ausländische Recht anhand des internen Kollisionsrechts ermittelt wird. Dann wird das fremde Recht betrachtet. Es werden die Normen herausgesucht, die für den Sachverhalt relevant sind. Das fremde Recht wird dann auf den konkreten Fall angewandt. Es muss daraufhin entschieden werden, ob das konkrete Ergebnis der Anwendung des fremden Rechts gegen wesentliche Grundsätze der eigenen Rechtsordnung verstößt (gegen den oben genannten Normenbestand (ordre public)). Zusätzlich muss der Sachverhalt einen hinreichenden Inlandsbezug haben. Wenn bei hinreichendem Inlandsbezug die Anwendung des fremden Rechts auf den konkreten Fall wesentliche Grundsätze der eigenen Rechtsordnung verletzt, wird dieses Recht nicht zur Anwendung gebracht. Rechtsfolge der Einsetzung der Vorbehaltsklausel ist die Anwendung des fremden

modifizierten Rechts oder der Rückgriff auf die *lex fori*[514]. Der Einsatz der Vorbehaltsklausel erfolgt also in einer Reihe von gedanklichen Schritten, die als juristische Technik bezeichnet werden können.
Der Einfluss der EMRK auf die oben dargestellte Methodik soll im Folgenden näher dargestellt. Zunächst wird die Bedeutung der EMRK für den ersten der oben genannten Arbeitsschritte geprüft. In diesem Stadium der Anwendung der Vorbehaltsklausel wird das fremde anwendbare Recht zunächst einmal betrachtet. Die Vorbehaltsklausel kommt dann nicht zur Anwendung, wenn die EMRK schon im fremden Recht zur Geltung kommen kann (b). Die Darstellung setzt fort mit der Analyse des Einflusses der EMRK auf die Theorie der Inlandsbeziehung (c). Hier wird auch die anerkennungsrechtliche Klausel in die Betrachtung miteinbezogen, da die Inlandsbeziehung dort im Rahmen des materiellrechtlichen ordre public eine Rolle spielen kann[515]. Vorgelagert ist die allgemeine Frage, ob die Menschenrechte überhaupt mittels der Vorbehaltsklausel durchzusetzen sind oder nicht vielmehr als Eingriffsnormen zu verstehen sind (a).

a) Eingriffsnorm oder ordre public Klausel

Die Durchsetzung der Menschenrechte und Grundfreiheiten der EMRK kann mittels der Vorbehaltsklausel erfolgen oder mittels der Technik der Eingriffsnorm. Denkbar wäre auch die EMRK als materielles Sonderrecht für alle (nationalen oder internationalen) Sachverhalte mit Bezug zu Menschenrechten zu verstehen. Art. 1 EMRK in Verbindung mit den einzelnen Menschenrechte wäre als Anwendungsnorm zu betrachten, d.h. als Norm, die den Anwendungsbereich des materiellen Sonderrechts definiert[516]. Die EMRK käme zur Anwendung, wenn der Sachverhalt unter den sachlichen Anwendungsbereich der EMRK fallen würde. Die internationalen Elemente des Sachverhaltes würden nicht mehr berücksichtigt werden. Allein die Übereinstimmung des sachlichen Anwendungsbereichs der EMRK und der sachlichen Elemente des Falles würde für die Anwendung der

---

514 Von Rechtsordnung zu Rechtsordnung werden unterschiedliche Lösungsansätze gewählt. Das deutsche Recht versucht zunächst das fremde Recht in modifizierter Form anzuwenden, bevor es auf die *lex fori* zurückgreift, s. Kropholler, Internationales Privatrecht, S. 232 ff. Das französische Recht greift unmittelbar auf die *lex fori* zurück, s. Batiffol/Lagarde, S. 591. Das italienische Recht sucht zunächst eine Ersatzlösung im fremden Recht, versucht dann eine andere Anknüpfung, um schließlich auf die *lex fori* zurückzugreifen (Art. 16 Gesetz vom 31.05.1995, Nr. 218), s. Kindler, RabelsZ 1997, 227, 255.

515 Im Rahmen des verfahrensrechtlichen ordre public spielt die Inlandsbeziehung keine Rolle. Siehe unten S. 92.

516 Zur Anwendungsnorm, siehe Kropholler, Internationales Privatrecht, S. 83.

EMRK ausschlaggebend sein. Die Inlandsbeziehung wäre, anders als bei der Eingriffsnorm[517] oder der Vorbehaltsklausel, von Anfang an unerheblich.
Doch wird man eine solche Lösung für internationale Sachverhalte nur für spezifisch definierte Rechtsbereiche wählen und nur dort, wo eine detaillierte materielle Normierung möglich ist. Beispiel ist das UN-Kaufrecht. Für die unbestimmte Materie der Menschenrechte passt eine solche Methodik nicht. Die Konkretisierung des Menschenrechtsschutzes erfolgt im Zusammenspiel von EGMR und nationalen Organen. Die EMRK überlässt den Mitgliedstaaten einen weiten Ermessensspielraum bei der Eingrenzung und Gestaltung der Menschenrechte. Demgegenüber ist das UN-Kaufrecht eine weitgehend selbständige Regelung in einem stark umgrenzten Bereich. Man wird sich also zwischen Eingriffsnormen und Vorbehaltsklausel entscheiden müssen.

Das französische Berufungsgericht hat in der Sache Osmar B. Art. 8 EMRK als Eingriffsnorm angewandt und eine ordre public Prüfung nur hilfsweise vorgenommen[518]. Somit wird die Diskussion, die das BVerfG in dem Spanier-Beschluss entfacht hatte[519], heute im Rahmen der Anwendung der EMRK neu aufgeworfen[520]: Sollen Grund- und Menschenrechte ihren internationalen Anwendungsbereich von sich aus bestimmen und als Eingriffsnormen behandelt werden oder sollen sie über die ordre public Klausel durchgesetzt werden?
Das BVerfG hat diese Frage für die Durchsetzung der Grundrechte des GG offen gelassen[521]. Der deutsche Gesetzgeber hat sich für den zweiten Weg entschieden, wie Art. 6 EGBGB und Art. 328 Abs. 2 Nr. 4 ZPO bezeugen. Die französische Rechtsprechung ist bezüglich der Durchsetzung der EMRK nicht ganz einheitlich. Teilweise werden die Menschenrechte als Eingriffsnormen behandelt[522]. Teilweise werden sie mittels der Vorbehaltsklausel durchgesetzt[523]. In der völkerrechtlichen Literatur wird mancherorts eine unmittelbare Anwendung der EMRK bevorzugt[524]. Der eigenständige Charakter der EMRK könne verloren gehen, falls die EMRK in die allgemeine Vorbehaltsklausel einginge. Die französische und

---

517 Nach herrschender Auffassung hängt auch die Anwendung einer Eingriffsnorm vom Inlandsbezug des Sachverhaltes ab, Kropholler, Internationales Privatrecht, S. 442; Weitz, S. 12.

518 CA Paris, 14.06.1994, RC 1995, 308 mit Anm. Lequette.

519 BVerfG, 04.05.1971, RabelsZ 1972, 145.

520 Meyzeaud-Garaud, Droit de la famille, Sept. 1998, S.8, 11; Mayer, RC 1991, 651, 662.

521 BVerfG, 04.05.1971, RabelsZ 1972, 145, 162 (unter C VI 2).

522 Cass. civ. 1, 24.02.1998, RC 1998, 637.

523 Cass. civ. 1, 16.03.1999, Bull. civ., no. 92.

524 Sudre in Tavernier, S. 39, 76, ohne dieser Bevorzugung grundsätzlichen Charakter zu geben.

belgische Literatur sprechen sich mehrheitlich für eine Durchsetzung der Menschenrechte mittels der Vorbehaltsklausel aus[525]. Dem muss gefolgt werden.
Die Methode der Eingriffsnorm hat zu viele Nachteile. Die Menschenrechte geben in ihrer unbestimmten und weiten Fassung nicht die nötigen Elemente, um ihren internationalen Anwendungsbereich zu bestimmen[526]. Auch geben die Menschenrechte wegen ihrer abstrakten und kurzen Fassung nicht die nötige Antwort auf den konkreten Fall[527]. Wählt man diese Methode, wird theoretisch der Inhalt des ausländischen Rechts gar nicht betrachtet. Die Eingriffsnorm setzt sich durch, unabhängig davon, welches Recht Anwendung findet. Dadurch ist auch nicht festzustellen, ob das ausländische Recht einen hinreichenden Menschenrechtsschutz kennt oder nicht. Die Koordination der verschiedenen Rechtsordnungen wird gar nicht erst versucht. Die Methode der unmittelbaren Anwendbarkeit gewinnt deshalb auch einen gewissen autoritären imperativen Charakter[528]. Im übrigen geht die Analyse des Ergebnisses der Anwendung des fremden Rechts auf den Sachverhalt in concreto völlig verloren. Nicht zuletzt würde das normale Spiel der bilateralen Kollisionsnorm weitgehend aufgehoben, wenn man bedenkt wie viele private Rechtsverhältnisse im Anwendungsbereich der Menschenrechte stehen. Auch würden zwei parallele Massen von Kollisionsnormen entstehen, eine mit Grundrechtsbezug und eine ohne, deren Abgrenzung möglicherweise Schwierigkeiten bereiten würde. Dadurch würde auch die Rechtsanwendung erschwert. Insgesamt ist die Vorbehaltsklausel ein feineres Instrument zur Regelung der Problematik.
Vereinzelt ist die Vorbehaltsklausel in Art. 1 EMRK selbst hineingelesen worden[529]. Mit dieser Norm sei schon die Abweisung jedes konventionswidrigen ausländischen Rechts zwingend vorgesehen. Diese Auffassung geht jedoch davon aus, dass die nationale Vorbehaltsklausel nur zur Verteidigung inländischer Werte eingesetzt werden könne und überfordert sei, wenn es um die Durchsetzung von internationalen Normen gehe[530]. Dem ist zu widersprechen. Die Vorbehaltsklausel kann zum Schutz aller Werte benutzt werden, an die sich die inländische Rechtsordnung gebunden fühlt. Insbesondere ist anerkannt, dass die nationale Vorbehaltsklausel die öffentliche Ordnung der Gemeinschaft mitumfasst[531]. Das gilt

---

525 Meyzeaud-Garaud, Droit de la famille, Sept. 1998, S.8, 11; Lequette, RC 1995, 311, 316 (Anm. zu CA Paris, 14.06.1994); Mayer, RC 1991, 651, 662 ff; Hammje, RC 1997, 1 ff. Für Belgien, Sarolea, R.T.D.F. 1996, 141, 154.

526 Hammje, RC 1997, 1, 9; Sarolea, R.T.D.F. 1996, 141, 154.

527 Mayer, RC 1991, 651, 663; Hammje, RC 1997, 1, 9.

528 Hammje, RC 1997, 1, 10.

529 Stöcker, StAZ 1981, 16, 21.

530 Stöcker, StAZ 1981, 16, 17.

531 Jayme, Methoden der Konkretisierung, S. 12.

auch für die Menschenrechte der EMRK, die überdies meist in der internen Rechtsordnung integriert ist.

b) Anwendung des fremden Rechts

Wenn das ausländische Recht gegen die EMRK verstößt, so ist nicht sogleich auf die Vorbehaltsklausel zurückzugreifen. Der inländische Richter muss das ausländische Recht so anwenden, wie es im Ausland gilt[532]. Zunächst hat der Richter also festzustellen, ob er das fremde Recht im Einklang mit der EMRK anwenden kann. Die Überprüfung der Rechtmäßigkeit des fremden Rechts anhand der EMRK hat Vorrang vor der Anwendung der Vorbehaltsklausel[533]. Wenn das fremde Recht seinem eigenen Richter erlaubt, sein Recht an der EMRK zu messen und es unangewendet zu lassen, so kann dies auch der inländische Richter tun. In vielen europäischen Rechtsordnungen ist eine Kontrolle des Gesetzes anhand des unmittelbar anwendbaren Völkerrechts, insbesondere der EMRK, bekannt[534]. In den Rechtsordnungen wie Deutschland, in denen der EMRK nur der Rang eines einfachen Gesetzes eingeräumt wird[535], ist das nationale Gesetz zumindest EMRK-konform auszulegen[536]. Hier zeigt sich ein wichtiger Unterschied zur Kontrolle des ausländischen Rechts an der ausländischen Verfassung[537]. Viele Rechtsordnungen erlauben es ihren Richtern nicht, eigene Gesetze auf ihre Verfassungsmäßigkeit zu überprüfen[538]. Andere Rechtsordnung verlagern eine solche Kontrolle auf ein spezifisches Verfassungsgericht, Deutschland auf das Bundesverfassungsgericht, Italien auf die *Corte Costituzionale.* In diesen Fällen kann auch der inländische Richter das ausländische Recht nicht wegen dessen Verfassungswidrigkeit unangewendet lassen. Er kann es im ersten Fall nicht, weil er

---

532 Kropholler, Internationales Privatrecht, S. 193; Mayer, S. 127, Nr. 191; Vander Elst/Weser, Bd. 1, S. 302; Vitta, Corso, S. 129, 130; Matscher, FS Neumayer, S. 459, 478; OGH, IPRE I/25.

533 Kropholler, Internationales Privatrecht, S. 195; Engel, RabelsZ 1989, 3, 48.

534 Cass. civ., „Le Ski“, 27.05.1971, Pasicrisie 1971, I, 886 (Belgien); s. Velu, S. 756 Nr. 36 für die Niederlanden und S. 757 Nr. 37 für Luxemburg; Cass. (ch. mixte), 24.05.1975, Jacques Vabre, D. 1975, 497 (Frankreich).

535 BVerfG, 26.03.1987, BVerfGE 74, 358, 370; dazu Ellger, RabelsZ 1999, 625 ff.

536 BVerfG, 26.03.1987, BVerfGE 74, 358, 370.

537 Kropholler, Internationales Privatrecht, S. 195; gegen eine Überprüfung der Gültigkeit des fremden Rechts, Kahn-Freund, Festschrift Mann, 207 ff (die Kontrolle des ausländischen Rechts anhand der Verfassung und deren Auslegung sei eine politische Aufgabe, die allein dem ausländischen Richter zukommen könne).

538 In den Niederlanden können die Gerichte die Verfassungsmäßigkeit von Gesetzen nicht überprüfen, Art. 120 der niederländischen Verfassung (*Grondwet*), De Groot, RabelsZ 1999, 681, 682; dies gilt ebenso für Frankreich.

keine Befugnisse wahrnehmen darf, die der ausländische Richter nicht besitzt. Im zweiten Fall kann er die Verfassungsgerichtshöfe des ausländischen Staates nicht anrufen. Die Kontrolle des ausländischen Gesetzes am Maßstab der EMRK ist also viel öfter durchführbar als die Kontrolle des ausländischen Gesetzes an der ausländischen Verfassung. Während für den inländischen Richter die ausländische Verfassung oft kein Kontrollmaßstab sein kann, gilt dies für die EMRK nicht. Damit gewinnt die EMRK bei der Rechtsanwendung an Bedeutung. Im Fall der EMRK-Widrigkeit des schweizerischen Ehegüterrechts musste die *Cour de cassation*[539] also zunächst überprüfen, ob ein schweizerischer Richter ein EMRK-widriges Gesetz unangewendet lassen kann[540].
Problematisch ist der Fall, in dem die ausländische Rechtsordnung ihr eigenes Recht trotz EMRK-Widrigkeit nicht ändert. Kann der inländische Richter die EMRK-Widrigkeit der fremden Norm selbst bestimmen? Oder muss er die EMRK im Rahmen der Vorbehaltsklausel zur Geltung bringen? Dieses Problem stellte sich zum Beispiel mit der Beibehaltung von Art. 760 des französischen *Code civil* trotz der entgegengesetzten Rechtsprechung des EGMR. Die *Cour de cassation* hatte ausdrücklich erklärt, dass Art. 8 EMRK und Art. 14 EMRK auf das Erbrecht nicht anwendbar seien[541]. Dies entsprach nicht der Rechtsprechung "Marcks"[542]. Schließlich ist Frankreich durch den EGMR verurteilt worden[543]. Der Richter, dessen Kollisionsrecht auf das französische Recht verwies, musste sich mit der Frage befassen, ob er das französische Recht so anwenden muss wie in Frankreich. Der Grundsatz lautet, dass das fremde Recht so anzuwenden ist, wie es in der fremden Rechtsordnung gilt, d.h. wie es dort ausgelegt wird. Daraus wird abgeleitet, dass der Forumrichter das ausländische Recht nur in der konkreten Auslegung, die es durch die ausländische Rechtsprechung erfährt, anwenden darf[544]. So verstanden hätte dieser Grundsatz im Fall "Mazurek"[545] zur Anwendung einer konventionswidrigen Norm geführt. Der Forumrichter hätte sich an die Rechtsprechung der *Cour de cassation* halten müssen, obwohl diese eindeutig gegen das "Marcks" Urteil des EGMR verstieß. Das gleiche Problem kann sich für die Zeitspanne zwischen dem Urteilsspruch des EGMR und der Umsetzung der Vorgaben des europäischen Gerichts in das nationale Recht durch das gesetzgebende Organ oder durch die Rechtsprechung des verurteilten Staates stellen. So hat die

539 Cass. civ. 1, 24.02.1998, D. 1999, 309.

540 Das schweizerische Recht erlaubt dem Richter nicht, ein EMRK-widriges Gesetz unangewendet zu lassen, s. Haefliger, RUDH 1990, 280.

541 Cass. civ. 1, 25.06.1996, Mazurek, D. jp. 1998, 453 mit Anm. Brunet. Zum Regelungsinhalt von Art. 760 *Code Civil* siehe oben Teil 1 A II 2 a.

542 Marguénaud/Raymond, RTDC 1999, 497 f.

543 EGMR, Mazurek, 01.02.2000.

544 Mayer, S. 128, Nr. 191.

545 Cass. civ. 1, 25.06.1996, D. jp. 1998, 453.

belgische Rechtsprechung sich über mehrere Jahre hinweg geweigert die Vorgaben des "Marcks" Urteils des EGMR zu befolgen[546].
Dem Forumrichter muss die Befugnis zugesprochen werden, das konventionswidrige ausländische Recht unangewendet zu lassen[547]. Dies entspricht möglicherweise nicht der herrschenden Meinung der Rechtsprechung im Ausland. Es entspricht aber der Befugnis des ausländischen Gerichts, das sich gegen die obergerichtliche Rechtsprechung entscheiden kann[548]. In den kontinentaleuropäischen Rechtsordnungen sind die obergerichtlichen Entscheidungen nicht bindend. Der Forumrichter muss also das fremde Recht so anwenden, wie es der ausländische Richter, der sich an die Rechtsprechung der EMRK orientieren würde, potentiell tun könnte. Zwischen der Anwendung des fremden Rechts wie es dort (konventionswidrig) ausgelegt wird und der Inanspruchnahme der Befugnis des fremden Richters, das EMRK-widrige Gesetz unangewendet zu lassen, sollte der Richter die zweite Vorgehensweise wählen. Sie hilft der EMRK zur Durchsetzung, ohne dass die Vorbehaltsklausel zum Einsatz kommen muss. Damit wird dem Forumrichter das Recht gegeben, das ausländische Recht selbst auszulegen[549].

c) Inlandsbeziehung

In der deutschen Dogmatik wird die Vorbehaltsklausel nur dann angewandt, wenn der zu beurteilende internationale Sachverhalt einen Bezug zum Inland hat[550]. Nur dann kann die inländische Werteordnung auch wirklich verletzt werden. Die Anwendung des fremden anstößigen Rechts bzw. die Anerkennung oder Vollstrec??kung der fremden anstößigen Entscheidung stören die inländische Wertordnung nur, wenn der Sachverhalt in die nationale Rechtsordnung in irgend einer Weise eingebettet ist, wenn er sich dort in relevanter Weise auswirkt. Diese Theorie der Inlandsbeziehung will die Vorbehaltsklausel nur dann einsetzen, wenn der Sachverhalt eine gewisse Nähe zu der inländischen Rechtsordnung hat. Die Theorie der Inlandsbeziehung ist Ende des 19 Jahrhunderts in Deutschland

546 Siehe Pintens, RabelsZ 1999, 697, 703 ff.

547 Vorausgesetzt der ausländische Richter kann sein eigenes Recht wegen Konventionswidrigkeit unangewendet lassen.

548 Allerdings ist zu beachten, dass der Forumrichter anders als der ausländische Richter die Berufung oder Revision kaum zu befürchten hat. In manchen Rechtsordnungen ist die Anwendung des fremden Rechts nicht revisibel. Insofern ist die Befugnis, die er wahrnimmt, doch eine andere als die des ausländischen Richters.

549 A.A. Mayer, S. 128, Nr. 191.

550 Völker, S. 231 ff; Kropholler, Internationales Privatrecht, S. 225; Raape/Sturm, § 13 VI 2., S. 215.

entwickelt worden[551]. Sie ist heute in Deutschland allgemein anerkannt. Sie ist in vielen anderen europäischen Rechtsordnungen in Literatur und Rechtsprechung aufgenommen worden[552].
Auch wenn nationale Grundrechte betroffen sind, hängt die Anwendung der Vorbehaltsklausel von der Inlandsbeziehung des konkreten Falles ab[553]. Bei der Durchsetzung der Menschenrechte der EMRK mittels der Vorbehaltsklausel soll demgegenüber die Inlandsbeziehung nicht mehr geprüft werden[554]. Gibt es eine Rechtfertigung für diesen Unterschied? Im folgenden Abschnitt wird dieser Frage nachgegangen.

aa) Eine Vorbehaltsklausel ohne Inlandsbeziehung?

1. Argumente

Es könnte daran gedacht werden, bei der Durchsetzung der EMRK die Vorbehaltsklausel deshalb ohne Rücksicht auf die Inlandsbeziehung einzusetzen, weil die Menschenrechte der EMRK anders als die nationalen Grundrechte zum Völkerrecht gehören.
Dieses Argument kann aber sogleich als irrelevant bezeichnet werden. Der völkerrechtliche Charakter der EMRK kann eine unterschiedliche Behandlung nicht rechtfertigen. Entscheidend ist, welche Stellung die EMRK in der innerstaatlichen Normenhierarchie einnimmt. Denn die EMRK, wie jedes andere Völkerrecht auch, gilt erst, wenn es im innerstaatlichen Recht zur Wirksamkeit gelangt. In den Mitgliedstaaten, wo die EMRK als einfaches Gesetz gilt[555], muss sie deshalb auch so wie nationales Recht behandelt werden. Das nationale Gesetz wird aber nur dann mittels der Vorbehaltsklausel durchgesetzt, wenn eine Inlandsbeziehung

---

551 Batiffol/Lagarde, S. 576 ff, Nr. 359 ff.

552 Für Österreich, Rummel-Schwimann, § 6 IPRG, Rn. 3; für die Schweiz, IPRG-Kommentar, Art. 17, S. 186; für Frankreich Batiffol/Lagarde, S. 576 ff, Nr. 359 ff (auch "ordre public *de proximité*" genannt); für Belgien s. die Nachweise aus der Rechtsprechung bei Watté, RCJB 1989, 66, 77; für Spanien, Comentario del Código Civil, Art. 12.3, S. 143; für die Niederlanden, Strickwerda, S. 77.

553 BVerfG, 04.05.1971, Spanier-Beschluss, RabelsZ 1972, 145, 155 unter C)III)3)Abs.4; BGH, 14.10.1992, IPRax 1993, 102; Kropholler, Internationales Privatrecht, S. 231; Spickhoff, S. 97 ff; a.A. Raape/Sturm, S. 218; IPRG-Kommentar, Art. 17, S. 186; Schemmer, S. 119 ff, 146 f.

554 Kropholler, Internationales Privatrecht, S. 231; Stöcker, StAZ 1981, 16, 21; Sarolea, R.T.D.F. 1996, 141, 162; Niboyet, D.jp 1997, 400, 401 (Anm. zu Cass. civ. 1, 11.03.1997).

555 In Deutschland, s. Polakiewicz/Jacob-Foltzer, HRLJ 1991, 65, 79.

besteht. In den Mitgliedstaaten, wo die EMRK als übergesetzliche Norm[556] oder als Norm im Verfassungsrang[557] gilt, kann sie nicht anders als Verfassungsnormen berücksichtigt werden. Die Grundrechte werden aber im Rahmen der Vorbehaltsklausel nur durchgesetzt, wenn eine Inlandsbeziehung besteht.

Ferner ist zu untersuchen, ob die EMRK eigene Anweisungen zum Erfordernis der Inlandsbeziehung enthält.
Aus dem universalistischen Verständnis der Menschenrechte der EMRK wird teilweise gefolgert, die Prüfung einer Inlandsbeziehung bei der Durchsetzung der EMRK mittels der Vorbehaltsklausel sei nicht geboten. Für eine Anwendung der Menschenrechte der EMRK ohne Berücksichtigung der Staatsangehörigkeit oder des gewöhnlichen Aufenthaltes der betroffenen Person eines Drittstaates wird geltend gemacht, dass die Menschenrechte jedem Menschen als solchem zukommen sollen[558]. Der universalistische Geltungsanspruch der Menschenrechte könne nicht an der Inlandsbeziehung Halt machen.
Aus der EMRK selbst lässt sich ein Hinweis für die Behandlung der Inlandsbeziehung nur für Art. 12 EMRK entnehmen. Art. 12 EMRK verweist auf die einschlägigen nationalen Gesetze, wenn es um die Gewährleistung der Eheschließungsfreiheit geht. Damit räumt die EMRK den Mitgliedstaaten einen weiten Ermessensspielraum ein. Es kommt das nationale Kollisionsrecht zur Anwendung. Das nationale Recht entscheidet dann selbst, ob es gegenüber dem fremden anwendbaren Recht die Vorbehaltsklausel anwendet. Es bestimmt selbst, ob für den Einsatz der Vorbehaltsklausel ein hinreichender Inlandsbezug besteht. Art. 6 EMRK, Art. 8 EMRK oder Art. 5 Zusatzprotokoll Nr. 7 EMRK, die für zivilrechtliche Verfahren von großer Bedeutung sind, enthalten keine vergleichbare Verweisung auf das nationale Recht.
Wichtigste Norm der EMRK im Hinblick auf die Frage der Inlandsbeziehung ist Art. 1 EMRK. Nach Art. 1 EMRK werden die Menschenrechte allen Personen gewährleistet, die der Jurisdiktion des Mitgliedstaates unterstehen. Im Verständnis der Kommentatoren der EMRK ist diese anzuwenden, wenn eine Person unter die Herrschaftsgewalt eines Mitgliedstaates fällt[559]. Die betroffene Person braucht weder Staatsangehörige des Mitgliedstaates zu sein noch einen gewöhnlichen Aufenthalt im Mitgliedstaat zu haben, um in den Genuss der Menschenrechte der

---

556 In Belgien, *Cour de cassation*, 27.05.1971, Le Ski, JT 1971, 460; in Frankreich, Cass. civ. 1, 24.05.1975, Jacques Vabre und CE, 20.10.1989, Nicolo.

557 In Österreich, s. Polakiewicz/Jacob-Foltzer, HRLJ 1991, 65, 67; in den Niederlanden geht die EMRK sogar der Verfassung vor, s. Polakiewicz/Jacob-Foltzer, HRLJ 1991, 125, 128.

558 Stöcker, StAZ 1981, 16, 22.

559 Frowein/Peukert, EMRK-Kommentar, Art. 1, Rn. 2; Petiti-Carrillo-Salcedo, Art. 1, S. 135.

EMRK zu kommen[560]. Überhaupt wird auf eine feste Rechtsbeziehung der Person zu dem Mitgliedstaat verzichtet[561]. Die Kategorie der erfassten Personen ist also nach diesem Verständnis denkbar weit. Aus der Sicht des internationalen Privatrechts wird Art. 1 EMRK dagegen so interpretiert, dass nur die in einem Mitgliedstaat wohnhaften oder sich dort aufhaltende Personen unter die Jurisdiktion dieses Staates fallen[562]. Wenn man der Auffassung der völkerrechtlichen Literatur auch im IPR und im IZPR folgt, so käme die EMRK immer dann zur Anwendung, wenn die internationale Zuständigkeit eines Mitgliedstaates gegeben wäre[563]. Denn dann fällt eine Person bereits unter die Herrschaftsgewalt eines Mitgliedstaates. Die Begrenzung einer allzuweiten Anwendung der Menschenrechte der EMRK müsste durch eine Einschränkung der internationalen Zuständigkeit erfolgen[564].

2. Rechtsprechung der nationalen Gerichte

Bei der Betrachtung der Rechtsprechung der nationalen Gerichte wird zunächst deutlich, dass die europäische Staatsangehörigkeit keine Bedingung für die Anwendung der Menschenrechte mittels der Vorbehaltsklausel ist. Die französischen Gerichte haben marokkanischen Frauen, die sich auf Art. 5 Zusatzprotokoll Nr. 7 EMRK beriefen, vor den Nachteilen einer in einem ausländischen Hoheitsakt ausgesprochenen Verstoßung geschützt[565]. Die belgische Rechtsprechung hat marokkanischen nichtehelichen Kindern und deren marokkanischen Vater unter Berufung auf Art. 8 EMRK und Art. 14 EMRK das Recht auf Feststellung der Vaterschaft zugestanden[566]. Die französische Rechtsprechung hat einem argentinischen Transsexuellen den Schutz von Art. 8 Abs. 1 EMRK gewährt[567].

Das Kriterium des Wohnsitzes und des Aufenthalts spielen demgegenüber in der Rechtsprechung der nationalen Gerichte eine gewisse Rolle. In der Sache Osmar Oswaldo B. hat das französische Gericht entschieden, dass der Schutz der Menschenrechte sowohl den eigenen Staatsangehörigen zukommt als auch den Angehörigen eines Drittstaates, wenn sie im nationalen Staatsgebiet domiziliert sind[568]. Es betont an weiterer Stelle, dass dem Betroffenen der Flüchtlingsstatus zwar

560 Petiti-Carrillo-Salcedo, Art. 1, S. 135.
561 Petiti-Carrillo-Salcedo, Art. 1, S. 135.
562 Dubbink, S. 55.
563 So Stöcker, StAZ 1981, 16, 21; Sarolea, R.T.D.F. 1996, 141, 160.
564 So Stöcker, StAZ 1981, 16, 22.
565 Cass. civ. 1, 01.06.1994, RC 1995, 103; Cass. civ. 1, 11.03.1997, D. jp. 1997, 400.
566 Civ. Bruxelles (12e ch.), 29.06.1994, R.T.D.F. 1996, 231.
567 CA Paris, 14.06.1994, RC 1994, 309.
568 CA Paris, 14.06.1994, RC 1994, 309.

nicht zuerkannt wurde, er sich aber rechtmäßig in Frankreich aufhält. Damit hat das Gericht die Anwendung der EMRK an verschiedene Kriterien geknüpft und in der Sache eine Inlandsbeziehung geprüft. Das Gericht hat gleichzeitig eine Konkretisierung von Art. 1 EMRK vorgenommen. Diese Norm wird auch ausdrücklich zitiert. In dem oben genannten belgischen Fall fällt auf, dass alle vier nichteheliche Kinder in Belgien geboren sind. Die Ehefrau des marokkanischen Mannes war Belgierin, wie auch die Mutter der Kinder. Der Sachverhalt hatte also starken Bezug zu Belgien. In den französischen Entscheidungen zur Anerkennung der Verstoßungen wird teilweise der französische Wohnsitz beider marokkanischen Eheleute hervorgehoben[569].

3. Stellungnahme

Die Anwendung der Vorbehaltsklausel ohne Rücksicht auf die Inlandsbeziehung des Sachverhaltes aufgrund des universalistischen Verständnisses des Menschenrechtsschutzes der EMRK überzeugt nicht. Die europäische Auffassung der Menschenrechte wird nicht überall auf der Welt geteilt. Das europäische Verständnis der Menschenrechte ist ein europäischer Diskurs, der neben anderen Diskursen steht. Aus dessen Sicht ist die EMRK zwar für alle Menschen unterschiedslos bestimmt. Bei der Anwendung der EMRK kann die Vielzahl der Diskurse jedoch nicht einfach übersehen werden. Eine gewisse Relativität der Wertvorstellungen des europäischen Rechtskreises muss akzeptiert werden[570].

Auch aus Art. 1 EMRK kann eine unterschiedslose Anwendung der EMRK auf alle internationalen Sachverhalte nicht abgeleitet werden. Es kann nicht das Ziel der EMRK sein, die ausdifferenzierten nationalen Regelungen zum räumlichen Anwendungsbereich des Rechts durch den unbestimmten Wortlaut des Art. 1 EMRK zu ersetzen. Das nationale IPR zeigt, dass rein nationale Sachverhalte anders geregelt werden müssen als Sachverhalte mit internationalen Elementen. Keine Rechtsordnung maßt sich an, alle Sachverhalte, die vor ihren Gerichten verhandelt werden, dem eigenen Recht zu unterwerfen. Gleiches muss auf europäischer Ebene gelten. Sachverhalte mit rein europäischen Bezügen sind anders zu behandeln als Sachverhalte mit außereuropäischen Bezügen. Das gilt auch für die Geltung des europäischen Menschenrechtsschutzes. Auch innerhalb der EMRK ist Raum für ein internationales Privatrecht, das die außereuropäischen Beziehungen in die rechtliche Würdigung einbezieht. Dies ist sogar eine Anforderung des allgemeinen Gleichheitssatzes, nach dem auf Sachverhalte mit Aus-

---

569 Cass. civ. 1, 01.06.1994, RC 1995, 105. Cass. civ. 1, 11.03.1997, D. jp. 1997, 400, macht dazu keine Angaben.

570 Dazu de Miguel Asensio, Rev. der. priv. 1998, 541 ff.

landsbezug dann nicht das für inländische Sachverhalte anwendbare Recht gilt, wenn die Beziehungen zum Ausland einen wesentlichen Unterschied ausmachen[571].
Der einseitige Anwendungsanspruch in Art. 1 EMRK steht auch teilweise im Gegensatz zu den Zielsetzungen des internationalen Privatrechts. Nach dem modernen Verständnis hat das internationale Privatrecht zwar nicht zum Ziel, die Fälle mit Auslandsbeziehung zwischen den Staaten aufzuteilen. Es geht dem IPR in der Hauptsache um die Regelung von Privatrechtsverhältnissen, um den Schutz von Privatinteressen. Trotzdem kann das Verhältnis zwischen den Staaten nicht völlig unberücksichtigt bleiben[572]. Dem internationalen Privatrecht geht es auch um eine Selbstbeschränkung der Anwendung des inländischen Rechts gegenüber den ausländischen Rechtsordnungen[573]. Die Achtung vor fremden Rechtsordnungen und Rechtsanschauungen ist ein legitimer Maßstab bei der Anwendung des internationalen Privatrechts[574]. Besonders im englischen Recht hat der Gedanke der "*international comity*" einen bedeutsamen Einfluss bei der Anwendung der ordre public Klausel[575]. Auch im deutschen Recht ist eine solche Auffassung zu finden. Die deutschen Gerichte fordern bei der Handhabung der Vorbehaltsklausel, dass es zu keiner "unnötigen Aufoktroyierung" des deutschen Rechts gegenüber anwendbaren ausländischen Rechtsregelungen kommt[576]. Die Gleichstellung anderer Staaten und die Eigenständigkeit ihrer Rechtsordnungen sind explizite Maßstäbe des BGH bei der Anwendung der Vorbehaltsklausel[577]. Das Bundesverfassungsgericht hat in der Spanier-Entscheidung bei der Frage, inwieweit eine Verfassungsnorm des GG gegenüber dem anwendbaren ausländischen Recht durchzusetzen ist, die völkerrechtsfreundliche Tendenz des Grundgesetzes, den Respekt vor der eigenständigen Rechtsordnung anderer Staaten und die Prinzipien des Pluralismus und der Toleranz als Auslegungsmaßstäbe herangezogen[578]. Der EGMR hat sich in der Entscheidung Drozd und Janousek im Interesse der internationalen justitiellen Kooperation für eine eingeschränkte Überprüfbarkeit des ausländischen Verfahrens ausgesprochen[579]. Der EGMR setzt sich also ebenfalls für eine Berücksichtigung des zwischenstaatlichen Verkehrs ein. Auch auf der Rechtsfolgenseite der ordre public Klausel zeigt sich eine zurückhaltenden

571 Ehricke, EuGRZ 1993, 113, 114.
572 So auch Dubbink, S. 55.
573 Kropholler, Internationales Privatrecht, S. 230.
574 Mayer, RC 1991, 651, 660.
575 Enonchong, ICLQ 1996 (Vol. 45), 633.
576 OLG Stuttgart, 10.03.1986, IPRspr. 1986 Nr. 77.
577 BGHZ 60, 69, 79.
578 BVerfG, 04.05.1971, RabelsZ 1972, S. 145, 157 unter C)III)3)Abs.7 a.E. und S. 156 unter C)III)3)Abs.5.
579 EGMR, Drozd und Janousek, 26.06.1992, Erw. 110.

Tendenz gegenüber fremden Rechtsordnungen. Statt sogleich auf das eigene Recht zurückzugreifen, wird oft versucht, das fremde Recht in geänderter Form zur Geltung zu bringen[580].

Allerdings endet der Anwendungsbereich der EMRK nicht schon dann, wenn ein internationaler Sachverhalt mit Bezügen zu außereuropäischen Staaten vorliegt. Der europäische Richter kann sich nicht allein auf den außereuropäischen Bezug des Sachverhalts berufen, um die Anwendbarkeit der Konvention zu verneinen. Er kann sich ebensowenig darauf berufen, dass der außereuropäische Drittstaat, dessen Recht oder dessen Entscheidung die Konvention verletzt, nicht Mitglied der EMRK ist[581]. Dies spielt hier keine Rolle. Indem der europäische Richter das ausländische außereuropäische Recht anwendet, das gegen die Konvention verstößt, verletzt er bei hinreichendem Inlandsbezug auch selbst die Konvention. Dasselbe gilt für die Anerkennung einer ausländischen außereuropäischen Entscheidung, deren Inhalt oder deren Verfahren die Konvention verletzen. Indem der Anerkennungsrichter die fremde Entscheidung anerkennt, perpetuiert er im Exequaturstaat die im Urteilsstaat begangene Verletzung eines Menschenrechtes der EMRK. Die Verletzungen, die im Drittstaat ihren Ursprung haben, wirken sich im Inland aus[582]. Dabei muss die verletzte Norm der EMRK zum europäischen ordre public gehören. Die Anwendung des fremden konventionswidrigen Rechts oder die Anerkennung der fremden konventionswidrigen Entscheidung bedeutet nicht in jedem Fall eine Verletzung der Konvention durch den Forumrichter. Auch im Rahmen der EMRK ist eine tolerante Haltung gegenüber ausländischen Rechtsordnungen einzunehmen. Die Abwägung zwischen dem Respekt vor der fremden Rechtsordnung und der Durchsetzung der eigenen Grundsätze muss auch im Zusammenhang mit der EMRK vorgenommen werden. Die Verletzung der EMRK muss demgemäß auch wesentlich sein.

Auch wenn Menschenrechte der EMRK betroffen sind, wird man also in einem Fall, der wenig Berührung zum europäischen Rechtsraum hat, die Vorbehaltsklausel nicht einsetzen. Als Beispiel kann folgender Fall dienen[583]: Der marokkanische Vater eines unehelichen marokkanischen Kindes wird in Belgien von einem Belgier verletzt. Das Kind, das in Marokko lebt, macht in Belgien deliktsrechtliche Schadensersatzansprüche geltend. Das marokkanische Recht kennt die

---

580 Exemplarisch BGH, 14.10.1992, IPRax 1993, 102; Raape/Sturm, S. 219 unten: "Grundregel, das fremde Recht soweit als möglich zu schonen"; s. auch Kegel/Schurig, IPR, S. 473.

581 De Miguel Asensio, Rev. der. priv. 1998, 541, 556; Ehricke, EuGRZ 1993, 113, 117. A.A. aber Cass. civ. 1, 10.07.1990, RC 1991, 757.

582 Dies ist von Mayer, RC 1991, 651 ff hervorgehoben worden.

583 Das Beispiel stammt von Sarolea, R.T.D.F. 1996, 141, 159.

Anerkennung eines unehelichen Kindes durch den Vater nicht[584]. Hier wird man für die Vorfrage der Abstammung trotz Art. 8 EMRK i.V. mit Art. 14 EMRK marokkanisches Recht zur Anwendung bringen. Die Vorbehaltsklausel kann wegen mangelnder Inlandsbeziehung nicht eingesetzt werden. Der Bezug zum europäischen Rechtsraum ist zu gering, um die Anwendung der Menschenrechte der EMRK zu rechtfertigen[585].

Dabei ist zu beachten, dass nicht nur Sachverhalte mit außereuropäischen Bezügen betroffen sind. Auch wenn das Recht eines Mitgliedstaates angewandt werden soll, das konventionswidrig ist, muss eine Inlandsbeziehung geprüft werden. Der grundsätzliche Respekt, der einer ausländischen Rechtsordnung entgegengebracht wird, muss gleichermaßen für alle ausländischen Staaten gelten. Die Abwägung zwischen der Durchsetzung der Menschenrechte und dem Grundsatz der Achtung der ausländischen Rechtsordnung muss gegenüber allen Staaten vorgenommen werden. Auch wenn die EMRK in der fremden Rechtsordnung geltendes Recht ist, muss der Anerkennungsrichter die Wesentlichkeit der durchzusetzenden Vorschrift und die Inlandsbeziehung prüfen. Nur wenn er die oben genannte Abwägung allein zu Gunsten der fremden Souveränität vornimmt, verletzt er selbst die EMRK, indem er der fremden konventionswidrigen Entscheidung oder dem fremden Recht zur Wirksamkeit in seiner eigenen Rechtsordnung verhilft. Dann perpetuiert er die im Ursprungsstaat erfolgte Verletzung in der eigenen Rechtsordnung.

Im Ergebnis muss also auch bei der Durchsetzung der EMRK die Inlandsbeziehung des Falles überprüft werden[586]. Die Inlandsbeziehung garantiert, dass die eigenen Wertvorstellungen anderen Rechtsordnungen nicht unnötig aufgedrängt werden, sondern nur dann zur Geltung kommen, wenn der Sachverhalt sich in relevanter Weise in der eigenen Rechtsordnung auswirkt.
Dabei gilt auch hier der Grundsatz: je stärker die Inlandsbeziehung des Falles ist, desto geringer braucht die Verletzung der inländischen Rechtsordnung zu sein[587]. Andererseits sind bei intensiver Verletzung eines wesentlichen inländischen Rechtssatzes geringere Anforderungen an die Inlandsbeziehung zu stellen[588]. Die

---

584 Nach Art. 83 des marokkanischen *Code du statut personnel et des successions* besteht zwischen dem Vater und dem nichtehelichen Kind kein Verwandtschaftsverhältnis, abgedruckt bei Ferid/Bergmann, Internationales Ehe- und Kindschaftsrecht, Marokko, 129. Lieferung, S. 33.

585 Anders Sarolea, R.T.D.F. 1996, 141, 159, die hier die Vorbehaltsklausel wegen Art. 8 i.V. mit Art. 14 EMRK anwenden will.

586 Ebenso Hammje, RC 1997, 1, 16; Mayer, S. 135, Nr. 203.

587 Weitz, S. 15 m.w.N.

588 Ehricke, EuGRZ 1993, 113, 117.

erforderliche Inlandsbeziehung kann auch vom Rang des verletzten Rechtsgutes abhängen. Die Tendenz geht heute dahin, auch innerhalb der EMRK eine Abstufung zwischen den einzelnen Menschenrechten zu machen, so dass im Rahmen der Prüfung der Anwendung der Vorbehaltsklausel der Rang der betroffenen EMRK-Norm eine Rolle spielen kann[589].

Im Rahmen des verfahrensrechtlichen ordre public ist eine Inlandsbeziehung nicht zu prüfen. Ausländische Verfahrensverstöße, die inländische Grundvorstellungen eines geordneten Verfahrens verletzen, werden mit der Vorbehaltsklausel sanktioniert, ohne dass es auf eine Inlandsbeziehung ankommt. Die Rechte desjenigen, der sich auf eine ausländische Entscheidung beruft, sind nicht schutzwürdig, wenn diese auf einem grob fehlerhaften Verfahren beruht[590]. Aber auch hier ist eine Achtung der fremden Rechtsordnung angesagt. Sie endet nur, wenn ein grober Verstoß gegen verfahrensrechtliche Grundsätze vorliegt. So hat der EGMR entschieden, dass die zwischenstaatliche Kooperation zwischen einem Drittstaat und einem Mitgliedstaat dann enden muss, wenn das ausländische Verfahren in besonders gravierender Weise Art. 6 Abs. 1 EMRK verletzt hat[591].

bb) Konkretisierung der Inlandsbeziehung

In diesem Abschnitt werden zwei Frage behandelt. Aus welcher Rechtsquelle sollen die Kriterien der Inlandsbeziehung entwickelt werden? Können unter der Geltung der EMRK alle bisherigen Kriterien der Inlandsbeziehung berücksichtigt werden? Die letzte Frage beschäftigt sich mit der Bedeutung des Kriteriums der Staatsangehörigkeit im Rahmen der Inlandsbeziehung.

1. Bestimmung aus der EMRK

Nach einer Auffassung sollen die Menschenrechte zwar mittels der Vorbehaltsklausel durchgesetzt werden. Die Bestimmung der Inlandsbeziehung soll jedoch aus den Menschenrechten selbst abgeleitet werden[592].
Einer solchen Bestimmung der Inlandsbeziehung kann ein Mangel an Konkretisierung vorgeworfen werden. Die einzelnen Menschenrechte geben keine Aus-

---

589 Sudre in Tavernier (Hrsg.), S. 72 f und S. 57.
590 Mayer, S. 251, Nr. 384; Muir Watt, Justices 1996, 329, 337.
591 EGMR, Drozd und Janousek, 26.06.1992, Erw.110. Der Fall betraf ein strafrechtliches Verfahren.
592 Hammje, RC 1997, 1, 15.

kunft darüber, welche Bezugspunkte der Sachverhalt zu Europa haben muss, um unter den Konventionsschutz zu gelangen. Dieselbe Problematik ergibt sich, wenn die Menschenrechte als Eingriffsnormen verstanden werden. Auch dort gelingt es nicht, ihren internationalen Anwendungsbereich zu definieren.
Es ist weiterhin die nationale Dogmatik, die zur Inlandsbeziehung entwickelt wurde, heranzuziehen. Allerdings gebietet die EMRK, die traditionelle Bedeutung einzelner Kriterien der Inlandsbeziehung zu überdenken.

2. Das Kriterium der Staatsangehörigkeit

Die EMRK ändert nichts an der grundsätzlichen Fortgeltung der Theorie der Inlandsbeziehung. Eine andere Frage ist, ob aufgrund der EMRK bestimmte Kriterien bei der Inlandsbeziehung nicht mehr berücksichtigt werden dürfen. Diese Frage stellt sich für das Kriterium der Staatsangehörigkeit.
Die Bedeutung der Staatsangehörigkeit bei der Durchsetzung der EMRK in internationalprivatrechtlichen Fällen ist bisher nicht eindeutig beantwortet worden. Auf der einen Seite wird den Mitgliedstaaten bei der Durchsetzung der EMRK ein Beurteilungsspielraum eingeräumt, in dem sie im Rahmen der Inlandsbeziehung des Falles auf das Kriterium der Staatsangehörigkeit zurückgreifen können[593]. Auf der anderen Seite verbietet Art. 14 EMRK jede Diskriminierung auf Grund der nationalen Herkunft[594]. Die EMRK selbst sieht eine unterschiedliche Behandlung auf Grund der Staatsangehörigkeit ausdrücklich nur bei Art. 16 EMRK vor[595]. Nach dieser Norm kann die politische Tätigkeit von Ausländern beschränkt werden. Diese Vorschrift hat allein Auswirkungen auf das öffentliche Recht.
Da wo die EMRK aber eine Ungleichbehandlung auf Grund der Staatsangehörigkeit nicht ausdrücklich erlaubt, wird man die Staatsangehörigkeit als Kriterium der Inlandsbeziehung bei der Durchsetzung der EMRK nicht mehr heranziehen dürfen. Dies ist ein Gebot der EMRK, das sich aus Art. 14 EMRK ergibt.
Als unselbständiger Gleichheitssatz gilt Art. 14 EMRK nur im Schutzbereich der europäischen Menschenrechte. Die Mitgliedstaaten können also andere Rechte, insbesondere das Recht auf Scheidung[596], den eigenen Staatsangehörigen vorbehalten. Im Anwendungsbereich eines Konventionsrechts müssen die Mitgliedstaaten alle Staatsangehörigen gleich behandeln. Eine Ungleichbehandlung muss gerechtfertigt sein. Die Frage, ob eine Ungleichbehandlung deshalb gerechtfertigt

---

593 Mayer, RC 1991, 651, 665.

594 Die Staatsangehörigkeit gehört zum sonstigen Status i.S.d. Art. 14 EMRK, Moser, ÖJZ 1974, 650, 651.

595 Moser, ÖJZ 1974, 650, 652.

596 EGMR, Johnston, 18.12.1986 hat sich geweigert ein Recht auf Scheidung aus der EMRK abzuleiten.

ist, weil die Betroffenen unterschiedlicher Staatsangehörigkeit sind, wirft die grundsätzliche Frage der Berechtigung des Staatsangehörigkeitsprinzips als Anknüpfungspunkt im internationalen Privatrecht auf[597].
Der Grad der Verbundenheit der einzelnen in Europa lebenden Ausländer zu ihrem Heimatstaat oder zu dem Staat ihres Aufenthaltes ist schwierig einzuschätzen[598]. Die Staatsangehörigkeit sagt für sich alleine jedoch für die entscheidende Frage, ob der internationale Sachverhalt eine enge Berührung zu Europa hat, nichts aus[599]. Zwischen einem Inländer und einem Ausländer, die sich beide im Inland schon länger aufhalten und hier ihren Lebensmittelpunkt haben darf im Hinblick auf den europäischen Menschenrechtsschutz keine Unterscheidung gemacht werden. Der europäische Rechtsraum soll den Menschen zu Gute kommen, die in Europa leben. Wer sich durch seine Lebensart auf europäische Verhältnisse eingerichtet hat, soll auf den europäischen Rechtsschutz vertrauen dürfen. Eine Rechtfertigung der ungleichen Behandlung von Personen auf Grund ihrer unterschiedlichen Staatsangehörigkeit kommt nicht in Betracht. Das Kriterium des Aufenthaltes in einem europäischen Mitgliedstaat ist für die Frage ob ein internationaler Sachverhalt in einer europäischen Rechtsordnung in relevanter Weise eingebettet ist, viel wichtiger. Die marokkanischen Frauen, die in Frankreich leben, sind in einem europäischen Umfeld eingegliedert. Mögen sie auch in einer starken marokkanischen Gemeinschaft leben, immer wieder werden sie sich mit europäischem Gedankengut auseinandersetzen müssen. Dazu gehören die Menschenrechte. Deshalb ist es hier gerechtfertigt, Art. 5 Zusatzprotokoll Nr. 7 EMRK zu ihren Gunsten mittels der Vorbehaltsklausel durchzusetzen. Die Menschenrechte dürfen nicht allein den europäischen Staatsbürgern zu Gute kommen.
Wenn sich die französischen Gerichte entscheiden würden, Art. 5 Zusatzprotokoll Nr. 7 EMRK auch im Fall der Polygamie anzuwenden, müssten sie die Bestimmung der Inlandsbeziehung ändern. Die französische Rechtsprechung hat bisher nur gegenüber der ersten französischen Frau die ordre public Klausel angewandt und der zweiten Ehe Wirkungen gegenüber der ersten Frau versagt[600]. Die belgische Rechtsprechung hat die erste Ehefrau, nur soweit ihr Personalstatut die monogame Ehe kennt, mittels der Vorbehaltsklausel vor den Wirkungen einer

597 Kropholler, Internationales Privatrecht, S. 247 ff steht dem Staatsangehörigkeitsprinzip kritisch gegenüber; a.A. Kegel/Schurig, S. 386 ff, die das Heimatrechtsprinzip bevorzugen.

598 Siehe dazu Basedow, FS Hans Stoll, 405, 414.

599 Carlier, R.T.D.F. 1996, 131, 139; a.A. Dubbink, S.55. In einem ausgedachten Beispiel spricht er der in den Niederlanden wohnhaften Pakistanerin das Recht ab, sich gegenüber ihrem in Pakistan aufhaltenden pakistanischen Ehemann auf den Grundsatz der Gleichberechtigung zu berufen.

600 Cass. civ. 1, Baaziz, 06.07.1988, RC 1989, 71.

zweiten Ehe ihres Ehemannes geschützt[601]. Die französische Rechtsprechung dürfte aber Art. 5 Zusatzprotokoll Nr. 7 EMRK nicht nur für die französische Frau anwenden. Auf der Grundlage dieses Artikels und des Diskriminierungsverbots des Artikels 14 EMRK müsste auch jede ausländische erste Ehefrau in den Mitgliedstaaten gegen die polygame Ehe vorgehen können, solange ihr Leben in Europa verwurzelt ist. Das würde generell für Frauen gelten, deren Personalstatut zwar die Polygamie kennt, die sich aber in einem Mitgliedstaat der EMRK aufhalten und sich dort auf die EMRK berufen.

Im Ergebnis kann das Kriterium der Staatsangehörigkeit im Anwendungsbereich der EMRK bei der Bestimmung der Inlandsbeziehung des Sachverhaltes keine Rolle mehr spielen. Das Kriterium des Wohnsitzes oder des gewöhnlichen Aufenthaltes sind dagegen wichtige Kriterien für die Anwendung der EMRK auf Sachverhalte mit außereuropäischen Bezügen[602].

3) EMRK und Anwendungsbereich der Vorbehaltsklausel

Die EMRK hat neben ihrem Einfluss auf den Inhalt und die Methodik der Vorbehaltsklausel auch eine Wirkung auf den Anwendungsbereich der Vorbehaltsklausel. Durch die Harmonisierung der nationalen Rechtsordnungen auf Grund der Rechtsprechung des EGMR reduzieren sich die Anwendungsfälle für die ordre public Klausel (a). Aber auch die Einrichtung einer Individualbeschwerde vor dem EGMR hat Folgen für den Stellenwert der Vorbehaltsklausel (b).

a) Harmonisierung der nationalen Rechtsordnungen

Wenn die nationalen Rechtsordnungen harmonisiert werden, verringert sich auch der Anwendungsbereich der Vorbehaltsklausel. Wenn der EGMR beispielsweise entscheidet, dass Art. 150 ZGB, wonach in bestimmten Scheidungsfällen eine Wiederheirat während einer gewissen Frist verboten ist, konventionswidrig ist und der Mitgliedstaat die Vorschrift daraufhin abschafft, dann brauchen die anderen Mitgliedstaaten nicht mehr auf ihre Vorbehaltsklausel zurückzugreifen, um solches Recht abzuwehren[603].

---

601 Civ. Bruxelles (12e ch.), 20.11.1990, JT 1991. 283.
602 Ähnlich Courbe, S. 249, 264.
603 Siehe Teil 1 A III 1 a aa 2.

Im Familienrecht ist der Einfluss der Rechtsprechung des EGMR auf das nationale Recht der Mitgliedstaaten bedeutsam[604]. Damit kommt es in vielen Bereichen zu einer Harmonisierung der nationalen Rechtsordnungen. Im Familienrecht stehen dem EGMR die Normen in Art. 8 EMRK, Art. 12 EMRK, Art. 14 EMRK und Art. 5 Zusatzprotokoll Nr. 7 EMRK zur Verfügung. Diese Normen decken den Bereich des Familienrechts nur partiell ab. In den Bereichen, die nicht unter dem Anwendungsbereich der EMRK fallen, werden die Mitgliedstaaten weiterhin ihre Vorbehaltsklausel einsetzen können.
Auch im Zivilverfahrensrecht hat die Rechtsprechung einen deutlichen Einfluss auf das nationale Recht der Mitgliedstaaten[605]. In diesem Bereich kann der EGMR auf Art. 6 Abs. 1 EMRK zurückgreifen. Diese Norm hat generalklauselartigen Charakter, sodass der Entwicklung der Rechtsprechung des EGMR keine Grenzen gesetzt sind. Die Rechtsetzungsaktivität des EGMR ist lediglich durch den Ermessensspielraum begrenzt, den er den Mitgliedstaaten einräumt.

b) Rechtsschutz vor dem EGMR und prozessualer ordre public

Der Anwendungsbereich der anerkennungsrechtlichen Vorbehaltsklausel wird auch durch die Möglichkeit, vor dem EGMR Rechtsschutz zu suchen, tangiert[606]. Hat der Kläger nach Erschöpfung des Rechtsweges im Urteilsstaat eine Entscheidung erstritten, die in einem anderen Staat vollstreckt werden soll, so kann sich der Beklagte, der das Verfahren vor dem Urteilsrichter als konventionswidrig ansieht, entweder im Urteilsstaat nach Erschöpfung des Rechtsweges an den EGMR wenden oder im Anerkennungsstaat die EMRK im Rahmen der ordre public Klausel geltend machen. Der Beklagte kann auch beide Strategien gleichzeitig verfolgen[607].
In der folgenden Darstellung werden in einem ersten Abschnitt die prozessualen Rechtsschutzmöglichkeiten des Beklagten eines europäischen Prozesses näher untersucht. Dabei stellt sich die prozessökonomische Frage, ob der Gleichlauf der Rechtsbehelfe rationalisierbar ist. In einem zweiten Abschnitt wird die Frage aufgeworfen, ob die verfahrensrechtliche ordre public Klausel angesichts der Rechtsschutzmöglichkeit vor dem EGMR überhaupt noch notwendig ist.

---

604 De Groot, RabelsZ 1999, 681, 684 ff; Roth, RabelsZ 1999, 709, 726 ff; Ellger, RabelsZ 1999, 625, 643 ff; Ferrand, RabelsZ 1999, 665, 666 ff; Pintens, RabelsZ 1999, 696, 702 ff.

605 Peukert, RabelsZ 1999, 600 ff; Kohl, JT 1987, 637 ff; Guinchard, Petites affiches, 12.04.1999, Nr. 72, S. 4 ff; Matscher, FS Henckel, S. 593 ff.

606 Leipold, FS Hans Stoll, 625, 645.

607 Siehe den Fall Krombach, BGH, 04.12.1997, IPRax 1998, 205.

aa) Rechtsschutz vor dem EGMR und Vorbehaltsklausel

1. Anrufung des EGMR im Urteilsstaat

Wenn der Beklagte sich im Urteilsstaat an den EGMR wendet und gleichzeitig im Exequaturstaat die EMRK innerhalb der ordre public Frage geltend macht, stellt sich die Frage der Koordinierung dieser zwei Verfahren.
Die Anrufung des EGMR im Wege der Individualbeschwerde nach Art. 34 EMRK gegen die erststaatliche Entscheidung eines Mitgliedstaates führt im Anerkennungsstaat nicht zur Aussetzung des Exequaturverfahrens. Nach Art. 30 EuGVÜ kann das Gerichtsverfahren, in dem die Anerkennung geltend gemacht wird, nur ausgesetzt werden, wenn im Urteilsstaat gegen die anzuerkennende Entscheidung ein ordentlicher Rechtsbehelf eingelegt wurde. Nach Art. 38 Abs. 1 EuGVÜ kann das mit dem Rechtsbehelf des Antragsgegners befasste Gericht das Verfahren ebenfalls nur aussetzen, wenn im Urteilsstaat ein ordentlicher Rechtsbehelf eingelegt wurde.
Nach der autonomen Definition des EuGH[608] ist ein Rechtsbehelf nur dann als ordentlich zu bezeichnen, wenn er zur Aufhebung oder Änderung der nationalen gerichtlichen Entscheidung führen kann und für dessen Einlegung im Urteilsstaat eine gesetzliche Frist bestimmt ist, die durch die nationale Gerichtsentscheidung selbst in Lauf gesetzt wird. Die Beschwerde vor dem EGMR hat aber keine unmittelbare Wirkung auf die nationale gerichtliche Entscheidung. Sie ist deshalb als außerordentlicher Rechtsbehelf zu qualifizieren[609].
Der ursprüngliche Vorschlag der europäischen Kommission über die Änderung des EuGVÜ[610] sah in einem neugefassten Art. 38 EuGVÜ eine Aussetzung des Rechtsbehelfsverfahrens nach Art. 36 EuGVÜ auch bei Einlegung eines außerordentlichen Rechtsbehelfs im Urteilsstaat vor. Art. 46 Abs. 2 EuGVO hat diesen Vorschlag im Rahmen des Exequaturverfahrens nicht übernommen[611]. Auch im Rahmen der Anerkennung einer ausländischen Entscheidung kann der Anerkennungsrichter das Verfahren nur aussetzen, wenn im Urteilsstaat ein ordentlicher Rechtsbehelf eingelegt wurde (Art. 37 Abs. 1 EuGVO).

---

608 EuGH, Industrial Diamond Supplies, 22.11.1977, Slg. 1977, 2175.

609 Wagner, IPRax 2002, 75, 92.

610 Vorschlag für einen Rechtsakt des Rates über die Ausarbeitung des Übereinkommens über die gerichtliche Zuständigkeit, die Anerkennung und die Vollstreckung gerichtlicher Entscheidungen in Zivil- und Handelssachen in den Mitgliedstaaten der Europäischen Union, KOM (97) 609 endg.- 97/0339 (CNS).

611 Vorschlag für eine Verordnung des Rates über die gerichtliche Zuständigkeit und die Anerkennung und Vollstreckung von Entscheidungen in Zivil- und Handelssachen, KOM (1999) 348 endg. - 99/0154 (CNS).

Sinn des Art. 37 Abs. 1 EuGVO bzw. Art. 46 Abs. 2 EuGVO ist es, widersprüchliche Entscheidungen zu vermeiden und den Schuldnerschutz zu garantieren[612]. Die Aussetzungsmöglichkeit bei Einlegung eines außerordentlichen Rechtsbehelfs im Ursprungsstaat sollte in die Systematik eines europäischen Zivilprozessrechts eingeführt werden. Dadurch würden die Rechtspflegeressourcen in Europa besser eingesetzt. Dies zeigt der Fall "Krombach"[613]. In diesem Fall hätte das mit dem Rechtsbehelf des Antragsgegners befasste deutsche Gericht das Verfahren aussetzen und auf eine Entscheidung des EGMR warten können. Damit wäre der Streit nicht bis zum Bundesgerichtshof gelangt. Vor allem wäre das Art. 27 Nr. 1 EuGVÜ betreffende Vorabentscheidungsverfahren nicht vor den EuGH geraten. Nunmehr waren sowohl der EuGH als auch der EGMR mit der Bedeutung von Art. 6 Abs. 1 EMRK für den Fall "Krombach" beschäftigt. Die Aussetzungsmöglichkeit des Anerkennungsrichters oder des mit dem Rechtsbehelf des Schuldners befassten Exequatursrichters bei Einlegung einer Individualbeschwerde vor dem EGMR im Ursprungsstaat würde die Gefahr einer unterschiedlichen Interpretation von Art. 6 Abs. 1 EMRK durch den EGMR und den EuGH vermeiden. Zur Wahrung der Rechtseinheit ist ein solcher Mechanismus also wichtig. Die Entscheidung des EGMR würde dem Anerkennungsrichter und dem mit dem Rechtsbehelf des Vollstreckungsschuldners befassten Exequaturgericht den verbindlichen Maßstab geben. Angesichts der langen Verfahrensdauer vor dem EGMR sollte es allerdings weiterhin im Ermessen des Richters bleiben, ob er von einer Aussetzungsmöglichkeit Gebrauch macht. Entscheidet sich der Anerkennungsrichter oder der mit dem Rechtsbehelf nach Art. 43 EuGVO befasste Richter gegen eine Aussetzung des Rechtsstreits, so kann der Rechtsstreit im Wege des Rechtsbehelfs nach Art. 43 EuGVO vor der nächsten Instanz und dort im Wege eines Vorabentscheidungsverfahren vor dem EuGH auch viele Jahre dauern.

Der Gläubiger hat in der Zwischenzeit stets die Möglichkeit auf der Grundlage des Exequatururteils eine Sicherungsvollstreckung nach Art. 47 Abs. 2 EuGVÜ zu betreiben.

2. EMRK vor dem Exequaturrichter

Der Beklagte des Erstverfahrens kann sich auf die Einlegung eines Rechtsbehelfs im Exequaturstaat beschränken und innerhalb der ordre public Prüfung eine Verletzung von Art. 6 Abs. 1 EMRK rügen. Damit erhält er die Chance, dass der mit seinem Rechtsbehelf im Exequaturstaat befasste Richter eine großzügigere Ausle-

612 Kropholler, Europäisches Zivilprozessrecht, Art. 38 Rn. 1.
613 BGH, 04.12.1997, IPRax 1998, 205.

gung von Art. 6 Abs. 1 EMRK vornimmt als der EGMR es tun würde[614]. Hier zeigt sich der Nachteil des Fehlens eines Vorabentscheidungsverfahrens in der Rechtsschutzsystematik der EMRK. Eine nationale Entscheidung, die die EMRK großzügiger auslegt als es der EGMR möglicherweise tun würde, verletzt selbst nicht die EMRK und kann deshalb eine Individualbeschwerde vor dem EGMR nicht begründen.

bb) Beschwerde vor dem EGMR statt Vorbehaltsklausel

Zu untersuchen ist ferner, ob die Möglichkeit der Überprüfung eines zivilrechtlichen Verfahrens durch den EGMR am Maßstab des Art. 6 Abs. 1 EMRK den Rückgriff auf die verfahrensrechtliche ordre public Klausel obsolet macht.
Jedes nationale Gerichtsverfahren kann nach Erschöpfung des inländischen Rechtsweges dem EGMR zur Prüfung vorgelegt werden. Prüfungsmaßstab ist Art. 6 Abs. 1 EMRK. Diese Vorschrift wird vom EGMR weit ausgelegt. Für das Zivilverfahren gelten alle in den europäischen Rechtsordnungen bekannten zivilverfahrensrechtlichen Prinzipien: Justizgewährungsanspruch, Rechtliches Gehör, Fairness, Waffengleichheit, angemessene Verfahrensdauer, Öffentlichkeit des Verfahrens, Unparteilichkeit der Richter usw.
Das nationale Verfahren, falls die darauf beruhende Entscheidung im Ausland Wirkungen erzeugen soll, kann auch im Anerkennungsstaat anhand der verfahrensrechtlichen ordre public Klausel kontrolliert werden. Der Anerkennungsrichter wird sich nicht selten auf Art. 6 Abs. 1 EMRK berufen, um der Entscheidung die Anerkennung oder Vollstreckbarerklärung zu versagen[615]. Der Prüfungsmaßstab ist dann derselbe. Da mit der verfahrensrechtlichen ordre public Klausel nur wesentliche Prozessprinzipien geschützt werden sollen, ist der Prüfungsbereich des EGMR und des Anerkennungsrichters in vielen Teilen identisch. Wie die Übersicht im ersten Teil dieser Arbeit zeigt, fallen die meisten Anwendungsfälle der verfahrensrechtlichen Vorbehaltsklausel durch die nationalen Gerichte in den Anwendungsbereich von Art. 6 Abs. 1 EMRK. Dies verwundert nicht, da Art. 6 Abs. 1 EMRK vom EGMR sehr weit ausgelegt wird.
Solange jedes gerichtliche Verfahren anhand von Art. 6 Abs. 1 EMRK durch den EGMR überprüft werden kann, scheint der verfahrensrechtliche ordre public eigentlich überflüssig. Mit der Rechtsprechung des EGMR wird ein hoher Standard

---

614 Siehe zum Beispiel die (zweifelhafte) Auslegung von Art. 6 Abs. 1 EMRK, die bei der Zustellung des verfahrenseinleitenden Schriftstückes stets eine Übersetzung verlangt: OGH, 16.06.1998, IPRax 1999, 260 mit kritischer Anm. von Matscher, IPRax 1999, 274 ff.

615 So der BGH im Fall Krombach, 04.12.1997, IPRax 1998, 205; die *Cour de cassation* im Fall Pordéa, 16.03.1999, JDI 1999, 772.

im Zivilprozessrecht gesichert. Den Parteien wird ein prozessualer Grundrechtsschutz garantiert. Der verfahrensrechtliche ordre public gibt dem Beklagten im ersten Anschein lediglich die Möglichkeit, die versäumte[616] Einlegung eines außerordentlichen Rechtsbehelfs vor dem EGMR gegen den Urteilsstaat dadurch zu korrigieren, dass er im Exequaturstaat auf den verfahrensrechtlichen ordre public verweist.
Es muss aber berücksichtigt werden, dass die Entscheidungen des EGMR auf das innerstaatliche Urteil keine unmittelbare Wirkung haben[617]. Die EMRK verpflichtet in Art. 46 EMRK die Mitgliedstaaten lediglich dazu, ihr Recht gemäß dem Urteil zu ändern. Das nationale Urteil wird nicht unmittelbar aufgehoben. Es bleibt rechtskräftig. Es kann im europäischen Ausland geltend gemacht werden und kann dort mit der verfahrensrechtlichen ordre public Klausel abgewehrt werden, wenn es um einen Verfahrensverstoß geht.
In einigen europäischen Staaten kann allerdings das inländische Verfahren nach dem Urteilsspruch des EGMR wieder aufgegriffen werden. Im deutschen Recht ist dies für das Strafverfahren vorgesehen. Wenn eine Entscheidung des EGMR ein deutsches Strafverfahren als EMRK-widrig betrachtet und das Urteil auf der Konventionsverletzung beruht, besteht nach § 359 Nr. 6 StPO ein Wiederaufnahmegrund. Für das Zivilverfahren ist dies nicht normiert. Eine ähnliche Vorschrift findet sich seit 1981 in Art. 443 Nr. 5 *Code d'instruction criminelle* im luxemburgischen Recht[618]. In anderen europäischen Staaten kann auch das Zivilverfahren wiederaufgenommen werden. Die Voraussetzungen für die Wiederaufnahme sind unterschiedlich streng. In Norwegen gibt Art. 407 Abs. 7 der Zivilprozessordnung die Möglichkeit ein bereits abgeschlossenes Zivilverfahren neu zu eröffnen, wenn zwischen der Entscheidung des EGMR und dem innerstaatlichen Recht eine Interpretationsdivergenz in bezug auf Konventionsrecht besteht und die innerstaatliche Entscheidung auf dieser Interpretation beruht[619]. In Dänemark und in Belgien sind ähnliche Verfahren vorgesehen[620]. In der Schweiz ist nach § 139a Abs. 1 OG die Revision gegen einen Entscheid des Bundesgerichts oder einer Vorinstanz zulässig, wenn eine vom EGMR festgestellte Konventionsverletzung nur so wieder gut gemacht werden kann. Die Vorschrift gilt sowohl für Straf- als auch für Zivilverfahren.
Diese Verfahren spielen heute im Zivilrecht in der Praxis eine geringe Rolle. Ihre Bedeutung wird in der Zukunft wachsen. Denn die Tätigkeit des EGMR hat sich

---

616 Der EGMR muss innerhalb einer sechsmonatigen Frist nach der endgültigen innerstaatlichen Entscheidung angerufen werden, Art. 35 Abs. 1 EMRK.

617 Siehe Teil 2 B I 1 b bb.

618 Siehe die Dokumentation des Europarates in RUDH 1992, 127, 134.

619 Der Wortlaut des Art. 407 Abs. 7 der norwegischen Zivilprozessordnung wird in RUDH 1992, 127, 135 wiedergegeben.

620 Siehe RUDH 1992, 127, 133.

erst in den achtziger Jahren in der Weise entwickelt, die heute zu beobachten ist[621]. Der Einfluss der EMRK auf das nationale Zivilverfahrensrecht wird erst heute in aller Deutlichkeit sichtbar. Die nationalen Rechtsordnungen müssen sich auf diese Entwicklung noch einstellen. Die Einführung eines Wiederaufnahmeverfahrens in der Schweiz 1992 und eines solchen Verfahrens 1998 in Deutschland zeigen[622], dass die Rechtsordnungen der effektiven Durchsetzung der EMRK heute mehr Achtung schenken als in der Vergangenheit. Auch in Frankreich wird gegenwärtig im Parlament über die Einführung eines Wiederaufnahmeverfahrens nach einem Urteilsspruch des EGMR im Strafprozessverfahren beraten[623]. In der französischen Literatur wird die Anwendung eines solchen Wiederaufnahmeverfahrens auch für das Zivilverfahren gefordert[624].

Für die Bedeutung der verfahrensrechtlichen Vorbehaltsklausel ist diese Perspektive wichtig. Wenn die Entscheidung des EGMR im Urteilsstaat für das abgeschlossene innerstaatliche Verfahren Wirkung erlangt, so ist die verfahrensrechtliche Vorbehaltsklausel im Exequaturstaat eigentlich überflüssig. Die Verletzung von Art. 6 Abs. 1 EMRK im Urteilsstaat kann auf der Grundlage einer Entscheidung des EGMR im Urteilsstaat selbst beseitigt werden. Folgt man zudem der Auffassung, nach der sich der Beklagte zunächst im Urteilsstaat verteidigen muss, bevor er sich im Exequaturstaat auf die Vorbehaltsklausel berufen kann[625], so bleibt für die Anwendung der verfahrensrechtlichen ordre public Klausel im europäischen Rechtsverkehr kein Raum mehr.

Dem kann nicht mit dem Hinweis entgegengetreten werden, einem rein europäischen Maßstab würde die Kontur fehlen[626]. Im Bereich des Zivilverfahrensrechts hat der EGMR bereits eine umfangreiche Rechtsprechung entwickelt, welche die wesentlichen Zivilprozessmaximen beinhaltet[627]. Schwerer wiegt das Argument, ein Rechtsschutz vor dem EGMR sei schwerfällig[628]. Problematisch an der vertikalen Kontrolle[629] ist die Tatsache, dass der EGMR bereits jetzt überlastet ist. Die Anzahl der Beschwerden wird immer größer. Die Verfahrensdauer vor dem EGMR wird immer länger. In dieser Lage wird man dem EGMR kaum die

---

621 Polakiewicz, S. 2.

622 In Deutschland allerdings nur für das Strafverfahrensrecht.

623 Siehe Roujou de Boubée/de Lamy, D., 09.03.2000, S. V.

624 Roujou de Boubée/de Lamy, D., 09.03.2000, S. VI.

625 Geimer, IZPR, Rn. 2955; BGH, 21.03.1990, RIW 1990, 575, 577; a.A. Schack, IZVR, Rn. 866; Schütze, S. 143. Das ist auch die Position der EuGVO im besonderen Fall der im Ausland begangenen fehlerhaften Zustellung des verfahrenseinleitenden Schriftstückes.

626 Bruns, JZ 1999, 278, 285, IV. 1. aE.

627 Matscher, FS Henckel, S. 593 ff; Guinchard, Petites affiches, 12.04.1999 Nr. 72, S. 4 ff; Peukert, RabelsZ 1999, 600 ff; Kohl, JT 1987, 637.

628 Bruns, JZ 1999, 278, 285.

629 Damit wird die Kontrolle im Urteilsstaat gemeint, einschließlich der Überprüfung durch den EGMR, aber ohne Einschaltung des Anerkennungsrichters.

Kontrolle aller Verfahrensfehler aufbürden wollen. Deshalb ist eine Kooperation zwischen dem EGMR und den nationalen Richtern bei der Wahrung der Verfahrensgrundsätze notwendig. Der nationale Richter muss also selbst weiterhin über die Wahrung des Art. 6 Abs. 1 EMRK wachen. Dazu muss er die verfahrensrechtliche Vorbehaltsklausel einsetzen. Zwar wird dadurch die Rechtseinheit in Europa gefährdet, denn die nationalen Gerichte werden die EMRK möglicherweise unterschiedlich auslegen. Mit dem heutigen Rechtsschutzsystem der EMRK ist eine andere Lösung praktisch nicht durchführbar.

Im Ergebnis ist festzuhalten, dass die gegenwärtige Rechtsschutzmöglichkeit vor dem EGMR die verfahrensrechtliche ordre public Klausel nicht überflüssig macht. Wegen der Überlastung des EGMR kann auf die Kooperation der Anerkennungsrichter und Exequaturrichter der Mitgliedstaaten bei der Durchsetzung der verfahrensrechtlichen Garantien aus Art. 6 Abs. 1 EMRK noch nicht verzichtet werden. Durch die Individualbeschwerde vor dem EGMR und der zunehmenden Möglichkeit der Entscheidung des EGMR unmittelbare Wirkung im Urteilsstaat zu geben, wird sich aber die Bedeutung der verfahrensrechtlichen ordre public Klausel reduzieren.

Die Möglichkeit, vor dem EGMR Rechtsschutz zu suchen, hat nicht nur Bedeutung für den verfahrensrechtlichen ordre public. Letztlich ist die gesamte anerkennungsrechtliche Vorbehaltsklausel betroffen, einschließlich des materiellrechtlichen ordre public. Allerdings steht dem EGMR mit Art. 6 Abs. 1 EMRK eine Generalklausel zur Verfügung, anhand derer eine lückenlose Überprüfung eines Gerichtsverfahrens möglich ist. Im Gegensatz dazu deckt die EMRK nicht das gesamte materielle Privatrecht ab. Für die Bereiche des Zivilrechts, die unter dem Schutz der EMRK fallen, gilt das zum verfahrensrechtlichen ordre public Gesagte auch für die anerkennungsrechtliche Vorbehaltsklausel. Während aber für die verfahrensrechtliche ordre public Klausel die Frage der Überflüssigkeit der ordre public Kontrolle gestellt werden kann, gilt dies für die gesamte anerkennungsrechtlichen ordre public Klausel nicht. Deshalb wurde die verfahrensrechtliche ordre public Klausel besonders behandelt.

4) Ergebnis

Die EMRK hat zunächst Bedeutung für den Inhalt der Vorbehaltsklausel. Bei der Konkretisierung der Vorbehaltsklausel durch die nationalen Gerichte spielt die EMRK eine wichtige Rolle. Dabei stützen sich die Gerichte teilweise auf die Rechtsprechung des EGMR. Teilweise werden den Menschenrechten der EMRK aber auch ein Inhalt gegeben, der in der Rechtsprechung des EGMR keine Stütze findet. Insoweit als die nationalen Gerichte sich an die Rechtsprechung des

EGMR orientieren, sind die durchzusetzenden Inhalte europäisch geprägt. Der EGMR definiert diesen europäischen ordre public. Allerdings belässt der EGMR den souveränen Nationalstaaten einen Ermessensspielraum, der je nach Menschenrecht unterschiedlich ausfällt. Insbesondere in den Rechtsmaterien, die im Wandel sind, vornehmlich im Familienrecht, hält sich der EGMR zurück. Hier bestimmen die nationalen Staaten weiterhin selbst, welchen Inhalt der ordre public erhält.

Die EMRK hat weiterhin Bedeutung für die Methodik der Vorbehaltsklausel. Zunächst ist festzuhalten, dass die Menschenrechte der EMRK nicht als Eingriffsnormen durchzusetzen sind. Die Methodik der Vorbehaltsklausel ist die bessere Technik. Dann muss, bevor die Vorbehaltsklausel angewandt wird, beachtet werden, dass die Geltung der EMRK in der fremden Rechtsordnung oftmals zur Unanwendbarkeit entgegenstehenden nationalen Rechts führt. Dies gilt oftmals in den Rechtsordnungen, die eine unmittelbare Überprüfung des eigenen Rechts an der eigenen Verfassung nicht zulassen. Damit gewinnt die EMRK für die Rechtsanwendung an Bedeutung. Die EMRK hat auch Einfluss auf die Bestimmung der Inlandsbeziehung. Bei der Anwendung der Vorbehaltsklausel ist auch im Falle der Durchsetzung der EMRK eine Inlandsbeziehung erforderlich. Die Inlandsbeziehung kann aber nicht von der Staatsangehörigkeit der betroffenen Personen abhängen. Dies folgt aus Art. 14 EMRK.

Schließlich bestimmt die EMRK auch den Anwendungsbereich der Vorbehaltsklausel. Durch die Harmonisierung des nationalen Zivilverfahrensrechts und des Familienrechts reduzieren sich die Anwendungsfälle der Vorbehaltsklausel. Auch die Möglichkeit, vor dem EGMR Rechtsschutz zu suchen, verändert den Stellenwert der verfahrensrechtlichen ordre public Klausel. Da jedes nationale Verfahren an Art. 6 I EMRK gemessen werden kann, ist die horizontale Kontrolle durch den Exequaturrichter nicht mehr unbedingt erforderlich. Diese Tendenz wird auch in der Zukunft fortbestehen, da die einzelnen Staaten immer mehr dazu übergehen, den Entscheidungen des EGMR unmittelbare Wirkung für das einzelne Verfahren beizumessen.

II. Europäisierung durch das Gemeinschaftsrecht

Unübersehbar ist die Zahl der Beiträge, die sich der Bedeutung des Gemeinschaftsrechts für das nationale IPR widmen[630]. Auch die Vorbehaltsklausel wird durch das Gemeinschaftsrecht geprägt. Im Folgenden wird unter (1) die Bedeutung des Gemeinschaftsrechts für den Inhalt des ordre public dargestellt. Unter (2) wird die Wirkung des Gemeinschaftsrechts auf die Methodik der Vorbehaltsklausel betrachtet. Schließlich wird unter (3) der Frage nachgegangen, inwieweit das Gemeinschaftsrecht den Anwendungsbereich der Vorbehaltsklausel beeinflusst.

1) Gemeinschaftsrecht als Inhalt des ordre public

Zu den unverzichtbaren Grundsätzen einer Rechtsordnung können auch Vorschriften des Gemeinschaftsrechts gehören. Diese Normen können im Primärrecht und im Sekundärrecht enthalten sein. Zu deren Schutz kann die Vorbehaltsklausel eingesetzt werden.
Nach einer in der Literatur vertretenen Auffassung darf die anerkennungsrechtliche Vorbehaltsklausel jedoch nicht der Durchsetzung von Gemeinschaftsrecht dienen. Im Folgenden soll zunächst diese Grundsatzfrage diskutiert werden (a). In einem zweiten Abschnitt wird die allgemeine Bedeutung des Gemeinschaftsrechts für den Inhalt des ordre public untersucht (b).

a) Gemeinschaftsrecht vor dem Exequaturrichter

Manche Autoren im europäischen Schrifttum sind der Ansicht, der Exequaturrichter eines EG-Mitgliedstaates dürfe die Gerichtsentscheidung eines anderen EG-Mitgliedstaates nicht auf ihre Vereinbarkeit mit dem Gemeinschaftsrecht

---

630 Siehe u.a. v. Bar (Hrsg.), Europäisches Gemeinschaftsrecht und internationales Privatrecht; Basedow, RabelsZ 1995, 1; Brödermann, MDR 1992, 89; Brödermann/Iversen, Europäisches Gemeinschaftsrecht und internationales Privatrecht; Drobnig, AJCL 1966-67, 204; Fallon, RdC 1995 (Vol. 253), 11; Fletcher, Conflict of laws and European Community Law; Graveson, FS Cohn (1975), 61; Lasok/Stone, Conflict of laws in the European Community; Radicati di Brozolo, RC 1993, 401; Rigaux, L'influence des Communautés européennes sur le droit international privé des Etats membres; Roth, RabelsZ 1991, 623; Rozas, RIE 1990, 785; Sonnenberger, ZvglRWiss 1996, 3; Struycken, RdC 1992 (Vol. 232), 261; Zweigert, FS Hallstein (1966), 555.

überprüfen[631]. Im Rahmen des EuGVÜ stünde das Verbot der *révision au fond* in Art. 29 EuGVÜ (Art. 36 EuGVO/Art. 45 Abs. 2 EuGVO) einer solchen Kontrolle entgegen[632]. Eine Überprüfung der ausländischen Entscheidung anhand des Gemeinschaftsrechts würde das Ziel des EuGVÜ, die Freizügigkeit der Urteile zu gewährleisten, gefährden[633]. Auch solle sich kein Richter aus einem EG-Mitgliedstaat im Hinblick auf die richtige Anwendung des Gemeinschaftsrechts zum Zensor eines anderen Richters machen. Die Anwendung des EG-Rechts sei allen Richtern gleichermaßen anvertraut[634]. Im übrigen habe der EuGH den Grundsatz des Vorrangs des Gemeinschaftsrechts gegenüber dem nationalen Recht für rein interne Fälle aufgestellt, nicht für Fälle, in denen ausländisches Recht zur Anwendung kommt[635]. Es wird schließlich argumentiert, dass bei einer Verletzung des Gemeinschaftsrechts durch den Urteilsrichter die prozessualen Möglichkeiten in Art. 226 EGV und 227 EGV vorrangig anzuwenden seien[636].

Dieser Auffassung ist zu widersprechen. Das Verbot der *révision au fond* in Art. 29 EuGVÜ steht der Überprüfung der ausländischen Entscheidung anhand des Gemeinschaftsrechts nicht entgegen[637]. Der Exequaturrichter darf nach dieser Vorschrift zwar nicht kontrollieren, ob dem ausländischen Urteilsrichter Fehler im Verfahren unterlaufen sind, und ob er sein eigenes Recht richtig angewandt hat[638]. Dies hindert den Exequaturrichter aber nicht, die fremde Entscheidung anhand der eigenen wesentlichen Grundsätze zu überprüfen. Dazu gehören Vorschriften des Gemeinschaftsrechts. Zwar besteht aufgrund der unmittelbaren Geltung des Gemeinschaftsrechts in allen Mitgliedstaaten eine besondere Situation. Indem der Exequaturrichter die fremde Entscheidung am Gemeinschaftsrecht misst, überprüft er diese sowohl anhand des im fremden Staat geltenden Rechts als auch anhand seines eigenen Rechts. Diese Besonderheit spricht aber nicht gegen eine Überprüfung durch den Exequaturrichter.

Auch eine unterschiedliche Durchsetzung des Prinzips des Vorrangs des Gemeinschaftsrechts je nachdem, ob eigenes Recht zur Anwendung kommt oder fremdes, überzeugt nicht. Wenn der Exequaturrichter die fremde gemeinschaftswidrige Entscheidung in seine eigene Rechtsordnung zur Wirkung verhilft, perpetuiert er

---

631 Martiny, S. 211, 233; Huet/Kovar, Anm. zu TGI Troyes, 04.10.1978, JDI 1979, 628, 632 ff; Calvo Caravaca, S. 483.

632 Martiny, S. 211, S. 233; Huet/Kovar, a.a.O., S. 628, 633.

633 Martiny, S. 211, S, 233; Huet/Kovar, a.a.O., S. 628, 632.

634 Huet/Kovar, a.a.O., S. 628, 635; in diese Richtung auch Gaudemet-Tallon, S. 254, Rn. 352 aE.

635 Huet/Kovar, a.a.O., S. 628, 635.

636 Calvo Caravaca, S. 483.

637 So auch Baumert, S. 263 ff.

638 Kropholler, Europäisches Zivilprozessrecht, Art. 29, Rn. 2.

die im Ursprungsstaat erfolgte Verletzung des Gemeinschaftsrechts[639]. Es ist dann sei eigenes Recht, welches zur Gemeinschaftsrechtsverletzung führt. Dieser Gedanke, der oben im Zusammenhang mit der Geltung der EMRK relevant war, gilt auch hier. Gerade die Verletzung des EG-Wettbewerbsrechts, an dessen Beispiel sich die Diskussion entwickelt hat, muss in dieser Perspektive gesehen werden. Der Verstoß gegen das EG-Wettbewerbsrecht im Ursprungsstaat wirkt durch die Anerkennung oder Vollstreckbarerklärung durch den Exequaturrichter nunmehr auch in diesem Staat. Aus Art. 10 EGV ergibt sich aber die Verpflichtung der Mitgliedstaaten, die Wirkung einer Verletzung des Gemeinschaftsrechts durch einen anderen Mitgliedstaat in der eigenen Rechtsordnung soweit wie möglich zu verhindern.

Schließlich sind keine Gründe ersichtlich, warum bei Verletzung des Gemeinschaftsrechts durch den Urteilsrichter, vorrangig die prozessualen Verfahren des EGV (Art. 226 und Art. 227) zur Geltung kommen sollen. Das Gemeinschaftsrecht hat auch den nationalen Richtern die Anwendung und Durchsetzung der Normen des EGV übertragen. Deshalb ist es gerechtfertigt, wenn der nationale Richter das Gemeinschaftsrecht im Anerkennungsverfahren zur Anwendung bringt. Das Gemeinschaftsrecht ist Teil seines eigenen Rechts, an das er gebunden ist und das er gegenüber fremdem Recht ggf. durchsetzen muss.

Der EuGH hat zu dieser Frage kürzlich Stellung genommen. Er hat in der Entscheidung Eco Swiss[640] die niederländischen Gerichte verpflichtet, Art. 81 EGV mittels der Vorbehaltsklausel durchzusetzen. In dem der Entscheidung zu Grunde liegende Fall ging es zwar um die Aufhebung einer niederländischen Schiedsgerichtsentscheidung. Die Problematik ist aber auf die Anwendung der anerkennungsrechtlichen Vorbehaltsklausel übertragbar[641]. Im Streit stand, ob die niederländischen Schiedsgerichtsentscheidungen gegen die öffentliche Ordnung der Niederlande verstießen, weil der zugrundeliegende Lizenzvertrag Art. 81 EGV verletze. Benetton hatte vor den niederländischen Gerichten die Aufhebung der Schiedsgerichtsentscheidungen wegen Verstoßes gegen die öffentliche Ordnung beantragt. Nach dem niederländischen Recht wird die Vorbehaltsklausel grundsätzlich nicht eingesetzt, wenn lediglich nationale wettbewerbsrechtliche Vorschriften verletzt sind. Der EuGH hat demgegenüber der wettbewerbsrechtlichen Vorschrift des Art. 81 EGV wesentliche Bedeutung beigemessen und die niederländischen Gerichte zur Anwendung der Vorbehaltsklausel angehalten[642]. Damit steht für den EuGH fest, dass die ordre public Klausel auch zur Durchsetzung von

639 Beraudo, Jurisclasseur Europe, Fascicule 3040, Nr. 24.

640 EuGH, Eco Swiss, 01.06.1999. Dazu die Anmerkung von Komninos, CML Rev. 2000, 459; Mourre, Gaz. Pal., 09-11.01.2000, S. 30; Poillot Peruzzetto, JDI 2000, 299.

641 Poillot Peruzzetto, JDI 2000, 299, 302.

642 EuGH, Eco Swiss, 01.06.1999, Erw. 36 f.

Gemeinschaftsrecht eingesetzt werden kann. Dieser Ansatz ist in der Entscheidung Régie nationale der usines Renault[643] fortgesetzt worden. Ein italienisches Gericht wollte eine französische Entscheidung deshalb nicht anerkennen, weil es die gemeinschaftsrechtliche Warenverkehrsfreiheit und die Wettbewerbsfreiheit als verletzt ansah. Der EuGH hat dem italienischen Gericht darin zugestimmt, dass auch Gemeinschaftsrecht Inhalt der ordre public Klausel sein kann. Im konkreten Fall hat der EuGH aber entschieden, dass die Anerkennung von Urheberrechten in Bezug auf Ersatzteilen für Kraftfahrzeuge wie sie das französische Recht kennt nicht den italienischen ordre public verletzen kann (wo ein solches Recht nicht existiert). Eine offensichtliche Verletzung des italienischen ordre public sei in einem solchen Fall nicht gegeben, auch wenn möglicherweise der französische Urteilsrichter das Gemeinschaftsrecht nicht beachtet habe.
Im Ergebnis ist festzuhalten, dass der Exequaturrichter die fremde Entscheidung am Gemeinschaftsrecht messen muss[644]. Dies ergibt sich aus dem Grundsatz der Effektivität des Gemeinschaftsrechts. Dies gilt aber nur im Rahmen der üblichen Anwendungsvoraussetzungen der Vorbehaltsklausel[645]. Insbesondere muss die verletzte Norm des Gemeinschaftsrechts wesentlich sein. Der Grundsatz der restriktiven Anwendung der Vorbehaltsklausel sollte nicht zu Gunsten der effektiven Durchsetzung des Gemeinschaftsrechts aufgegeben werden. Die Anwendung der Vorbehaltsklausel bei jeder denkbaren Verletzung des Gemeinschaftsrechts durch die ausländische Gerichtsentscheidung würde dem freien Verkehr von Gerichtsurteilen nicht dienen. Auch sollte der Anerkennungsrichter nicht zum Überwacher der richtigen Anwendung des Gemeinschaftsrechts im Urteilsstaat werden. Dies ist nicht seine Funktion. Das Gemeinschaftsrecht sieht selber Verfahren vor, die eine allgemeine richtige Anwendung des Gemeinschaftsrechts durch den nationalen Richter sicherstellen[646].

b) Bedeutung des Gemeinschaftsrechts für den ordre public

Mittels der Vorbehaltsklausel können also auch gemeinschaftsrechtliche Normen durchgesetzt werden. Die Rechtsprechung der nationalen Gerichte zeigt, dass fremde Gerichtsentscheidungen am Gemeinschaftsrecht gemessen werden. In die-

---

643 EuGH, Régie nationale des usines Renault, 11.05.2000, Slg. 2000 I-3009. Dazu die Anmerkung von Gaudemet-Tallon, RC 2000, 503.

644 So auch Schlosser, EuGVÜ-Kommentar, Art. 27-29 EuGVÜ, Rn. 4; s. auch Beraudo, Jurisclasseur Europe, Fascicule 3040, Nr. 24.

645 So auch EuGH, Régie nationale des usines Renault, 11.05.2000, Slg. 2000 I-3009, Erw. 32, 33.

646 EuGH, Régie nationale des usines Renault, 11.05.2000, Slg. 2000 I-3009, Erw. 33.

sem Zusammenhang fällt dem EuGH bei der Definition des Inhaltes des ordre public eine besondere Bedeutung zu.

aa) Rechtsprechung der nationalen Gerichte

Bisher sind im Rahmen der Vorbehaltsklausel das gemeinschaftsrechtliche Diskriminierungsverbot (Art. 12 EGV) und die wettbewerbsrechtlichen Vorschriften relevant geworden.
Die CA Pau hat im Rahmen der Vorbehaltsklausel geprüft, ob die Prozesskostensicherheit des englischen Rechts gegen das Diskriminierungsverbot verstößt[647]. Doch knüpft das englische Recht bezüglich der Prozesskostensicherheit an den ausländischen Aufenthalt des Klägers an[648], sodass nach Auffassung des Gerichts keine Diskriminierung aus Gründen der Staatsangehörigkeit gegeben ist.
In Deutschland hat das OLG Karlsruhe das französische Zustellungsrecht in der Form der *remise au parquet* als Verstoß gegen das Diskriminierungsverbot bewertet[649]. Mit diesem System könne der Kläger ein Urteil erlangen, ohne dass der Beklagte von der Verfahrenseinleitung Kenntnis erlange[650]. Dadurch dass die *remise au parquet* in Frankreich als eine Inlandszustellung betrachtet wird, obwohl das Schriftstück eigentlich ins Ausland gelangen soll, würde der französische Kläger bevorzugt. Ihm seien dadurch die Schwierigkeiten und Unwägbarkeiten einer Auslandszustellung erspart. Da ausländische Beklagte typischer Weise auch ausländischer Staatsangehörigkeit seien - wenngleich auch französische Beklagte im Ausland betroffen sei können - sei zumindest eine mittelbare Diskriminierung gegeben. Die *remise au parquet* würde auch den ausländischen Beklagten gegenüber dem inländischen Beklagten diskriminieren, da letzterer besser geschützt sei. Das deutsche Gericht hat die Zustellung in Lichte dieser Ausführungen als nicht ordnungsgemäß i.S.d. Art. 27 Nr. 2 EuGVÜ beurteilt und der Entscheidung die Anerkennung versagt.
In einer Entscheidung des TGI Troyes vom 04. Oktober 1978 ist eine belgische Entscheidung am Maßstab der Art. 81 und 82 EGV überprüft worden[651]. Letztlich ist das Exequatur erteilt worden. Eine Verletzung des Gemeinschaftsrechts lag nach Auffassung des Gerichts nicht vor.

---

647 CA Pau, 27.09.1990, Gaz. Pal., 19/20.12.1990, S. 42.
648 Order 23 r 1 Abs. (1) (a) *Rules of the Supreme Court.*
649 OLG Karlsruhe, 12.03.1999, RIW 1999, 538. Zustimmend Heß, NJW 2001, 15, 18.
650 Siehe Teil 1 B I 2 b aa 1.
651 TGI Troyes, 04.10.1978, JDI 1979, 623 mit Anm. Huet/Kovar.

bb) Ordre public communautaire

Das Gemeinschaftsrecht ist Bestandteil der Rechtsordnungen der Mitgliedstaaten. Damit gehört es auch zu den potentiellen Normen, die durch die ordre public Klausel geschützt werden können.

Es fragt sich, inwieweit es im Ermessen der Mitgliedstaaten steht, ob eine Norm des Gemeinschaftsrechts mittels der Vorbehaltsklausel durchzusetzen ist. Die Rechtsprechung des EuGH ist widersprüchlich. Auf der einen Seite hat er in der Entscheidung "Krombach"[652], den Mitgliedstaaten die Bestimmung des Inhaltes des ordre public überlassen. Er selbst wache über die Grenzen, innerhalb deren sich das Gericht eines Vertragsstaats auf diesen Begriff stützen darf[653]. Er hat in diesem Urteil den Anspruch auf einen fairen Prozess zwar als allgemeinen gemeinschaftsrechtlichen Grundsatz betrachtet[654]. Den BGH hat er aber nicht zur Durchsetzung dieses Grundsatzes mittels der anerkennungsrechtlichen Vorbehaltsklausel verpflichtet. Das europäische Gericht hat das deutsche Gericht lediglich dazu berechtigt, die ordre public Klausel anzuwenden. Damit verbleibt dem BGH ein Entscheidungsspielraum. Auf der anderen Seite hat der EuGH in dem Urteil Eco Swiss[655] entschieden, dass die Art. 81 EGV und Art. 82 EGV zum ordre public eines Mitgliedstaates gehören müssen. Wenn eine Schiedsgerichtsentscheidung gegen diese Normen verstößt, muss deren Aufhebung mittels der ordre public Klausel im Rahmen der verfahrensrechtlichen Autonomie der Mitgliedstaaten möglich sein. Dieser Gedanke kann auf die Anerkennung oder Vollstreckbarerklärung einer fremden Gerichtsentscheidung übertragen werden. Mit dieser Entscheidung zeigt sich, das der EuGH auch über den Inhalt des nationalen ordre public bestimmt, soweit es um gemeinschaftsrechtliche Normen geht.

Der Widerspruch zwischen den zwei Entscheidungen lässt sich nicht beheben. Die einheitliche Durchsetzung des Gemeinschaftsrechts in allen Mitgliedstaaten spricht für eine Verallgemeinerung des zweiten Ansatzes. Der EuGH muss alleine in letzter Instanz darüber entscheiden, welche Norm des Gemeinschaftsrechts zu den wesentlichen Normen gehören, die mittels der Vorbehaltsklausel durchzusetzen sind. Dies gilt sowohl für das Primärrecht als auch für das Sekundärrecht. Ansonsten könnte die Entscheidung eines Mitgliedstaates, die das Gemeinschaftsrecht verletzt, in den anderen Mitgliedstaaten unterschiedlich behandelt werden. Das Gemeinschaftsrecht würde je nach Mitgliedstaat in unterschiedlichem Maße durchgesetzt. Dem kann durch die Einsetzung des gemeinschaftsrechtlichen Vorabentscheidungsverfahrens abgeholfen werden, indem dem EuGH die Frage vor-

---

652 EuGH, Krombach, 28.03.2000, Slg. 2000, I-1956.

653 EuGH, Krombach, 28.03.2000, Slg. 2000, I-1956, Erw. 22 und 23.

654 EuGH, Krombach, 28.03.2000, Slg. 2000, I-1956, Erw. 26.

655 EuGH, Eco Swiss, 01.06.1999.

gelegt wird, ob eine gemeinschaftsrechtliche Norm so wesentlich sei, dass sie mittels der Vorbehaltsklausel durchzusetzen ist.

2) Einfluss auf die Methodik der ordre public Klausel

Wie die EMRK hat auch das Gemeinschaftsrecht einen Einfluss auf die methodische Anwendung der Vorbehaltsklausel. Dies ist zunächst bei der Anwendung des fremden Rechts zu beachten (a). Im Anwendungsbereich des Gemeinschaftsrechts gilt ferner der Grundsatz der restriktiven Anwendung der Vorbehaltsklausel (b). Die Geltung des Gemeinschaftsrechts zeigt auch, dass die Vorbehaltsklausel wie jede Generalklausel eine Abwägung erfordert, bei dem gemeinschaftsrechtliche Interessen zu berücksichtigen sind (c). Schließlich ist bei der Bestimmung der Inlandsbeziehung das gemeinschaftsrechtliche Diskriminierungsverbot anzuwenden (d).

a) Anwendung des fremden Rechts

Wenn das nationale Kollisionsrecht auf das fremde gemeinschaftsrechtswidrige Recht verweist, muss die unmittelbare Geltung des Gemeinschaftsrechts in der fremden Rechtsordnung beachtet werden, bevor auf die Vorbehaltsklausel zurückgegriffen wird. Das Primärrecht und die Verordnungen setzen sich gegenüber dem fremden Recht unmittelbar durch[656]. Die kollisionsrechtliche Vorbehaltsklausel braucht nicht eingesetzt zu werden[657].
Anders ist es bei der Nichtumsetzung oder der rechtswidrigen Umsetzung von Richtlinien. Im Falle der Nichtumsetzung, muss der Richter, der fremdes Recht eines EG-Mitgliedstaates anzuwenden hat, zunächst versuchen, dieses richtlinienkonform anzuwenden. Wenn eine richtlinienkonforme Auslegung des ausländischen Rechts nicht gelingt[658], ist die kollisionsrechtliche Vorbehaltsklausel anzuwenden, wenn auch alle anderen Voraussetzungen für die Anwendung der Vorbehaltsklausel vorliegen. Letzteres gilt dann auch, wenn das fremde EG-Recht eine EG-Richtlinie rechtswidrig umgesetzt hat.

---

656 Soweit die Voraussetzungen für die unmittelbare Geltung einer gemeinschaftsrechtlichen Norm gegeben sind.
657 Martiny, S. 211, 239 ff; Sonnenberger, ZvglRWiss 1996, 3, 42.
658 Sonnenberger, ZvglRWiss 1996, 3, 43

b) Restriktive Anwendung

Bereits 1966 wurde aus dem Grundsatz des heutigen Art. 10 EGV die Pflicht der Mitgliedstaaten abgeleitet, die Vorbehaltsklausel mit Zurückhaltung anzuwenden[659]. Dies sollte für das Wirtschaftsrecht, das Handelsrecht, das Arbeits- und Sozialrecht gelten. Heute, mit der Einführung des IV. Titels in den EGV, gilt dies für alle grenzüberschreitenden Vorgänge, soweit sie den freien Personenverkehr betreffen. Dazu gehören auch internationale familien- und erbrechtliche Sachverhalte[660].

c) Die ordre public Klausel als Abwägungsvorgang

aa) Abwägungsvorgang

In einem liberalen Rechtsstaat müssen bei jeder Rechtsetzung die Interessen des Individuums mit den Interessen der Gemeinschaft abgewogen werden. Dies gilt selbstverständlich auch für die Vorbehaltsklausel. Sie steht nicht im ausschließlichen Dienst der staatlichen Interessen[661]. Wenn es sich um eine Generalklausel wie die ordre public Klausel handelt, muss die Abwägung in weitem Maße durch den Richter vorgenommen werden. Diese Abwägung muss transparent und nachvollziehbar sein. Der Richter muss seine Abwägung aufzeigen. Bei der Anwendung der Vorbehaltsklausel zeigt sich oftmals ein Begründungsmangel. Viele Urteile begnügen sich mit Standardformulierungen, ohne die Entscheidung näher zu begründen. Bei der Anwendung der Vorbehaltsklausel ist deshalb die Offenlegung der vorgenommenen Abwägung zu fordern.

bb) Die Beachtung der Gemeinschaftsinteressen

Das Gemeinschaftsrecht schafft eine neue europäische Gemeinschaft, die über die staatliche nationale Gemeinschaft hinausgeht, ohne sie zu ersetzen. Bei der Anwendung der Vorbehaltsklausel im europäischen Rechtsraum muss demgemäß auch das Interesse der europäischen Gemeinschaft beachtet werden. Besonders deutlich wird dies bei der Anwendung von Art. 34 Nr. 1 EuGVO. Diese Verord-

---

659 Zweigert, FS Hallstein, S. 555, 567.

660 Kohler, RC 1999, 3, 18; Basedow, EuZW 1997, 609.

661 Dagegen betont die österreichische Rechtsprechung, dass die Vorbehaltsklausel in erster Linie als Schutz der inländischen Rechtsordnung zu verstehen ist und nicht von subjektiven Rechtspositionen, s. OGH, 04.03.1970, ZfRV 1970, 282; OGH, 11.07.1973, IPRE I/Nr. 28; OGH, 01.02.1979, IPRE I/Nr. 26; OGH, 10.07.1986, IPRE II/Nr. 57.

nung will den grenzüberschreitenden Verkehr von Gerichtsentscheidungen fördern. Dieser Gesichtspunkt ist bei jeder Abwägung zu berücksichtigen. Neben dem staatlichen Interesse und den Interessen der Parteien ist also bei der Anwendung der Vorbehaltsklausel auch das Gemeinschaftsinteresse zu beachten.
Zu den Gemeinschaftsinteressen, die im Rahmen der Vorbehaltsklausel zu berücksichtigen sind, gehört der Gedanke des Binnenmarktes und das Prinzip der Wettbewerbsfreiheit.
Der Binnenmarkt schafft einen ökonomischen Raum ohne Grenzen: freier Verkehr von Waren, Dienstleistungen, Kapital, Arbeitskräften. Er verlangt letztlich auch einen Rechtsraum ohne Grenzen. Rechte, die der Unionsbürger in einem Staat erlangt, sollen ihm nicht verloren gehen, wenn er die Grenze überschreitet. Am deutlichsten wird dieses Erfordernis beim grenzüberschreitenden Urteil. Die Idee des Binnenmarktes, das wirtschaftliche Pendant zum politischen Ideal der europäischen Einigung, sollte also stets in die Abwägung mit einfließen. Beispielhaft ist die Rechtsprechung des *Hoge Raad*[662]. Das niederländische Gericht hat der Urteilsfreizügigkeit bei der Anwendung der Vorbehaltsklausel so großes Gewicht gegeben, dass es sogar die finanzielle Überforderung des zu Unterhaltsleistungen Verpflichteten in Kauf genommen hat. Die Entscheidung des *Hoge Raad* führt im konkreten Fall zu einem sehr harten Ergebnis. Die Berücksichtigung des Grundsatzes der Urteilsfreizügigkeit ist aber doch begrüßenswert.
Die Anwendung der Vorbehaltsklausel kann den Wettbewerb in der EU verzerren. Exemplarisch ist die oben besprochene Entscheidung des LG Hamburg[663]. Hier hatte sich ein deutsches Unternehmen entschieden, auf dem italienischen Markt tätig zu werden. Zu den Risiken, die es einging, gehörte auch die Unkenntnis von Regelungen des italienischen Rechts. In dieser Hinsicht waren die italienischen Mitbewerber im Vorteil. Tatsächlich ist das deutsche Unternehmen durch eine italienische Regelung überrascht worden (Prozessvollmacht des Reedereiagenten). Das Risiko, welches das Unternehmen eingegangen ist, hat sich verwirklicht. Nun darf der deutsche Richter dieses Risiko nicht dadurch wieder aus der Welt schaffen, dass er mittels der Vorbehaltsklausel das italienische Recht nicht zur Anwendung gelangen lässt. Damit bleibt das fahrlässige Verhalten des deutschen Unternehmens sanktionslos. Auch wird der Wettbewerbsvorteil der italienischen Unternehmen in unzulässiger Weise aufgehoben. Hier greift der deutsche Richter eindeutig zugunsten des deutschen Unternehmens in den Wettbewerb ein. Das Interesse der Gemeinschaft an einem unverzerrten Wettbewerb im Binnenmarkt hätte vom Richter berücksichtigt werden müssen.

---

662 Hoge Raad, 26.01.1979, NILR 1981, 84.
663 LG Hamburg, 27.12.1977, IPRspr. 1977, Nr. 157.

d) Inlandsbeziehung

Für die Bestimmung der Inlandsbeziehung ist das gemeinschaftsrechtliche Diskriminierungsverbot (Art. 12 EGV) von entscheidender Bedeutung.
Nicht selten wird bei der Anwendung der allgemeinen Vorbehaltsklausel eine Inlandsbeziehung deshalb angenommen, weil eine oder mehrere Parteien inländische Staatsangehörige sind. Dies erfolgt in manchen Fällen ausdrücklich[664]. Viele Entscheidungen beziehen sich nicht explizit auf die inländische Staatsangehörigkeit der Betroffenen. Es ist deshalb schwierig zu beurteilen, ob die inländische Staatsangehörigkeit bei der Anwendung der Vorbehaltsklausel eine Rolle gespielt hat. Es fällt aber auf, dass in vielen Fällen der Begünstigte ein inländischer Staatsangehöriger ist[665].
Mit der Geltung von Art. 12 EGV ist eine Bevorzugung des inländischen Staatsangehörigen bei der Anwendung der Vorbehaltsklausel nicht zu vereinbaren. Das Diskriminierungsverbot in Art. 12 EGV verpflichtet die Mitgliedstaaten, Staatsangehörige anderer Mitgliedstaaten nicht ohne Rechtfertigungsgrund anders als Inländer zu behandeln[666]. Eine Ungleichbehandlung liegt vor, wenn ein Mitgliedstaat die Vorbehaltsklausel allein zum Schutz eigener Angehörigen anwendet. Eine solche allgemeine Ungleichbehandlung ist nicht zu rechtfertigen[667]. Der EU-Bürger muss in der gleichen Weise wie der inländische Staatsangehörige von der Anwendung fremden ordre public widrigen Rechts geschützt werden. Die Vorbehaltsklausel muss entweder generell allen Angehörigen der Mitgliedstaaten zu Gute kommen oder es muss auf das Kriterium der Staatsangehörigkeit bei der Bestimmung der Inlandsbeziehung verzichtet werden.
Die Anwendung von Art. 12 EGV hängt davon ab, ob der sachliche Anwendungsbereich des EGV eröffnet ist[668]. Der sachliche Anwendungsbereich des Diskriminierungsverbots ist bisher weit ausgelegt worden. Die vom Komplementärrecht, insbesondere vom EuGVÜ, erfassten Sachverhalte, fallen in den sachlichen Anwendungsbereich des Diskriminierungsverbots[669]. Die Anwendung von Art. 27

---

664 LG Hamburg, 27.12.1977, IPRspr. 1977 Nr. 157; AG Bersenbrück, 12.12.1984, IPRspr. 1984, Nr. 77.

665 Cass. civ. 1, Antunes, 21.03.1979, JDI 1980, 92; *Burgerlijke Rechtbank Te Gent*, 05.03.1992, RW 1992-1993, S. 1099; *Cour d'appel*, 01.04.1987, Pasicrisie luxembourgeoise, Band 27, S. 133; Cass. civ. 1, 24.02.1998, RC 1998, 637; OLG Düsseldorf, 09.11.1994, IPRspr. 1994 Nr. 97.

666 EuGH, Saldanha, 02.10.1997, Slg. 1997 I-5325.

667 Art 12 EGV ist ein relatives Diskriminierungsverbot, EuGH, Phil Collins, Slg. 1993 I-5145, Erw. 29 ff. Siehe, v. der Groeben-Zuleeg, Art. 6, Rn. 2 f.

668 V. der Groeben-Zuleeg, Art. 6, Rn. 12.

669 EuGH, Mund und Fester, 10.02.1994, Slg. 1994 I-467; Ehricke, IPRax 1999, 311, 316; Heß, NJW 2000, 23.

Nr. 1 EuGVÜ muss also stets diskriminierungsfrei erfolgen. *A fortiori* muss das Diskrimieirungsverbot bei der Anwendung von Art. 34 Nr. 1 EuGVO berücksichtigt werden.
Es genügt aber auch, dass der EGV den Organen der EG ein Aufgabenbereich eröffnet[670]. In diesem Aufgabenbereich ist Art. 12 EGV anzuwenden. Das gilt unabhängig davon, ob der Gemeinschaftsgesetzgeber von seinen Kompetenzen Gebrauch gemacht hat oder nicht[671].
Wichtig in diesem Zusammenhang ist die Einführung des neuen Aufgabenbereiches der EG durch den neuen Titel IV des EGV. Nach Art. 65a EGV ist die Anerkennung und Vollstreckung gerichtlicher und außergerichtlicher Entscheidungen in Zivil- und Handelssachen ein Aufgabenbereich der EG. Das Diskriminierungsverbot ist also immer anwendbar, wenn es um die Anerkennung und Vollstreckbarerklärung einer mitgliedstaatlichen Entscheidung geht. Die anerkennungsrechtliche Vorbehaltsklausel ist diskriminierungsfrei anzuwenden. Die Bejahung der Inlandsbeziehung darf nicht von der inländischen Staatsangehörigkeit der Betroffenen abhängen. Das gilt auch für familien- und erbrechtliche Sachverhalte, die von Art. 65 erfasst sind[672].
Nach Art. 65b EGV können Maßnahmen zur Förderung der Vereinbarkeit der in den Mitgliedstaaten geltenden Kollisionsnormen getroffen werden. Dieser Aufgabenbereich erfasst das gesamte Kollisionsrecht. Das Diskriminierungsverbot findet also im gesamten Bereich des IPR Anwendung[673]. In Folge dessen ist auch die kollisionsrechtliche Vorbehaltsklausel diskriminierungsfrei anzuwenden. Die Bejahung der Inlandsbeziehung des Sachverhaltes kann deshalb nicht von der inländischen Staatsangehörigkeit der Beteiligten abhängen.
Diese Grundsätze gelten mit Sicherheit für rein gemeinschaftsbezogene Sachverhalte. Problematischer ist die Geltung des Diskriminierungsverbots bei Sachverhalten mit starkem Bezug zu Drittstaaten. Ist auch in solchen Fällen der Anwendungsbereich des Diskriminierungsverbots eröffnet? Die Problematik kann an folgendem Beispiel verdeutlicht werden: ein französisches Gericht hat sich in einem Fall geweigert, die Vorbehaltsklausel anzuwenden, weil der Sachverhalt keine Beziehung zu Frankreich aufwies[674]. Es ging um die Anwendung peruanischen Rechts, das eine Anfechtung der Vaterschaftsanerkennung durch den Vater nicht gestattet[675]. Es stellte sich die Frage, ob dieses Recht gegen den fran-

---

670 EuGH, Saldanha, 02.10.1997, Slg. 1997 I-5325, Erw. 23 und 24; Ehricke IPRax 1999, 311, 317.

671 Ehricke, IPRax 1999, 311, 317.

672 Kohler, RC 1999, 3, 18; Heß, NJW 2000, 23, 27 Fn. 85; Basedow, EuZW 1997, 609.

673 Heß, NJW 2000, 23, 26, Fn.65.

674 TGI Paris, 23.11.1993, RC 1995, 703.

675 Bergmann/Ferid, Internationales Ehe- und Kindschaftsrecht, Peru, 96. Lieferung, S. 19: die Anerkennung der Vaterschaft ist unwiderruflich.

zösischen ordre public verstößt. Der Vater, der die Vaterschaftsanerkennung anfechten wollte, war deutscher Staatsangehöriger und in Deutschland wohnhaft. Das Kind und die Mutter waren Peruaner. Wenn das französische Gericht bei französischer Staatsangehörigkeit des Vaters anders entschieden hätte und die Vorbehaltsklausel zur Anwendung gebracht hätte, wäre die konkrete Entscheidung des TGI Paris als Verletzung des Diskriminierungsverbots zu sehen? Die Anwendung des Diskriminierungsverbots in einem solchen Fall würde den deutschen Bürger die Garantie geben, dass er in Frankreich die selben Rechte genießt wie ein Franzose. Damit würde die nationale Staatsangehörigkeit gegenüber der EU-Bürgerschaft an Bedeutung verlieren. Dies wäre ganz im Sinne des Aufbaus eines europäischen Raumes des Rechts. Auf französischem Boden würden alle Gemeinschaftsbürger gleich behandelt[676]. Auf der anderen Seite ist hier ein Sachverhalt gegeben, der nicht rein gemeinschaftsbezogen ist. Art. 65 EGV erfasst aber seinem Sinn nach nur binnenmarktspezifische Sachverhalte, so dass der oben genannte Fall nicht mehr zum Aufgabenbereich des EGV gezählt werden kann. Damit entsteht ein besonderes innergemeinschaftliches Kollisionsrecht für rein gemeinschaftsbezogene Sachverhalte, das sich von dem auf Sachverhalte mit starkem Bezug zu Drittstaaten anwendbaren Kollisionsrecht unterscheidet.
Die Geltung des Diskriminierungsvebots hat auch Bedeutung für die besonderen Vorbehaltsklauseln[677]. Die Regelung des Art. 38 EGBGB a.F. wurde bereits als Verletzung des Diskriminierungsverbots gesehen[678]. Mit dem neuen deutschen Kollisionsrecht der außervertraglichen Schuldverhältnisse hat sich die Diskussion über die Gemeinschaftsrechtswidrigkeit von Art. 38 EGBGB erledigt. Die Norm ist abgeschafft worden. Für die Inländerschutzklausel[679] des Art. 17 Abs. 1 S. 2 EGBGB bedeutet die Geltung des Diskriminierungsverbotes, dass die Anknüpfung an die deutsche Staatsangehörigkeit durch eine Anknüpfung an die Staatsangehörigkeit eines Mitgliedstaates ersetzt werden muss. Allerdings kann hier stets auf Art. 6 EGBGB zurückgegriffen werden, um dem EU-Bürger den gleichen Schutz zu gewähren wie dem Deutschen[680].

---

676 Siehe J.P. Grivegnée, 11.10.1988, JT 1989, 168: "*...un enfant d'une nationalité de la Communauté européenne ne peut avoir sur le sol belge, moins de droits qu'un enfant belge...*"

677 Den Begriff "besondere Vorbehaltsklauseln" benutzen Kegel/Schurig, S. 459; Kropholler spricht von speziellen Vorbehaltsklauseln, Internationales Privatrecht, S. 234 f.

678 Sonnenberger, ZvglRWiss 1996, 3, 16; Drobnig, RabelsZ 1970, 636, 660; Niessen, NJW 1968, 2170 ff; Fallon, RdC, S. 9, 129; Martiny, S. 211, 236.

679 Staudinger/von Bar-Mankowski, Art. 17 EGBGB, Rn. 165.

680 Zum Verhältnis zwischen Art. 13 II EGBGB und Art. 6 EGBGB siehe Andrae, S. 59.

3) Gemeinschaftsrecht und Anwendungsbereich der Vorbehaltsklausel

In diesem Abschnitt soll der Einfluss des Gemeinschaftsrechts insoweit betrachtet werden, als er zu einer Reduzierung der Anwendung der Vorbehaltsklausel im innergemeinschaftlichen Rechtsverkehr führt. Zunächst ist festzustellen, dass die gemeinschaftsrechtliche Rechtsetzungsaktivität zu einer geringeren Bedeutung der Vorbehaltsklausel führt. Dann wird aufgezeigt, wie das Vorhandensein eines gemeinschaftsrechtlichen prozessualen Rechtsschutzes die Bedeutung der verfahrensrechtlichen ordre public Klausel ändert.

a) Legislative Aktivität der EG und ordre public

Die Vorbehaltsklausel kann einmal durch Harmonisierung des materiellen nationalen Rechts tangiert werden. Das Gemeinschaftsrecht wirkt aber mehr und mehr direkt auf die Gestaltung der Vorbehaltsklausel ein.

aa) Harmonisierung des mitgliedstaatlichen Rechts

Die Harmonisierung der nationalen Rechtsordnungen durch die Umsetzung von Richtlinien und durch Inkrafttreten von Verordnungen macht die ordre public Klausel in den erfassten Anwendungsbereichen obsolet. Die Implementierung des gemeinschaftsrechtlichen Verbraucherschutzes verhindert, dass neue Gran-Canaria-Fälle entstehen[681]. Deutsche Gerichte brauchen nach Umsetzung der entsprechenden Richtlinien in Spanien den deutschen Verbraucher nicht mehr mittels der Vorbehaltsklausel zu schützen.
Bedeutsam im Hinblick auf die ordre public Klausel ist die neue ZustellungsVO[682]. Dort wird die Frage der Übersetzung des zuzustellenden Schriftstückes ausdrücklich geregelt. Nach Art. 8 der EG-Verordnung muss der Empfänger vom Empfangsstaat darüber belehrt werden, dass er die Annahme des Schriftstückes verweigern darf, wenn es nicht in der amtlichen Sprache des Empfangsstaates oder in einer ihm verständlichen Sprache übersetzt ist. Nach Art. 5 der EG-Verordnung muss derjenige, der das Schriftstück zustellen lässt, von der Übermittlungsstelle seines eigenen Staates davon in Kenntnis gesetzt werden, dass der Empfänger die Annahme des Schriftstückes mangels Übersetzung verweigern

---

681 AG Lichtenfels, 24.05.1989, IPRspr. 1989 Nr. 40; LG Bamberg, 17.01.1990, IPRspr. 1990 Nr. 27; OLG Celle, 28.08.1990, EuZW 1990, 550.

682 ABl. EG L 160, 30.06.2000, S. 37. Die Verordnung ist am 31.05.2001 in Kraft getreten. Dazu Heß, NJW 2001, 15.

darf. Bisher scheiterte die Anerkennung ausländischer Entscheidungen oft an der mangelnden Übersetzung des verfahrenseinleitenden Schriftstückes. Das Haager Übereinkommen über die Zustellung gerichtlicher und außergerichtlicher Schriftstücke im Ausland vom 15.11.1965 sieht in Art. 5 Abs. 3 lediglich vor, dass die Zentrale Behörde eine Übersetzung verlangen kann. Aus Unkenntnis der infolge dieses Artikels ergangenen Bestimmungen, kam es oft zu Zustellungen ohne die erforderliche Übersetzung[683]. Mit der neuen Verordnung ist die Rechtslage eindeutiger: der Empfänger kann immer eine Übersetzung verlangen. Der Verfahrensbeteiligte, der das Schriftstück zustellen lässt, wird sich darauf einrichten müssen. Die Vorbehaltsklausel wird deshalb in diesem Bereich an Bedeutung verlieren. Auch wird die beabsichtigte Vereinfachung der internationalen Zustellung die Fälle einer Verweigerung der Anerkennung eines ausländischen Urteils wegen mangelhafter Zustellung reduzieren. Insbesondere können die Mitgliedstaaten der postalischen Zustellung im Gegensatz zu Art. 10 HZÜ nicht mehr generell widersprechen[684]. Damit kann eine Zustellung schneller und einfacher erfolgen.

Eine weitere Reduzierung der Anwendungsfälle der ordre public Klausel wird die EG-Verordnung Nr. 1346/2000 über Insolvenzverfahren[685] mit sich bringen. Dort wird die internationale Zuständigkeit für Insolvenzverfahren einheitlich für die Mitgliedstaaten geregelt. In der Vergangenheit kam es in diesem Bereich zur Anwendung der ordre public Klausel, wenn der Urteilsrichter die ausschließliche internationale Zuständigkeit des Anerkennungsstaates nicht berücksichtigte[686]. Auch die Harmonisierung der internationalen Zuständigkeit in Verfahren, die Ehesachen betreffen[687], wird frühere Anwendungsfälle der Vorbehaltsklausel unmöglich machen[688].

Im Verfahrensrecht sind weitere Harmonisierungen denkbar. Sie werden durch den neuen Art. 65c EGV ermöglicht. Im Bereich des materiellen Familienrechts, wo die Vorbehaltsklausel noch eine wichtige Rolle spielt, sind im gegenwärtigen

---

683 Siehe z.B. den Sachverhalt in EuGH, Isabelle Lancray, 03.07.1990, Slg. 1990 I-2725. Siehe Teil 1 B I 2 b aa.

684 Art. 14 Abs. 2 EG-Verordnung Nr. 1348/2000, ABl. EG, L 160, 30.06.2000, S. 37 ff. Die Mitgliedstaaten können nur noch die Bedingungen bekanntgeben, unter denen sie eine Zustellung gerichtlicher Schriftstücke durch die Post zulassen. S. Geimer, Neuordnung, S. 306.

685 ABl. EG L 160, 30.06.2000, S. 1. Die Verordnung tritt am 31.05.2002 in Kraft.

686 Tribunal de commerce de Bruxelles, 15.03.1988, RPS 1988, 234. Siehe dazu Teil 1 B I 1.

687 EG-Verordnung Nr. 1347/2000, ABl. EG L 160, 30.06.2000, S. 19 über die Zuständigkeit und Anerkennung und Vollstreckung von Entscheidungen in Ehesachen und in Verfahren betreffend die elterliche Verantwortung für die gemeinsamen Kinder der Ehegatten. In Art. 17 wird dem Anerkennungsrichter die Überprüfung der internationalen Zuständigkeit des Urteilsrichters verboten.

688 Siehe Teil 1 B I 1.

Stand des Gemeinschaftsrechts jedoch keine Kompetenzgrundlagen zur Harmonisierung gegeben.

bb) Unmittelbare Gestaltung der Vorbehaltsklausel

Bisher hat das Gemeinschaftsrecht die Vorbehaltsklausel nur mittelbar durch die Geltung übergeordneter Grundsätze beeinflusst. Dies rechtfertigt es auch, den Einfluss der EMRK und des Gemeinschaftsrechts nebeneinander zu stellen. Doch übernimmt das Gemeinschaftsrecht nach und nach die Rolle der Staatsverträge. Wurde die unmittelbare Gestaltung der Vorbehaltsklausel bisher auf staatsvertraglicher Ebene vorgenommen, so geschieht dies jetzt durch EG-Sekundärrecht.
Die EG-Verordnung Nr. 1347/2000 über die gerichtliche Zuständigkeit, die Anerkennung und Vollstreckung von Entscheidungen in Ehesachen und in Verfahren betreffend die elterliche Verantwortung für die gemeinsamen Kinder der Ehegatten[689] enthält in Art. 15 Nr. 1a, 1b und Art. 15 Nr. 2a, 2b, 2c auch eine anerkennungsrechtliche Vorbehaltsklausel. Art. 15 Nr. 1a bzw. Art. 15 Nr. 2a enthalten die allgemeine Vorbehaltsklausel für Entscheidungen, welche die Ehescheidung, die Eheauflösung und die Nichtigerklärung der Ehe betreffen bzw. für Entscheidungen, welche die elterliche Verantwortung betreffen. In Art. 15 Nr. 1b und Art. 15 Nr. 2c wird der Beklagtenschutz bei der Verfahrenseinleitung im Falle einer Versäumnisentscheidung normiert. Das verfahrenseinleitende Schriftstück muss rechtzeitig zugestellt worden sein. Formale Fehler der Zustellung stehen der Anerkennung nicht mehr entgegen, wenn sich der Beklagte verteidigen konnte. Auf die anerkennungsrechtliche Vorbehaltsklausel kann im übrigen nicht zurückgegriffen werden, wenn der Beklagte die ausländische Entscheidung unmissverständlich akzeptiert hat. In Art. 15 Nr. 2b schließlich werden die Verfahrensrechte des Kindes besonders berücksichtigt. Deren Verletzung berechtigt zur Anwendung der ordre public Klausel. Diese kurze Übersicht über die neue Regelung zeigt, wie präzise die Vorbehaltsklausel auf gemeinschaftsrechtlicher Ebene unmittelbar normiert wird.
Wichtiger noch als Art. 15 ist die Vorschrift in Art. 18. Diese Norm bestimmt, dass die Anerkennung einer ausländischen Entscheidung, welche die Ehescheidung, die Trennung oder Auflösung des Ehebandes oder die Ungültigkeit einer Ehe betrifft, nicht deshalb versagt werden kann, weil eine solche Entscheidung im Recht des Anerkennungsstaates unter Zugrundelegung des selben Sachverhaltes nicht zulässig wäre. Diese Vorschrift schränkt den Anwendungsbereich der Vorbehaltsklausel weiter ein. Sie soll verhindern, dass Mitgliedstaaten, die für die Scheidung der Ehe, deren Auflösung oder deren Nichtigerklärung, strengere Be-

---

689 ABl. EG L 160, 30.06.2000, S. 19. Die Verordnung ist am 01.03.2001 in Kraft getreten.

stimmungen vorsehen, die Vorbehaltsklausel einsetzen, um mitgliedstaatliche Entscheidungen, die liberalere Vorschriften angewandt haben, abzuwehren[690]. Damit werden bisherige Anwendungsfälle der Vorbehaltsklausel nicht mehr zulässig sein. So fällt beispielsweise der Fall "Vervaecke vs Smith"[691] in den Anwendungsbereich der neuen EG-Verordnung, da dieser gemäß Art. 1a auch Ehenichtigkeitsklagen einschließt. Infolge dieser Vorschrift wird England seine ordre public Klausel gegenüber Ungültigkeitserklärungen von Scheinehen nicht mehr anwenden dürfen. Mit Art. 18 der EG-Verordnung wird der materiellrechtliche ordre public im internationalen Familienrecht in sehr weitem Maße eingeschränkt. Gegenüber der bisherigen Fassung der Vorbehaltsklausel im EuGVÜ stellt diese Vorschrift einen weiteren empfindlichen Schritt bei der Reduzierung des Anwendungsbereiches der Vorbehaltsklausel dar.
Auch das Inkrafttreten der EuGVO verringert die Anwendungsfälle der ordre public Klausel verringern. Die formalen Zustellungsfehler, die bisher einer Anerkennung entgegenstanden, selbst wenn der Beklagte sich im Urteilsstaat hätte verteidigen können, werden die Urteilsfreizügigkeit nicht mehr behindern. Die Verordnung bringt allerdings keine Abhilfe für das Problem der Rechtzeitigkeit der Zustellung. Wie in Teil 1 dieser Arbeit deutlich wurde, ist dies ein bedeutendes Anerkennungshindernis im europäischen Rechtsverkehr. Auch wenn der Beklagte nach Art. 41 Nr. 2 EuGVO die ihm möglichen Rechtsbehelfe im Urteilsstaat einzulegen hat, muss ihm genügend Zeit gelassen werden, sich erst einmal über die in Frage kommenden Rechtsbehelfe zu informieren. Dazu muss ihm eine angemessene Frist eingeräumt werden. Dies kann nur durch eine vernünftige Fristsetzung durch den Urteilsrichter erfolgen.
Der neue Art. 34 EuGVO erlaubt dem Richter auch nicht mehr, die Anerkennung oder Vollstreckbarerklärung deshalb zu verweigern, weil der Urteilsrichter für bestimmte außerhalb der EuGVO stehenden Rechtsmaterien, ein anderes Recht angewandt hat, als das nach dem Kollisionsrecht des Anerkennungsrichters bzw. Exequaturrichters anwendbare Recht.
Im Bereich der ZustellungsVO ist sogar auf eine Vorbehaltsklausel ganz verzichtet worden[692].

---

690 Siehe Borras, S. 53.

691 Siehe Teil 1 A III 1 a aa 3.

692 Geimer, IPRax 2002, 69, 70 Fn.10.

b) Rechtsschutz in der EG und prozessualer ordre public

Es ist oben gezeigt worden, dass die Möglichkeit, eine innerstaatliche Entscheidung durch den EGMR auf Verfahrensfehler hin überprüfen zu lassen, die Bedeutung der verfahrensrechtlichen ordre public Klausel ändert. Die These lautet: der verfahrensrechtliche ordre public ist im europäischen Rechtsverkehr eigentlich nicht mehr erforderlich, da eine Kontrolle des innerstaatlichen Verfahrens durch den EGMR auf der Grundlage von Art. 6 Abs. 1 EMRK nach Erschöpfung des internen Rechtsweges stets möglich ist. Wegen der Überlastung des EGMR muss den nationalen Anerkennungsrichtern gegenwärtig jedoch weiterhin eine Kontrollkompetenz verbleiben.
Auf Gemeinschaftsebene stellt sich eine vergleichbare Frage: welche Bedeutung hat die verfahrensrechtliche ordre public Klausel angesichts des gemeinschaftsrechtlichen Rechtsschutzes? Die Beantwortung dieser Frage hängt erstens davon ab, ob das Gemeinschaftsrecht einen der EMRK vergleichbaren prozessualen Grundrechtsschutz kennt. Zweitens ist festzustellen, inwieweit dieses Gemeinschaftsrecht als Prüfungsmaßstab gegenüber einem nationalen Verfahren benutzt werden kann.

aa) Prozessualer Grundrechtsschutz im Recht der EG

Das geschriebene Primärrecht enthält anders als die Verfassungen der Mitgliedstaaten keine Normen, die prozessuale Grundrechte festschreiben[693]. Bei der Entwicklung der gemeinschaftsrechtlichen Grundrechte als Teil der allgemeinen Rechtsgrundsätze, hat sich der EuGH auch mit prozessualen Grundrechten befasst[694]. Die Gewährleistung eines effektiven Rechtsschutzes, d.h. die Möglichkeit seine Rechte gerichtlich geltend zu machen, sind im Gemeinschaftsrecht verbürgt[695]. Ferner ist der Anspruch auf rechtliches Gehör vom EuGH als ein fundamentaler Grundsatz des Gemeinschaftsrechts bezeichnet worden[696]. Auch der Anspruch auf einen fairen Prozess gehört zu den allgemeinen gemeinschaftsrechtlichen Grundsätzen[697], insbesondere der Anspruch auf einen

---

693 Grzybek, S. 28, S. 97.

694 Kokott, AöR 1996, 599, 616 ff; Grzybek, S. 35 ff.

695 EuGH, Johnston, 15.05.1986, Slg. 1986, 1651; EuGH, Heylens, 15.10.1987, Slg. 1987, 4097. Siehe auch Jacobs, S. 197 ff.

696 EuGH, Hoffmann-La Roche, 13.02.1979, Slg. 1979, 461; EuGH, Musique Diffusion Francaise, 07.06.1983, Slg. 1983, 1825, 1827; dazu Grzybek, S. 97 ff.

697 EuGH, Baustahlgewebe, 17.12.1998, Slg. 1998 I-8485, Erw. 20; EuGH, Krombach, 28.03.2000, Slg. 2000, I-1956, Erw. 26.

Prozess in angemessener Frist[698]. Die allgemeinen Rechtsgrundsätze genießen den gleichen Rang wie das Primärrecht.
Bei der Gewinnung von Prozessgrundrechten tendiert die Rechtsprechung des EuGH dazu, die vom EGMR entwickelten Verfahrensgrundsätze zu übernehmen. Dabei lässt sich eine kontinuierliche Aufwertung der EMRK und der Rechtsprechung des EGMR beobachten[699]. Wurde anfangs Art. 6 Abs. 1 EMRK lediglich zitiert, greift der EuGH nunmehr ausdrücklich auf die Rechtsprechung des EGMR zurück. Diese letzte Stufe zeigt sich in der neueren Entscheidung "Baustahlgewebe"[700]. Dort wird sogar die gemeinsame Verfassungstradition der Mitgliedstaaten, die vom EuGH sonst neben der EMRK als Rechtsquelle für die Entwicklung der gemeinschaftsrechtlichen Grundrechte herangezogen wird, nicht zitiert. In dem der Entscheidung zu Grunde liegende Fall ging es um die Überprüfung eines Verfahrens vor dem EuGI. Nach Ansicht des EuGH hat der EuGI den Grundsatz der angemessenen Verfahrensdauer verletzt. Bei der Frage, ob die Verfahrensdauer angemessen war, übernimmt der EuGH ausdrücklich die vom EGMR entwickelte Rechtsprechung. Er löst den Fall nach den Kriterien, die auch der EGMR zur Entscheidung solcher Fälle benutzt. So wird in der Rechtsprechung des EGMR die Angemessenheit der Verfahrensdauer nach den Umständen des einzelnen Falles beurteilt. Dabei spielen insbesondere eine Rolle: die Interessen der Parteien, die Komplexität der Rechtssache, das Verhalten der Parteien[701]. Beachtenswert ist, dass der EuGH diese ausdifferenzierte Rechtsprechung des EGMR übernimmt.
Über die Rechtsprechung des EuGH fließt also der Tendenz nach die gesamte Rechtsprechung des EGMR zu Art. 6 Abs. 1 EMRK in das Gemeinschaftsrecht hinein[702]. Dabei hat der EuGH zwar betont, dass die Gemeinschaftsgrundrechte im Lichte der Ziele und Aufgaben der Gemeinschaft interpretiert werden müssen[703]. Bisher hat sich daraus eine wesentliche Abweichung des gemeinschaftsrechtlichen Grundrechtsschutzes von dem der EMRK nicht ergeben.

698 EuGH, Baustahlgewebe, 17.12.1998, Slg. 1998 I-8485.
699 Kokott, AöR 1996, 599, 638; Sudre, JCP 1998 I 100, S. 9, S. 13.
700 EuGH, Baustahlgewebe, 17.12.1998, Slg. 1998 I-8485 , Erw. 20.
701 Siehe Schlette, EuGRZ 1999, 369 ff.
702 Monjal, S. 119.
703 EuGH, Internationale Handelsgesellschaft, 17.12.1970, Slg. 1970, 1125, Erw. 4.

bb) Anwendungsbereich der prozessualen Grundrechte

1. Rechtsprechung des EuGH

Es stellt sich die Frage, ob der gemeinschaftsrechtliche prozessuale Grundrechtsschutz auch bei nationalen Verfahren zu beachten ist.
Die Gemeinschaftsgrundrechte werden dem Unionsbürger zunächst im Verhältnis zu den Organen der Gemeinschaft garantiert. So ist der Anspruch auf einen Prozess in angemessener Frist für das gerichtliche Verfahren vor dem EuGI entwickelt worden[704]. Der Anspruch auf rechtliches Gehör ist für das Verwaltungsverfahren vor der europäischen Kommission konzipiert worden[705]. Der EuGH hat die Gemeinschaftsgrundrechte aber auch gegenüber Handlungen der Mitgliedstaaten zur Anwendung gebracht. Er hat die Gemeinschaftsgrundrechte allgemein dann gelten lassen, wenn eine nationale Regelung "in den Anwendungsbereich des Gemeinschaftsrechts" fällt[706]. Die Auslegung der EuGH-Formel ist schwierig. Allgemein anerkannt ist, dass die Gemeinschaftsgrundrechte zur Anwendung kommen, wenn ein Mitgliedstaat Gemeinschaftsrecht vollzieht[707]. Ferner muss sich nach der Rechtsprechung des EuGH ein Mitgliedstaat an die Gemeinschaftsgrundrechte richten, wenn er sich auf die Ausnahmeklauseln der Art. 30, 39 Abs. 3, 46, 55 EGV beruft[708].
Die Geltung der gemeinschaftsrechtlichen Prozessgrundrechte für nationale Gerichtsverfahren ist auch dann angenommen worden, wenn das nationale Verfahren subjektive Recht betrifft, die das Gemeinschaftsrecht dem Unionsbürger gewährt. Dies lässt sich z.B. aus der Entscheidung Heylens ableiten[709]. In dieser Entscheidung hatte ein belgischer Fußballtrainer vor französischen Behörden sein Freizügigkeitsrecht aus Art. 39 EGV geltend gemacht. Er wollte in Frankreich tätig werden und hat vor den französischen Behörden die Anerkennung seines belgischen Fußballtrainerdiploms beantragt. Die Anerkennung wurde ihm von der zuständigen Behörde ohne Begründung verweigert. Im Vorabentscheidungsverfahren wurde die Frage aufgeworfen, ob die Inanspruchnahme einer Grundfreiheit in einem Mitgliedstaat dessen Behörden verpflichten, ihre Entscheidungen zu be-

---

704 EuGH, Baustahlgewebe, 17.12.1998, Slg. 1998 I-8485.

705 EuGH, Hoffmann-La Roche, 13.02.1979, Slg. 1979, 461.

706 EuGH, Grogan, 04.10.1991, Slg. 1991 I 4685, Erw. 31; EuGH, 18.06.1991, ERT, Slg. 1991, I-2925 ff, Erw. 42.

707 EuGH, Wachauf, 13.07.1989, Slg. 1989, 2609, Erw. 19; Ruffert, EuGRZ 1995, 518, 527; Kokott, AöR 1996, 599, 604.

708 EuGH, 18.06.1991, ERT, Slg. 1991 I-2925, Erw. 43; EuGH, Vereinigte Familiapress, 26.06.1997, Slg. 1997 I-3689; Kokott, AöR 1996, 599, 604; restriktiver Ruffert, EuGRZ 1995, 518, 528f.

709 EuGH, Heylens, 15.10.1987, Slg. 1987, 4097 ff.

gründen. Der EuGH führt aus, ein Unionsbürger müsse seine im Gemeinschaftsrecht verankerten Rechte unter den bestmöglichen Voraussetzungen geltend machen können[710]. Das Bestehen eines gerichtlichen Rechtsbehelfs und die Begründungspflicht seien Anforderungen des Gemeinschaftsrechts[711]. Es wird deutlich, dass der Rechtsschutz, der einem Unionsbürger von einem Mitgliedstaat zur Verfügung gestellt wird, um seine Rechte aus dem Gemeinschaftsrecht durchzusetzen, eine gewisse Qualität besitzen muss. Diese Qualität wird vom EuGH überwacht. Dass der Unionsbürger einen Anspruch auf eine faire Behandlung hat, gilt nicht nur für das Verwaltungsverfahren, sondern auch für das Gerichtsverfahren. Der EuGH betont, dass ein gerichtlicher Rechtsbehelf bestehen muss. Was für den Anspruch auf Zugang zum Gericht gilt, muss auch für das darauf folgende Gerichtsverfahren gelten. Auch da müssen die durch das Gemeinschaftsrecht gewährten subjektiven Rechte unter den bestmöglichen Voraussetzungen geltend gemacht werden können.

Die Geltung der Gemeinschaftsgrundrechte gegenüber Handlungen der Mitgliedstaaten wird auch nicht durch Art. 46d) EUV i.V. mit Art. 6 Abs. 2 EUV in Frage gestellt. Nach diesen Vorschriften überprüft der EuGH, ob die Menschenrechte, die sich aus der EMRK und der Verfassungstradition der Mitgliedstaaten ergeben, durch die Handlungen der Organe der EU und der EG gewahrt wurden. Diese Vorschrift sagt nichts über die Geltung der Gemeinschaftsgrundrechte gegenüber Handlungen der Mitgliedstaaten aus. Es ist anzunehmen, dass die hierzu entwickelte Rechtsprechung des EuGH bestehen bleibt[712]. Beim Vollzug des Gemeinschaftsrechts und in dessen Anwendungsbereich muss ein einheitlicher grundrechtlicher Maßstab gelten. Ansonsten ist die einheitliche Geltung des Gemeinschaftsrechts in allen Mitgliedstaaten gefährdet. Der EuGH hat in der Vergangenheit gezeigt, dass er auch ohne ausdrückliche Kompetenznorm einen gemeinschaftsrechtlichen Grundrechtsschutz gegenüber Handlungen der Mitgliedstaaten entwickeln kann[713].

Eine Vielzahl von nationalen Gerichtsverfahren wird sich im Anwendungsbereich des Gemeinschaftsrechts befinden. Viele Verfahren werden die Geltendmachung von gemeinschaftsrechtlichen subjektiven Rechte betreffen. Das gilt vor allem für den Binnenmarktprozess[714]. Wenn sich der Kläger im ausländischen Beklagtengerichtsstand auf eine vertragliche Forderung beruft, so konkretisiert das gerichtliche Verfahren oftmals die vorherige Inanspruchnahme einer gemeinschaftsrechtlichen Grundfreiheit. Die Dienstleistungsfreiheit oder die Warenverkehrs-

---

710 EuGH, Heylens, 15.10.1987, Slg. 1987, 4097, 4117, Erw. 15.

711 EuGH, Heylens, 15.10.1987, Slg. 1987, 4097, 4117, Erw. 16.

712 Wachsmann, Rev. trim. dr. eur. 1997, 883, 889.

713 Art. L i.V. mit Art. F Abs. 2 EUV a.F. gab dem EuGH gerade keine Kompetenz, einen gemeinschaftsrechtlichen Grundrechtsschutz zu schaffen. Dennoch hat er es getan.

714 Heß, JZ 1998, 1021.

freiheit sind nur dann effektiv, wenn die in Ausübung der Grundfreiheit entstehenden Forderungen gegen den Vertragspartner durchgesetzt werden können. Die gerichtliche Geltendmachung einer solchen Forderung fällt also in den Anwendungsbereich des Gemeinschaftsrechts.
Das heißt im Ergebnis, dass für grenzüberschreitende Sachverhalte ein gemeinschaftsrechtlicher Maßstab zur Überprüfung der nationalen Gerichtsverfahren zur Verfügung steht. Jedes grenzüberschreitende Gerichtsverfahren, dass sich im Anwendungsbereich des Gemeinschaftsrechts befindet, kann anhand der gemeinschaftsrechtlichen Prozessgrundrechte überprüft werden. Die verfahrensrechtliche ordre public Klausel im Anerkennungsstaat ist nicht mehr erforderlich. Die Überprüfung des ausländischen Verfahrens durch den Anerkennungsrichter wird durch eine Kontrolle des EuGH ersetzt. Auch entsteht damit ein einheitlicher europäischer Maßstab.

2. Perspektiven

Mit Inkrafttreten der EuGVO und der EG-Verordnung 1347/2000 stellt sich die Frage, ob sich der Urteilsrichter, der seine internationale Zuständigkeit auf der Grundlage dieser Verordnungen annimmt, im Anwendungsbereich des Gemeinschaftsrechts befindet und ob sich dann das gesamte nachfolgende Gerichtsverfahren an den Gemeinschaftsgrundrechten messen lassen muss?
Dies muss bejaht werden. Zwar regelt das Gemeinschaftsrecht in einem solchen Fall im Rahmen des Erkenntnisverfahrens nur die internationale Zuständigkeit des Urteilsrichters. Die anderen Aspekte des Verfahrens im Urteilsstaat werden durch das nationale Recht bestimmt. Die Parteien führen aber einen Binnenmarktprozess[715] in einem einheitlichen europäischen Raum des Rechts, dessen Aufbau Art. 61 EGV vorschreibt. Die gemeinschaftsrechtliche Regelung der internationalen Zuständigkeit betrifft einen Aspekt dieses Prozesses ausdrücklich. Sie zeigt aber, dass der Binnenmarktprozess vom Gemeinschaftsrecht erfasst ist[716]. Deshalb müssen auch die anderen gemeinschaftsrechtlichen Grundsätze, insbesondere das Diskriminierungsverbot und die gemeinschaftsrechtlichen Grundrechte gelten. Es muss also im Ergebnis davon ausgegangen werden, dass die gemeinschaftsrechtlichen Prozessgrundrechte zur Anwendung kommen, sobald der Urteilsrichter seine internationale Zuständigkeit auf der Grundlage einer der oben genannten gemeinschaftsrechtlichen Verordnung angenommen hat. Infolgedessen kann die Verletzung eines gemeinschaftsrechtlichen Prozessgrundrechtes im Wege des Vorabentscheidungsverfahrens im Urteilsstaat dem EuGH vorgelegt werden.

---

715 Heß, JZ 1998, 1021.
716 Heß, NJW 2000, 23, 27.

cc) Ergebnis

Im Ergebnis ist festzustellen, dass der EuGH einen gemeinschaftsrechtlichen prozessualen Grundrechtsschutz entwickelt hat, der sich an der Rechtsprechung des EGMR zu Art. 6 Abs. 1 EMRK im Bereich des Zivilverfahrens orientieren kann. Dieser Grundrechtsschutz erfasst eine Vielzahl von nationalen grenzüberschreitenden Gerichtsverfahren. Für diese Verfahren gibt es einen gemeinschaftsrechtlichen Überprüfungsmaßstab, den der EuGH anwenden kann. Auf die verfahrensrechtliche ordre public Klausel könnte also verzichtet werden.
Problematisch an diesem Ansatz ist, dass der EuGH überlastet ist[717]. Die Überprüfung ausländischer Verfahren durch den EuGH statt durch den Anerkennungsrichter ist im derzeitigen Stand des gemeinschaftsrechtlichen Rechtsschutzsystems mit den vorhandenen Ressourcen nicht zu leisten. Deshalb kann auf die Einschaltung des Anerkennungsrichters noch nicht verzichtet werden.
Allerdings können die gemeinschaftsrechtlichen Prozessgrundrechte vor dem Anerkennungsrichter geltend gemacht werden. Streitigkeiten müssen dann wiederum im Wege des Vorabentscheidungsverfahren dem EuGH vorgelegt werden. Ob der EuGH durch die Einschaltung des Anerkennungsrichters tatsächlich entlastet wird, ist deshalb unsicher.

c) Gemeinschaftsrechtliche Maßnahmen in bezug auf die ordre public Klausel

In diesem Abschnitt soll untersucht werden, ob der EGV Kompetenzvorschriften enthält, die Maßnahmen in bezug auf die ordre public Klausel ermöglichen.
Mit Inkrafttreten des Vertrages vom Amsterdam am 1. Mai 1999 ist die ordre public Klausel eine genuine Angelegenheit des Gemeinschaftsrechts geworden. Nach Art. 61c EGV kann der Rat Maßnahmen im Bereich der justitiellen Zusammenarbeit in Zivilsachen erlassen. Dazu gehören nach Art. 65c EGV Maßnahmen zur Beseitigung der Hindernisse für eine reibungslose Abwicklung von Zivilverfahren. Dabei werden nach Art. 65 EGV nur grenzüberschreitende Zivilverfahren erfasst. Ein solches Zivilverfahren ist zum Beispiel dann gegeben, wenn die gerichtliche oder außergerichtliche Entscheidung eines Mitgliedstaates in einem anderen Mitgliedstaat anerkannt oder für vollstreckbar erklärt werden soll.
Die Hindernisse für ein solches grenzüberschreitendes Verfahren können einerseits dadurch beseitigt werden, dass die zivilverfahrensrechtlichen Vorschriften der Mitgliedstaaten, die in anderen Mitgliedstaaten mittels der verfahrensrecht-

717 Siehe dazu, Zukunft des Gerichtssystems der EG, Abschlussbericht der Reflexionsgruppe, Sonderbeilage zu EuZW Nr. 9, 2000.

lichen ordre public Klausel abgewehrt werden, harmonisiert werden. Hindernisse für die reibungslose Abwicklung von grenzüberschreitenden Zivilverfahren können aber andererseits auch dadurch beseitigt werden, dass auf die verfahrensrechtliche Vorbehaltsklausel ganz verzichtet wird.

Auf der Grundlage von Art. 65c EGV kann auch darüber nachgedacht werden, die gesamte anerkennungsrechtliche Vorbehaltsklausel abzuschaffen. Zwar würden dadurch auch familien- und erbrechtliche Zivilverfahren berührt. Der Anwendungsbereich von Art. 65 EGV schließt aber familien- und erbrechtliche Sachverhalte ein[718].

Schwierig zu beurteilen ist die Frage, ob der EG tatsächlich die Befugnis zusteht, solche weittragenden Maßnahmen wie die Harmonisierung der zivilverfahrensrechtlichen Vorschriften oder die Abschaffung der verfahrensrechtlichen bzw. anerkennungsrechtlichen ordre public Klausel zu treffen. Der in Art. 65c EGV festgehaltene Wortlaut ist vorsichtig[719]. Dort wird von der Förderung der Vereinbarkeit der in den Mitgliedstaaten geltenden Vorschriften gesprochen. In der Literatur wird die Auffassung vertreten, dass die Harmonisierung der nationalen zivilverfahrensrechtlichen Vorschriften über eine bloße Förderung hinausgehen würde. Eine solche Harmonisierung sei durch den Begriff der Förderung nicht erfasst und sei somit durch die Kompetenzvorschrift des Art. 65c EGV nicht gedeckt[720]. Der Begriff der Förderung wird auch an anderer Stelle im EGV benutzt. Im Bereich der Bildungspolitik (Art. 149 EGV) und der Kultur (Art. 151 EGV) wird die Tätigkeit der EG meist als Förderung von bestimmten Politiken definiert. Allerdings klammern sowohl Art. 149 EGV als auch Art. 151 Harmonisierungsmaßnahmen ausdrücklich aus dem Maßnahmenkatalog der EG aus. In Art. 65c EGV erfolgt dies gerade nicht. Außerdem zeigt Art. 3q EGV[721], dass die Tätigkeit der EG im Bereich der Bildungspolitik und der Kulturpolitik lediglich ein Beitrag der Gemeinschaft zur nationalen Politik sein soll. Im Gegensatz dazu versteht sich die Politik der Gemeinschaft im Rahmen der justitiellen Zusammenarbeit nicht nur als Beitrag zu nationalen Maßnahmen. Der Aufbau eines Raumes der Freiheit, der Sicherheit und des Rechts ist eine eigene Angelegenheit der Gemeinschaft (Art. 61 EGV). Deshalb wurde in Art. 3d EGV der Begriff des Beitrages nicht erwähnt. In diesem Kontext muss der Begriff der Förderung gesehen werden. Er erlaubt der EG also einen weiteren Aktionsbereich als in anderen Gebieten. Im übrigen zeigen die Legislativorgane der EG, dass sie den Aufbau eines einheitlichen Raumes des Rechts als wichtigen Teil ihres Rechtsetzungsprogramms ver-

---

718 Kohler, RC 1999, 3, 18; Basedow, EuZW 1997, 609.
719 Kohler RC 1999, 3, 19.
720 Kohler RC 1999, 3, 20; Berg/Karpenstein, EWS 1998, 77, 78.
721 Art. 2 EGV und Art. 3 EGV sind Maßstäbe bei der Auslegung der Vorschriften des EGV, s. Monjal, S. 13.

stehen. Ein Jahr nach Einführung des Titels IV EGV waren bereits drei Verordnungen auf der Grundlage von Art. 61c EGV verabschiedet[722]. Zwar betreffen diese Vorschläge nicht Art. 65c EGV. Sie zeigen aber die Dynamik der EG-Organe in diesem Feld. Dies spricht für ein weites Verständnis von Art. 65c EGV. Die Abschaffung der verfahrensrechtlichen ordre public Klausel würde ohnehin keine Harmonisierung der zivilverfahrensrechtlichen Vorschriften bedeuten und ist somit durch die Kompetenznorm des Art. 65c EGV in jedem Fall gedeckt. Die Abschaffung der verfahrensrechtlichen ordre public Klausel könnte als eine restriktivere Art der *Full Faith And Credit Clause*[723] Eingang in das Gemeinschaftsrecht finden.

4) Ergebnis

Das Gemeinschaftsrecht findet Eingang in den Inhalt des ordre public der Mitgliedstaaten. Insofern ist das Gemeinschaftsrecht wie jedes andere geltende Recht zu behandeln. Die nationalen Gerichte müssen im Rahmen der Vorbehaltsklausel die vom EuGH als wesentlich bezeichneten gemeinschaftsrechtlichen Vorschriften durchsetzen. In der nationalen Rechtsprechung wird dieser Ansatz auch praktiziert.

Im Rahmen der methodischen Anwendung der Vorbehaltsklausel ist die Geltung des Gemeinschaftsrechts im Urteilsstaat zu beachten. Das Primärrecht und die Rechtsverordnungen setzen sich unmittelbar durch. Die Vorbehaltsklausel braucht nicht eingesetzt zu werden. Bei nicht umgesetzten Richtlinien ist das Gemeinschaftsrecht im Rahmen der üblichen Voraussetzungen der ordre public Kontrolle durchzusetzen. Neben dem Grundsatz der restriktiven Anwendung der Vorbehaltsklausel sind bei der Einsetzung der Vorbehaltsklausel auch die spezifischen Gemeinschaftsinteressen zu berücksichtigen. Schließlich muss bei der Bestim-

---

722 EG-Verordnung Nr. 1346/2000, ABl. EG L 160, 30.06.2000, S.1, über Insolvenzverfahren; EG-Verordnung Nr. 1347/2000, ABl. EG L 160, 30.06.2000, S. 19, über die gerichtliche Zuständigkeit, die Anerkennung und Vollstreckung von Entscheidungen in Ehesachen und in Verfahren betreffend die elterliche Verantwortung für die gemeinsamen Kinder der Ehegatten; EG-Verordnung Nr. 1348/2000, L 160, 30.06.2000, S. 37, über die Zustellung gerichtlicher und außergerichtlicher Schriftstücke in Zivil- oder Handelssachen.

723 Article IV Section 1 der amerikanischen Verfassung lautet im ersten Satz: "*Full Faith and Credit shall be given to the public Acts, Records and judicial Proceedings of every other State*". Art. 118 der australischen Verfassung lautet: "*Full faith and credit shall be given, throughout the Commomwealth to the laws, the public Acts and records, and the judicial proceedings of every state.*"

mung der Inlandsbeziehung das gemeinschaftsrechtliche Diskriminierungsverbot stets zur Geltung gebracht werden.
Das Gemeinschaftsrecht hat auch einen Einfluss auf den Anwendungsbereich der Vorbehaltsklausel. Durch die Harmonisierung der nationalen Rechte verringern sich die Anwendungsfälle der ordre public Klausel. Das Gemeinschaftsrecht tendiert aber auch dazu die Vorbehaltsklausel selbst zu definieren. Dabei ist zu beobachten, wie die Tatbestandsvoraussetzungen der Vorbehaltsklausel restriktiver als in der Vergangenheit bestimmt werden. Die neuen Vorschriften reduzieren die Einsatzmöglichkeiten der Klausel. Schließlich verringert sich wegen der Rechtsschutzmöglichkeiten vor dem EuGH der Anwendungsbereich der verfahrensrechtlichen ordre public Klausel. Der prozessuale Grundrechtsschutz wird durch den EuGH gesichert, sodass dieser als Alternative zur Kontrolle durch den Anerkennungsrichter in Frage kommt.

C) Ergebnis von Teil 2

Die Darstellung in Teil 2 dieser Arbeit hat gezeigt, wie deutlich die Vorbehaltsklausel vom Europäisierungsprozess erfasst wird. Wenn es um die unmittelbare Regelung der Vorbehaltsklausel durch europäische Staatsverträge geht, wird der generalklauselartige Charakter der Norm zurückgedrängt. Gleichzeitig wird der Anwendungsbereich der Norm reduziert. Wenn die Vorbehaltsklausel mittelbar durch Gemeinschaftsrecht oder durch die EMRK beeinflusst wird, kommt es ebenfalls zu einer Reduzierung ihres Anwendungsbereiches. Diese Normenbestände haben aber auch Bedeutung für den Inhalt der ordre public Klausel. Mittels der Vorbehaltsklausel werden immer häufiger europäische Normen durchgesetzt. Schließlich muss bei der methodischen Anwendung der Klausel stets auf die Geltung der EMRK und des Gemeinschaftsrechts Rücksicht genommen werden.
Der Europäisierungsprozess hat sich allerdings bisher nur auf die Voraussetzungen der Anwendung der Vorbehaltsklausel ausgewirkt. Die Folgen der Anwendung der ordre public Klausel sind nicht tangiert worden. Die nationalen Rechtsordnungen bestimmen weiterhin selbst, welche Folge die Anwendung der ordre public Klausel hat. Dies gilt sogar dann, wenn die nationalen Richter von der staatsvertraglich geregelten Vorbehaltsklausel Gebrauch machen.

Zusammenfassung und Perspektiven

Im ersten Teil dieser Arbeit ist gezeigt worden, dass die Vorbehaltsklausel in gewissen Fällen in berechtigter Weise angewandt wurde. Dies gilt vor allem dort, wo die ausländischen Rechtsordnungen nötige Reformen nicht oder sehr spät eingeleitet haben. Man denke nur an die hohen englischen Prozesskosten oder an die späte Verwirklichung des Gleichberechtigungsgrundsatzes im schweizerischen Ehegüterrecht. Ferner wurde im ersten Teil festgestellt, dass die Vorbehaltsklausel im europäischen Rechtsverkehr vor allem im Familienrecht und im Zivilverfahrensrecht zur Anwendung kommt.
Im zweiten Teil ist deutlich geworden wie tiefgreifend der Einfluss des Europäisierungsprozesses auf die Vorbehaltsklausel ist. Neben Inhalt und Methodik bestimmt der Europäisierungsprozess auch den Anwendungsbereich der Vorbehaltsklausel.
Die Frage, die sich nunmehr stellt, ist: Welcher Anwendungsbereich wird der Vorbehaltsklausel in der Zukunft verbleiben?
Der Anwendungsbereich der verfahrensrechtlichen ordre public Klausel wird sich reduzieren. Dies gilt zunächst deshalb, weil der EGMR Standards setzt, die für alle Mitgliedstaaten gelten. Damit kommt es zu einer Vereinheitlichung des Zivilverfahrensrechts der Mitgliedstaaten. Unterschiede, die eine ordre public Anwendung begründen könnten, werden schwinden. Dies gilt aber auch wegen der vorhandenen Rechtsschutzmöglichkeiten vor dem EuGH und dem EGMR. Wie oben gezeigt wurde, wird angesichts der Rechtsschutzmöglichkeiten vor dem EGMR und dem EuGH in verfahrensrechtlicher Hinsicht ein Rückgriff auf die verfahrensrechtliche Vorbehaltsklausel im Anerkennungsstaat an Bedeutung verlieren. Die Entscheidung des Urteilsrichters kann in verfahrensrechtlicher Hinsicht vom EuGH und vom EGMR überprüft werden. Die Kontrolle durch den EuGH findet zwar nur im Anwendungsbereich des Gemeinschaftsrechts statt. Dieser tendiert aber dazu sich stets zu erweitern. Der neue Titel IV des EGV erfasst den grenzüberschreitenden Binnenmarktprozess. Damit erfasst er auch den Anwendungsbereich der verfahrensrechtlichen ordre public Klausel. Die Überprüfung der gerichtlichen Entscheidung durch den EGMR ist zwar dadurch begrenzt, dass das Urteil des EGMR auf das abgeschlossene Verfahren im Urteilsstaat grundsätzlich keine unmittelbare Wirkung hat. Es wurde aber festgestellt, dass die Mitgliedstaaten der EMRK nach und nach Wiederaufnahmeverfahren einführen, welche der Entscheidung des EGMR zu einer unmittelbaren Wirkung in der nationalen Rechtsordnung verhelfen. Im Lichte dieser Tendenzen ist die zukünftige Entwicklung der verfahrensrechtlichen Vorbehaltsklausel zu sehen. Die verfahrensrechtliche Vorbehaltsklausel kann zur Entlastung der höchsten europäischen Gerichte beibehalten werden. Es kann aber auch der europäische Rechtsschutz selbst reformiert und ausgebaut werden. Nur die letzte Möglichkeit sichert

die einheitliche Anwendung des Rechts in einem gemeinsamen europäischen Rechtsraum.

Im Bereich des Familienrechts ist eine gewisse Vereinheitlichung der nationalen Rechtsordnungen durch die Rechtsprechung des EGMR zu beobachten. Aber gerade in den sensiblen Bereichen hält sich der EGMR zurück. Dies hat sich bei der Frage des Eheschließungsrechts der Transsexuellen[724] und des Adoptionsrechts von Homosexuellen[725] gezeigt . Es wird auch für andere zukünftige konfliktreiche neue Rechtsbereiche gelten, beispielsweise für das Adoptionsrecht von gleichgeschlechtlichen Partnern oder im Bereich der künstlichen Zeugung. Im übrigen steht dem EGMR anders als im Prozessrecht keine Generalklausel zur Verfügung. Im Familienrecht muss er sich auf die vorhandenen Vorschriften der EMRK stützen, die das Familienrecht nur partiell decken. In diesem Rechtsbereich ist die Rechtsangleichung vor allem durch multilaterale Staatsverträge im internationalen Privatrecht und im internationalen Zivilverfahrensrecht erfolgt, weniger im materiellen Recht. Dieser Ansatz wird auch im Gemeinschaftsrecht mit der neuen Verordnung zum internationalen Familienrecht verfolgt[726]. Auf das materielle Familienrecht hat sich das Gemeinschaftsrecht bisher nicht ausgewirkt. In diesem Bereich kann die Vorbehaltsklausel in der Zukunft weiterhin zur Anwendung kommen.

---

724 Siehe entgegen EGMR, Rees, 17.10.1986, und EGMR, Sheffield, 30.07.1998, Erw. 62 ff., aber nunmehr EGMR, Christine Goodwin gegen Vereinigtes Königreich, 11.07.2002 und I. gegen Vereinigtes Königreich, 11.07.2002, wo ein Recht auf Eheschliessung des Transsexuellen anerkannt wird.

725 EGMR, Fretté, 26.02.2002, wo dem Homosexuellen kein Recht auf Adoption zuerkannt wird; krit. Marguenaud/Raynard, RTDC 2002, 389.

726 EG-Verordnung Nr. 1347/2000, ABl. EG 160, 30.06.2000, S. 19 über die gerichtliche Zuständigkeit, die Anerkennung und Vollstreckung von Entscheidungen in Ehesachen und in Verfahren betreffend die elterliche Verantwortung für die gemeinsamen Kinder der Ehegatten.

Literaturverzeichnis

Agostini, Eric	Statut personnel : requiem pour l'ordre public? D. jp. 1999, 671
Andorno, Roberto	Les droits européens face à la procréation médicalement assistée RIDC 1994, 143
Andrae, Marianne	Internationales Familienrecht Baden-Baden, 1999
Audit, Bernard	Anmerkung zu Cass. civ. 1, 24.02.1998 D. som. 1999, 290
Bajons, Ena-Marlis (Hrsg.)	Die Übereinkommen von Brüssel und Lugano Wien, 1997
Ballon, Oskar J.	Einführung in das österreichische Zivilprozeßrecht - Streitiges Verfahren Graz, 1992, 3. Auflage
Baumann, Peter	Die Anerkennung und Vollstreckung ausländischer Entscheidungen in Unterhaltssachen Bielefeld, 1989
Baumbach, Adolf	Zivilprozeßordnung München, 2000, 58. Auflage (zit.: Baumbach-Bearbeiter)
Baumert, Andreas J.	Europäischer Ordre public und Sonderanknüpfung zur Durchsetzung von EG-Recht unter besonderer Berücksichtigung der sogenannten mittelbaren horizontalen Wirkung von EG-Richtlinienbestimmungen Frankfurt a.M., 1994

Baur, Fritz	Einige Bemerkungen zum verfahrensrechtlichen ordre public In: Beiträge zur Gerichtsverfassung und zum Zivilprozeßrecht Tübingen, 1983, S. 342
v. Bar, Christian	Menschenrechte im Kollisionsrecht In: Aktuelle Probleme des Menschenrechtsschutzes, Walter Kälin (Hrsg.) Heidelberg, 1994
	Anm. zu EuGH, Urteil vom 28.03.2000 JZ 2000, 723
Basedow, Jürgen	Haftungsersetzung durch Versicherungsschutz : ein Stück ordre public? IPRax 1994, 85
	Der kollisionsrechtliche Gehalt der Produktfreiheiten im europäischen Binnenmarkt : favor offerentis RabelsZ 1995, 1
	Die Harmonisierung des Kollisionsrechts nach dem Vertrag von Amsterdam EuZW 1997, 609
	Das Internationale Privatrecht in den Zeiten der Globalisierung FS Hans Stoll Tübingen, 2001, S. 405
Batiffol, Henri / Lagarde, Paul	Traité de droit international privé Tome 1 Paris, 1993, 8. Auflage
Beitzke, Günther	Französische postmortale Eheschließung und Legitimation IPRax 1991, 227
Benayas Elvira, Maria Jesus	Anmerkung zu TS (Sala 1a), 24.12.1996 REDI (Vol. 50) 1998, Num. 1, 223

Beraudo, Jean-Paul	Convention de Bruxelles du 27 Septembre 1968 Reconnaissance des décisions juridictionnelles Jurisclasseur Europe, Fascicule 3040 Paris, 1997
	Le Règlement (CE) du Conseil du 22 décembre 2000 concernant la compétence judiciaire, la reconnaissance et l'exécution des décisions en matière civile et commerciale JDI 2001, 1033
Berg, Werner / Karpenstein, Rolf	Änderung der rechtlichen Grundlagen der EU durch den Vertrag von Amsterdam EWS 1998, 77
Bergmann, Alexander / Ferid, Murrad	Internationales Ehe- und Kindschaftsrecht Frankfurt am Main, Loseblattsammlung
Besse, Dirk	Die justitielle Zusammenarbeit in Zivilsachen nach dem Vertrag von Amsterdam und das EuGVÜ ZEuP 1999, 107
Born, Hugues / Fallon, Marc	Chronique de jurisprudence Droit judiciaire international (1986 – 1990) JT 1992, 401
Borras, Alegria	Erläuternder Bericht zu dem Übereinkommen aufgrund von Artikel K.3 des Vertrages über die Europäische Union über die Zuständigkeit und die Anerkennung und Vollstreckung von Entscheidungen in Ehesachen ABl. EG C 221, 16.07.1998, S. 27
Braun, Stefan	Der Beklagtenschutz nach Art. 27 Nr.2 EuGVÜ Berlin, 1992
Brödermann, Eckart	Europäisches Gemeinschaftsrecht vs IPR : Einflüsse und Konformitätsgebot MDR 1992, 89
Brödermann, Eckart / Iversen, Holger	Europäisches Gemeinschaftsrecht und Internationales Privatrecht Tübingen, 1994

Brötel, Achim	Schutz des Familienlebens RabelsZ 1999, 581
Bruns, Alexander	Der anerkennungsrechtliche ordre-public in Europa und den USA JZ 1999, 278
Bruneau, Chantal	Les règles européennes de compétence en matière civile et commerciale JCP G 2001 I 304
Bucher, Andreas	Droit international privé suisse Bâle, 1995
Buchner, Benedikt	Kläger- und Beklagtenschutz im Recht der internationalen Zuständigkeit Tübingen, 1998
Calvo Caravaca, Alfonso L.	Comentario al convenio de Bruselas relativo a la competencia judicial y a la ejecución de resoluciones judiciales en materia civil y mercantil Madrid, 1994
Carbonnier, Jean	Droit civil 2 / La famille Paris, 1999, 20. Auflage
Carlier, Jean-Yves	La reconnaissance des répudiations R.T.D.F. 1996, 131
Coester-Waltjen, Dagmar	Internationales Beweisrecht Ebelsbach, 1983
Cohen, Dany	La Convention européenne des droits de l'homme et le droit international privé RC 1989, 451
Cornu, Gérard	Anmerkung zu Cass. civ. 1, 27.02.1985 D. jp. 1985, 265

Courbe, Patrick — Le droit international privé et les difficultés d'insertion de la convention dans le système français
In: Paul Tavernier (Hrsg.), Quelle Europe pour les droits de l'homme?
Brüssel, 1996

Couzigou-Suhas, Nathalie — La prestation compensatoire "formule 2000": de quelques illusions perdues
Gaz.Pal. 12.11.2000/14.11.2000, 5

Cuniberti, Gilles — Anmerkung zu Cass. civ. 1, 17.11.1999
RC 2000, 786

Déprez, Jean — Anmerkung zu Cass. civ. 1, 04.05.1994 und Cass. civ. 1, 01.06.1994
RC 1995, 106

Docquir, Benjamin — Le droit international privé à l'épreuve de la Convention européenne des droits de l'homme
Annales de droit de Louvain 1999, 473, 510

Drobnig, Ulrich — Verstößt das Staatsangehörigkeitsprinzip gegen das Diskriminierungsverbot des EWG-Vertrages ?
RabelsZ 1970, 636

Conflict of laws and the European Economic Community
AJCL 1966-67, 204

Droz, Georges — Compétence judiciaire et effets des jugements dans le Marché Commun
Paris, 1972

Transsexualisme, état civil et droit international privé
In: S.C.J.J. Kortmann u.a. (Hrsg.), Op recht: bundel opstellen, aangeboden aan prof. mr. A.V.M. Struycken ter gelegenheid van zikn zilveren ambtsjubileum aan de Katholieke Universiteit Nijmegen
Zwolle, 1996, S. 43
(zit.: transsexualisme)

	Anmerkung zu Cass. civ. 1, 24.02.1998 RC 1998, 637
	Anmerkung zu EuGH, Pendy Plastic, 15.07.1982 RC 1983, 525
	Variations Pordea RC 2000, 181
Droz, Georges / Gaudemet-Tallon, Hélène	La transformation de la Convention de Bruxelles du 27 septembre 1968 en Règlement du Conseil concernant la compétence judiciaire, la reconnaissance et l'exécution des décisions en matière civile et commerciale RC 2001, 601
Dubbink, C.W.	Mensenrechten en de openbare orde in het internationaal privaatrecht In: S.C.J.J. Kortman u.a. (Hrsg.), Op recht: bundel opstellen, aangeboden aan prof. mr. A.V.M. Struycken ter gelegenheid van zikn zilveren ambtsjubileum aan de Katholieke Universiteit Nijmegen Zwolle, 1996, S. 51
Ehricke, Ulrich	Art. 12 I (ex 6 I) EG-Vertrag und das nationale Zivilprozessrecht - Bilanz und Perspektiven IPRax 1999, 311
	Auswirkungen der Europäischen Menschenrechtskonvention auf das deutsche Kollisionsrecht EuGRZ 1993, 113
Eichenhofer, Eberhard	Anmerkung zum Beschluß des BGH vom 16.9.1993 JZ 94, 258
Ellger, Reinhard	Europäische Menschenrechtskonvention und deutsches Privatrecht - Die Einwirkung von Artt. 8 und 10 EMRK auf die deutsche Privatrechtsordnung RabelsZ 1999, 625

Engel, Christoph — Ausstrahlung der Europäischen Menschenrechtskonvention auf das Kollisionsrecht
RabelsZ 1989, 3

Enonchong, Nelson — Public policy in the conflict of laws : a chinese wall around little England ?
ICQL 1996 (Vol. 45), 633

Fallon, Marc — Les conflits de lois et de juridictions dans un espace économique intégré
RdC 1995 (Band 253), 11

Anmerkung zu Civ. Bruxelles (30e ch.), 27.09.1996
R.T.D.F. 1997, 394

Fauvarque-Cosson, Bénédicte — Anmerkung zu Cass. civ. 1, 16.07.1998
D. jp. 1999, 51

Ferrand, Frédérique — Das französische Privatrecht und die Europäische Menschenrechtskonvention
RabelsZ 1999, 665

Fischer, Gerfried — Abschied vom ordre public bei Börsentermingeschäften im Ausland
IPRax 1999, 450

Fletcher, Ian — Conflict of laws and European Community Law
Amsterdam, North-Holland, 1982

Fraisseix, Patrick — Droit au juge et amende pour recours abusif
AJDA 2000, 20

Franchi, Giuseppe — Proposte di riforma della Convenzione di Bruxelles del 1968
In: Tito Ballarino u.a., la Convenzione giudiziaria di Bruxelles del 1968 e la riforma del processo civile italiano
Milan, 1985, S. 70

Frank, Martin — Das verfahrenseinleitende Schriftstück in Art. 27 Nr.2 EuGVÜ, Lugano-Übereinkommen und in Art. 6 Haager Unterhaltsübereinkommen 1973
Berlin, 1998

Frank, Rainer — Die Neuregelung des Adoptionsrechts
FamRZ 1998, 393

Frison-Roche, M.A. — L'impartialité du juge
D. chr. 1999, S. 53

Frowein, Jochen / Peukert, Wolfgang — Europäische Menschenrechtskonvention: EMRK Kommentar
Kehl, 1996

Fulchiron, Hugues — Anmerkung zu Cass. civ. 1, 11.03.1997
JCP G 1998 I 101, S. 20

Gaudemet-Tallon, Hélène — Les conventions de Bruxelles et de Lugano
Paris, 1996, 2. Auflage

Anmerkung zu EuGH, 11.05.2000, Régie nationale des usines Renault
RC 2000, 503

Geimer, Gregor — Neuordnung des internationalen Zustellungsrechts
Berlin, 1999
(zit.: Neuordnung)

Geimer, Reinhold — Internationales Zivilprozessrecht
Köln, 1997, 3. Auflage
(zit.: IZPR)

Menschenrechte im internationalen Zivilverfahrensrecht
In: Walter Kälin (Hrsg.), Aktuelle Probleme des Menschenrechtsschutzes
Heidelberg, 1994
(zit.: Aktuelle Probleme des Menschenrechtsschutzes)

	Verfassung, Völkerrecht und Internationales Zivilverfahrensrecht ZfRV 1992, 321
	Anmerkung zu EuGH, Lancray, 03.07.1990 EuZW 1990, 352
	Anmerkung zu EuGH, Krombach, 28.03.2000 ZIP 2000, 863
	Salut für die Verordnung (EG) Nr. 44/2001 (Brüssel I-VO) IPRax 2002, 69
Geimer, Reinhold / Schütze, Rolf	Europäisches Zivilverfahrensrecht Kommentar zum EuGVÜ und zum Lugano-Übereinkommen München, 1997
Gothot, Pierre / Holleaux, Dominique	La convention de Bruxelles du 27 septembre 1968 Paris, 1985
Gottwald, Peter	Die internationale Zwangsvollstreckung IPRax 1991, 285
	Grundfragen der Anerkennung und Vollstreckung ausländischer Entscheidungen in Zivilsachen ZZP 1990, 257
	Anmerkung zu LG Düsseldorf, 24.01.1991 FamRZ 1991, 581
	Sicherheit vor Effizienz? - Auslandszustellung in der Europäischen Union in Zivil- und Handelssachen FS Rolf A. Schütze München, 1999, S. 225
Grasso, Biagio (Hrsg.)	Codice della Navigazione Commento Torino, 1997

Graveson, Ronald	The English Conflict of Laws and the European Economic Communities FS Ernst Cohn Heidelberg, 1975, S. 61
v. der Groeben, Hans	Kommentar zum EU/EG -Vertrag Baden-Baden, 1997, 5. Auflage (zit.: v. der Groeben-Bearbeiter)
De Groot, Gerard-René	Auswirkungen der Europäischen Menschenrechtskonvention auf das niederländische Zivilrecht RabelsZ 1999, 681
Gross, Norbert	Anmerkung zu BGH, Beschluss vom 29.06.2000 JZ 2000, 1067
Grunsky, Wolfgang	Zur Vollstreckung eines im Ausland erschlichenen rechtskräftigen Urteils IPRax 1987, 219
Grzybek, Patrick	Prozessuale Grundrechte im Europäischen Gemeinschaftsrecht Baden-Baden, 1993
Guest, A.G.	Anson's Law of Contract Oxford, 1975, 24. Auflage
Guinchard, Serge	L'influence de la Convention Européenne des Droits de l'Homme et de la jurisprudence de la Cour Européenne sur la procédure civile Petites affiches, 12.04.1999, S. 4
Haas, Ulrich	Unfallversicherungsschutz und ordre public ZZP 1995, 219
Habscheid, Walther	Die Europäisierung des Zivilprozessrechts In: Mieczyslaw Sawczuk (Hrsg.), Unity of Civil Procedural Law and Its National Divergencies, Lublin, 1994, S. 77

Schweizerisches Zivilprozess- und Gerichtsorganisationsrecht
Basel, 1990, 2. Auflage
(zit.: Zivilprozess)

Haefliger, Arthur — La hierarchie des normes constitutionnelles et son rôle dans la protection des droits de l'homme
RUDH 1990, 280

Hammje, Petra — Droits fondamentaux et ordre public
RC 1997, 1

Hausmann, Rainer — Der Unterhaltsbegriff in Staatsverträgen des internationalen Privat- und Verfahrensrecht
IPRax 1990, 382

Heini, Anton/Keller, Max/Siehr, Kurt/Vischer, Franz/Volken, Paul (Hrsg.) — IPRG Kommentar
Zürich, 1993
(zit.: IPRG-Kommentar)

Henrich, Dieter — Vermögensregelung bei Trennung und Scheidung im europäischen Vergleich
FamRZ 2000, 6

Henssler, Martin — Anlegerschutz durch Information
ZHR 1989, 611

Héron, Jacques — Droit judiciaire privé
Paris, 1991

Heß, Burkhard — Der Binnenmarktprozeß
JZ 1998, 1021

Die "Europäisierung" des internationalen Zivilprozessrechts durch den Amsterdamer Vertrag - Chancen und Gefahren
NJW 2000, 23

Die Zustellung von Schriftstücken im europäischen Justizraum
NJW 2001, 15

Holleaux, Dominique	Anmerkung zu Cass. civ. 1, 17.05.1978 und CA Reims, 24.11.1977 und CA Lyon (1ère ch.), 18.04.1978 JDI 1979, 386
Huber, Peter	Revision des EuGVÜ und neues Schiedsverfahrensrecht Tagung der Wissenschaftlichen Vereinigung für Internationales Verfahrensrecht IPRax 1999, 298
Huet, André	Anmerkung zu Cass. civ. 1, 21.03.1979 JDI 1980, 92
	Anmerkung zu Cass. civ. 1, 09.10.1991 JDI 1993, 158
	Anmerkung zu TGI Libourne, 05.04.1973 und TGI Nanterre, 10.07.1973 JDI 1974, 622
	Anmerkung zu Cass. civ. 1, 16.03.1999 JDI 1999, 773
Huet, André / Kovar, Robert	Anmerkung zu TGI Troyes, 04.10.1978 JDI 1979, 628
Jacobs, Francis G.	Access to justice as a fundemental right in European law FS Fernand Schockweiler Baden-Baden, 1999, S. 197
Jayme, Erik	Methoden der Konkretisierung des ordre public im internationalen Privatrecht Heidelberg, 1989 (zit.: Methoden der Konkretisierung)
	Kurzbericht zu AG Wolfsburg, 10.06.1983 IPRax 1984, 44
Jayme, Erik / Hausmann, Rainer	Internationales Privat- und Verfahrensrecht München, 1998, 9. Auflage

Jayme, Erik / Kohler, Christian	Europäisches Kollisionsrecht 1999-Die Abendstundeder Staatsverträge IPRax 1999, 401
Juenger, Friedrich K.	La Convention de Bruxelles du 27 septembre 1968 et la courtoisie internationale RC 1983, 37
Kahn, Philippe	Anmerkung zu CA Dijon, 15.09.1999 JDI 2000, 997
Kahn-Freund, Otto	Constitutional Review of Foreign Law FS Fritz Alexander Mann München, 1977, S. 201
Kegel, Gerhard / Schurig, Klaus	Internationales Privatrecht München, 2000, 8. Auflage
Kerckhove, Eric	Anmerkung zu Cass. civ. 1, 24.02.1998 JDI 1998, 732
Kessedjian, Catherine	Anmerkung zu Cass. civ. 1, 09.10.1991 und CA Versailles, 26.09.1991 RC 1992, 519
Kindler, Peter	Internationale Zuständigkeit und anwendbares Recht im italienischen IPR-Gesetz von 1995 RabelsZ 1997, 227
Kohl, Alphonse	Implications de l'article 6, alinéa 1er, de la Convention européenne des droits de l'homme, en procédure civile JT 1987, 637
Kohler, Christian	Interrogations sur les sources du droit international privé après le traité d'Amsterdam RC 1999, 1
Kokott, Juliane	Der Grundrechtsschutz im europäischen Gemeinschafts-recht AöR 1996, 599

Komninos, Assimakis P.	Anmerkung zu EuGH, Eco Swiss, 01.06.1999 CMLRev 2000, 459
Koziol, Helmut / Welser, Rudolf	Grundriß des bürgerlichen Rechts Band 2, Sachenrecht, Familienrecht, Erbrecht Wien, 1996, 10. Auflage
Kropholler, Jan	Europäisches Zivilprozessrecht Kommentar zu EuGVÜ und Lugano-Übereinkommen Heidelberg, 1998, 6. Auflage
	Internationales Privatrecht Tübingen, 1997, 3. Auflage
Lagarde, Paul	La théorie de l'ordre public international face à la polygamie et à la répudiation in Nouveaux itinéraires en droit, hommage à Francois Rigaux Bruxelles, 1993, S. 263
	Anmerkung zu Cass. civ. 1, 05.01.1999 RC 1999, 298
Lambert, Pierre	Vers un assouplissement de la notion d'impartialité objective? JT 1993, 390
Lasok, Dominik / Stone, Peter Albert	Conflict of laws in the European Community Abingdon, 1987
Légier, Gerard	Les rapports familiaux et l'ordre public au sens du droit international privé RRJ 1999, 293
Leipold, Dieter	Neuere Erkenntnisse des EuGH und des BGH zum anerkennungsrechtlichen ordre public FS Hans Stoll, Tübingen, 2001, S. 625

Leslie, Robert	The relevance of public policy in legal issues involving other countries and their laws Juridical Review 1995, 477
Letteron, Roseline	Le droit de la procréation Paris, 1997
Levasseur, Georges / Chavanne, Albert / Montreuil, Jean / Bouloc, Bernard	Droit pénal général et procédure pénale Paris, 1999, 13. Auflage (zit.: Levasseur/Chavanne)
Linke, Hartmut	Die Kontrolle ausländischer Versäumnisverfahren im Rahmen des EG-Gerichtsstands- und Vollstreckungsübereinkommens - Des Guten zuviel? RIW 1986, 409
	Zur Rechtzeitigkeit fiktiver Zustellungen im Sinne von Art. 27 Nr. 2 EuGVÜ IPRax 1993, 295
Lowe, Nigel / Douglas, Gillian	Bromley's Family Law London, 1998, 9. Auflage
Lüderitz, Alexander	Familienrecht München, 1999, 27. Auflage
	Internationaler Verbraucherschutz in Nöten IPRax 1990, 216
Mahoney, Paul	Marvellous richness of diversity or individual cultural relativism? HRLJ 1998, 1
O'Malley, Stephen / Layton, Alexander	European Civil Practice London, 1989
Marchal Escalona, Nuria	Anmerkung zu TS, 20.06.1994 REDI (Vol. 48) 1996, Num. 1, 321

Marguénaud, Jean-Pierre / Raymond, Jacques — Sources internationales
RTDC 1999, 490

Markiewicz, Alexandra — Anmerkung zu Cass. civ. 1 (belge), 10.05.1990
Revue de la faculté de droit de Liège 1991, 194

Martiny, Dieter — Gemeinschaftsrecht, ordre public, zwingende Bestim mungen und Exklusivnormen
In: Christian v. Bar (Hrsg.), Europäisches Gemeinschaftsrecht und IPR, S. 211
Köln, 1991

Massip, Jacques — Anmerkung zu Cass. civ. 1, 01.06.1994
D. jp. 1995, 263

Matscher, Franz — Sprache der Auslandszustellung und Art. 6 I EMRK
IPRax 1999, 274

Der Einfluss der EMRK auf den Zivilprozess
FS Wolfram Henckel
Berlin, 1995, S. 593

Die Einwirkungen der EMRK auf das internationale Privatrecht- und zivilprozessuale Verfahrensrecht
FS Fritz Schwind
Wien, 1993, S. 71

IPR und IZVR vor den Organen der EMRK-eine Skizze-
FS Karl. H. Neumayer
Baden-Baden, 1985, S. 459

Mayer, Pierre — La Convention européenne des droits de l'homme et l'application des normes étrangères
RC 1991, 651

Droit international privé
Paris, 1998, 6. Auflage

Mercadal, Barthélémy — Chronique de jurisprudences nationales relatives aux contrats internationaux - France
Droit et pratique du commerce international, 1979, 283

Mestre, Jacques	Anmerkung zu CA Paris, 22.12.1983 RC 1984, 488
Meyzeaud-Garaud, Marie-Christine	Un principe de la CEDH pour neutraliser les répudiations marocaines : l'égalité entre époux Droit de la famille, septembre 1998, p.8
de Miguel Asensio, Pedro	Derechos humanos, diversidad cultural y derecho internacional privado Rev. der. priv. 1998, 541
Ministerio de Justicia	Comentario del Código Civil, Tomo I Dirigido por Candido Paz-Ares Rodriguez, Luis Diez-Picazo Ponce di Leon, Rodrigo Bercovitz, Pablo Salvador Coderch Madrid, 1991 (zit.: Comentario del Código Civil)
Mock, Hanspeter	Le droit au respect de la vie privée et familiale, du domicile et de la correspondance (article 8 CEDH) à l'aube du XXIe siècle RUDH 1998, 237
Monéger, François	Anmerkung zu Cass. civ. 1, 21.03.1979 Gaz. Pal. 1980 II 19311
Monjal, Pierre-Yves	Les normes de droit communautaire Paris, 2000
Mosconi, Franco	Il limite dell' ordine pubblico nella Convenzione di Bruxelles del 1968 sulla compentenza giurisdizionale e l'esecuzione delle decisioni in materia civile e commerciale Studi in Onore Denti, Band I, Padova, 1994, S. 493
Moser, Berthold	Die Europäische Menschenrechtskonvention als Quelle des internationalen Privatrechts ÖJZ 1974, 650

Mourre, Alexis	Les rapports de l'arbitrage et du droit communautaire après l'arrêt Eco Swiss de la Cour de Justice des Communautés Européennes Gaz. Pal., 09-11.01.2000, S. 30
Muir Watt, Horatia	Contre une géométrie variable des droits fondamentaux de la procédure Justices 1996, 329
	Anmerkung zu EuGH, 28.03.2000, Krombach RC 2000, 493
Münch, Joachim	Ausländische Tenorierungsgewohnheiten kontra inländische Bestimmtheitsanforderungen RIW 1989, 18
Nagel, Heinrich	Remise au parquet und Haager Zustellungsübereinkommen IPRax 1992, 150
Nagel, Heinrich / Gottwald, Peter	Internationales Zivilprozeßrecht Köln, 1997, 4. Auflage
Niboyet, Marie-Laure	Anmerkung zu Cass. civ. 1, 11.03.1997 D. jp. 1997, 401
	La confirmation par la Cour de justice des communautés européennes de l'intégration des droits fondamentaux au système de la convention de Bruxelles du 27 septembre 1968 Gaz.Pal. 01.10.2000/03.10.2000, 21
	La révision de la convention de Bruxelles du 27 septembre 1968 par le règlement du 22 décembre 2000 Gaz.Pal. 10.06.2001/12.06.2001, 943
Niessen, Hermann	Internationales Privatrecht für unerlaubte Handlungen im Widerspruch zum Diskriminierungsverbot des EWG-Vertrages? NJW 1968, 2170

Normand, Jacques	Le rapprochement des procédures civiles à l'intérieur de L'Union Européenne et le respect des droits de la défense In : Nouveaux juges, nouveaux pouvoirs, Mélanges en l'honneur de Roger Perrot, Paris, 1996, 337
North, Peter / Fawcett, J.J.	Cheshire and North's Private International Law London, 1999, 13. Auflage
Oppermann, Thomas	Europarecht München, 1999, 2. Auflage
Palandt, Otto	Bürgerliches Gesetzbuch München, 1999, 58. Auflage (zit.:Palandt-Bearbeiter)
Perrot, Roger	Le droit à la preuve In: Walter Habscheid (Hrsg.), Effektiver Rechtsschutz und verfassungsmäßige Ordnung Bielefeld, 1983, S. 95
Petiti, Louis-Edmond	La Convention Européenne des Droits de l'Homme Paris, 1995 (zit.: Petiti-Bearbeiter)
Peukert, Wolfgang	Verfahrensgarantien und Zivilprozess (Art. 6 EMRK) RabelsZ 1999, 600
Piekenbrock, Andreas	Ordre-public Verstoß durch Inanspruchnahme exorbitanter Zuständigkeiten und Verurteilung im strafrechtlichen Abwesenheitsverfahren IPRax 1998, 177
	Kann der Ausschluss des ordre public in Art. 28 Abs. 3 EuGVÜ ausnahmslos gelten? IPRax 2000, 364
Pintens, Walter	Menschenrechtskonvention und Privatrecht - Auswirkungen in Belgien RabelsZ 1999, 696

Die Entwicklung des belgischen Kindschaftsrechts
In: Dieter Schwab, Dieter Henrich (Hrsg.), Entwicklungen des europäischen Kindschaftsrechts
Bielefeld, 1996, 2. Auflage

Pluyette, Gérard — La convention de Bruxelles et les droits de la défense
In: Etudes offertes à Pierre Bellet
Paris, 1991, S. 427

Poillot Peruzzetto, Sylvaine — L'ordre public international en droit communautaire. A propose de l'arrêt de la Cour de justice des Communautés du 1er juin 1999
JDI 2000, 299

Poisson-Drocourt, Elisabeth — Anmerkung zu Cass. civ. 1, 31.01.1990
RC 1990, 521

Polakiewicz, Jörg — Die Verpflichtungen der Staaten aus den Urteilen des Europäischen Gerichtshofs für Menschenrechte
Berlin, 1993

Polakiewicz, Jörg / Jacob-Foltzer, Valérie — The European Human Rights Convention in domestic law: the Strasbourg case-law in states where direct effect is given to the Convention
HRLJ 1991, 65, 125

Pradel, Jean — Anmerkung zu Cour de cassation, Ass.plen., 02.03.2001
D. jp. 2001, 1899

Raape, Leo — Internationales Privatrecht
Band I, Allgemeine Lehren, von Fritz Sturm
München, 1977, 6. Auflage
(zit.: Raape/Sturm)

Radicati di Brozolo, Luca G. — L'influence sur les conflits de lois des principes de droit communautaire en matière de liberté de circulation
RC 1993, 401

Rauscher, Thomas — Neue Frage zu Art. 27 Nr.2 EuGVÜ
IPRax 1997, 314

Keine EuGVÜ-Anerkennung ohne ordnungsgemäße Zustellung
IPRax 1993, 376

Ehelichkeitsanfechtung und ordre public
DAVorm 1985, 619

Ress, Georg — Wirkung und Beachtung der Urteile und Entscheidungen der Straßburger Konventionsorgane
EuGRZ 1996, 350

Rigaux, François — L'influence des Communautés européennes sur le droit international privé des Etats membres
Institut universitaire internatinal Luxembourg
Bruxelles, 1991

Ringel, Françoise — Vie privée? Vie familiale? Les difficultés d'application de l'art. 8 de la Convention Européenne des Droits de l'Homme à l'homosexualité et au transsexualisme
RRJ 1999, 1049

Rodriguez Mateos, Pilar — Anmerkung zu Res. DGRN, 22.06.1991
REDI (Vol. XLIV) 1992, Num. 1, 231

Roth, Marianne — Europäische Menschenrechtskonvention und Privatrecht: Landsbericht Österreich
RabelsZ 1999, 709

Roth, Wulf-Henning — Der Einfluß des Europäischen Gemeinschaftsrechts auf das Internationale Privatrecht
RabelsZ 1991, 623 ff

Roujou de Boubée, Gabriel / De Lamy, Bertrand — A props de la création en procédure pénale d'un pourvoi dans l'intérêt des droits de l'homme
D., 09.03.2000, S. V

Rozas, Jose Carlos F. — Derecho internacional privado y derecho comunitario
RIE 1990, 785

Rubellin-Devichi, Jacqueline — Réforme de la prestation compensatoire - étape N° 2
JCP G, 22.03.2000, S. 507

Ruffert, Matthias — Die Mitgliedstaaten der Europäischen Gemeinschaft als Verpflichtete der Gemeinschaftsgrundrechte
EuGRZ 1995, 518

Rummel, Peter (Hrsg.) — Kommentar zum Allgemeinen bürgerlichen Gesetzbuch
Wien, 1992
(zit.: Rummel-Bearbeiter)

von Sachsen Gessaphe, Karl August — Kindschaftsrecht in Europa
FamRZ 1999, 1107

Sarolea, Sylvie — L'ordre public international et la Convention européenne des droits de l'homme en matière de filiation
R.T.D.F. 1996, 141

Schack, Haimo — Internationales Zivilverfahrensrecht
München, 1996, 2. Auflage
(zit.: IZVR)

Internationale Zwangsvollstreckung in Geldforderungen
Rechtspfleger 1980, 175

Perspektiven eines weltweiten Anerkennungs- und Vollstreckungsübereinkommens
ZEuP 1993, 306

Zur Anerkennung ausländischer Forderungspfändungen
IPRax 1997, 318

Die EG-Kommission auf dem Holzweg von Amsterdam
ZEuP 1999, 805

Wechselwirkungen zwischen europäischem und nationalem Zivilprozessrecht
ZZP 1994, 279

Schemmer, Franz — Der ordre-public Vorbehalt unter der Geltung des Grundgesetzes
Frankfurt a.M., 1995

Schlette, Volker	Der Anspruch auf Rechtsschutz innerhalb angemessener Frist - Ein neues Prozessgrundrecht auf EG-Ebene EuGRZ 1999, 369
Schlosser, Peter	EuGVÜ-Kommentar München, 1996
	Jurisdiction in international litigation - an issue of human rights Studi in Onore Denti, Band I, Padova, 1994, S. 581
	EMRK und Waffengleichheit im Zivilprozess NJW 1995, 1404
Schmittmann Jens M. / Kocker, Sabine	Zur Geltendmachung niederländischer Parksteuern vor deutschen Gerichten DAR 1996, 293
Schockweiler, Fernand	Les Conflits de Lois et les Conflits de Juridictions en Droit international privé luxembourgeois Luxembourg, 1996, 2. Auflage
Schütze, Rolf A.	Deutsches internationales Zivilprozessrecht Berlin, 1985
Schulze, Götz	Anerkennung einer ausländischen Entscheidung bei Einwand strukturell ungleicher Verhandlungsstärke und nicht wirksamer Vertretung im Erstverfahren (Art. 27 Nr. 1 und Nr.2 EuGVÜ) IPRax 1999, 342
Schwab, Dieter	Familienrecht München, 1999, 10. Auflage
Schwark, Eberhard	Börsengesetz: Kommentar zum Börsengesetz und zu den börsenrechtlichen Nebenbestimmungen München, 1994, 2. Auflage
Schwimann, Michael (Hrsg.)	ABGB-Praxiskommentar Wien, 1997, 2. Auflage (zit. Schwimann-Bearbeiter)

Smart, P. St. J. — Public policy and the conflict of laws (Anmerkung zu Vervaecke vs Smith)
99 LQR 1983, 24

Solus, Henry / Perrot, Roger — Droit judiciaire privé
Paris, 1991

Sonnenberger, Hans Jürgen — Europarecht und Internationales Privatrecht
ZVglRWiss 1996, 3

Spellenberg, Ulrich — Der ordre public im Internationalen Insolvenzrecht
Stellungnahmen und Gutachten zur Reform des deutschen internationalen Insolvenzrechts, S. 183
Tübingen, 1992

Spickhoff, Andreas — Der ordre-public im IPR
Entwicklung - Struktur - Konkretisierung
Neuwied/ Frankfurt aM, 1989

Spielmann, Dean — Le juge luxembourgeois et la Cour Européenne des droits de l'homme
In: Paul Tavernier (Hrsg.), Quelle Europe pour les droits de l'homme?
Brüssel, 1996

Stadler, Astrid — Erlaß und Freizügigkeit einstweiliger Maßnahmen im Anwendungsbereich des EuGVÜ
JZ 1999, 1089

Förmlichkeit vor prozessualer Billigkeit bei Mängeln der internationalen Zustellung?
IPRax 2002, 282

Standley, Kate — Familiy Law
London, 1997, 2. Auflage

von Staudinger, Julius — Kommentar zum Bürgerlichen Gesetzbuch
Buch. 4 Familienrecht
Berlin, 1997, 13. Bearbeitung
(zit.: Staudinger-Bearbeiter)

Steinhauer, Thomas — Versäumnisurteile in Europa: eine rechtsvergleichende Studie über die Versäumnisverfahren im deutschen, österreichischen, französischen, italienischen und englischen Recht anläßlich eines Entwurfs zur Schaffung einer einheitlichen europäischen Zivilprozessordnung
Frankfurt aM, 1996

Stöcker, Hans A. — Internationaler ordre public zum Schutz der Menschenrechte
StAZ 1981, 16

Strickwerda, Luc — Inleiding tot het Nederlandse internationaal privaatrecht
Groningen, 1997

Struycken, A.V.M. — Les conséquences de l'intégration européenne sur le développement du droit international privé
RdC 1992 I (232), 261

Stürner, Rolf — Förmlichkeit und Billigkeit bei der Klagezustellung im Europäischen Zivilprozess
JZ 1992, 325

Sudre, Frédéric — La communauté européenne et les droits fondamentaux après le Traité d'Amsterdam
JCP 1998 I 100

Existe-t-il un ordre public européen?
In: Paul Tavernier (Hrsg.), Quelle Europe pour les droits de l'homme?
Brüssel, 1996
(zit.: Sudre in Tavernier (Hrsg.))

Sudre, Frédéric / Gouttenoire-Cornut, Adeline — Anmerkung zu Cass. civ. 1, 01.02.2000
JCP G 2000 II 10286

Tebbens, Harry Duintjer — Europäische Urteilsanerkennung und -vollstreckung aus der Sicht der Benelux-Staaten
In: Erik Jayme (Hrsg.), Ein internationales Zivilverfahrensrecht für Gesamteuropa, S. 301
Heidelberg, 1992

Terré, Francois / Yves Lequette — Les grands arrêts de la jurisprudence civile
Paris, 1994, 10. Auflage

Terré, Francois / Fenouillet, Dominique — Droit civil
Les personnes - la famille - les incapacités
Paris, 1996, 6. Auflage

Treitel, Guenter H. — Remedies for Breach of Contract
In: International Encyclopedia of comparative law
Vol. VII, Chapter 16
Tübingen, 1976

Vander Elst, Raymond / Weser, Martha — Droit international privé belge et droit conventionnel international
Tome 1, Conflits de lois par Raymond Vander Elst
Bruxelles, 1983

Velu, Jacques — Contrôle de constitutionalité et contrôle de compatibilité avec les traités
JT 1992, 729

Verwilghen, Michel — Anmerkung zu CA Liège, 06.02.1980 und Cass. civ. 1 (belge), 02.04.1981
RC 1983, 65

Anmerkung zu Tribunal civil d'Arlon, 16.01.1973
RC 1973, 328

Vincent, Jean / Guinchard, Serge / Montagnier, Gabriel / Varinard, André — La justice et ses institutions
Paris, 1991, 3. Auflage

Vitta, Edoardo — Corso di diritto internazionale privato e processuale
Torino, 1991, 4. Auflage

Viviani, Alessandra — Coordinamento fra valori fondamentali internazionali e statali: la tutela dei diritti umani e la clausola di ordine pubblico
Riv. dir. int. priv. proc. 1999, 847

Völker, Christian — Zur Dogmatik des ordre public: die Vorbehaltsklausel bei der Anerkennung fremder gerichtlicher Entscheidungen und ihr Verhältnis zum ordre public des Kollisionsrechts
Berlin, 1998

Wachsmann, Patrick — Le traité d'Amsterdam - les droits de l'homme
Rev. trim. dr. eur. 1997, 883

Wagner, Rolf — Die geplante Reform des Brüsseler und des Lugano-Übereinkommens
IPRax 1998, 241

Vom Brüsseler Übereinkommen über die Brüssel I-Verordnung zum Europäischen Vollstreckungstitel
IPRax 2002, 75

Walder-Richli, Hans Ulrich — Zivilprozessrecht
Zürich, 1996

Watté, Nadine — Quelques remarques sur la notion de l'ordre public en droit international privé
RCJB 1989, 66

Weitz, Barbara — Inlandsbeziehung und ordre public in der deutschen Rechtsprechung zum internationalen Familienrecht
Frankfurt a.M., 1981

Zamora Cabot, Francisco J. — A proposito del orden publico en el sistema español de derecho internacional privado
Rev. der. priv. 1995, 1123

Zweigert, Konrad — Einige Auswirkungen des Gemeinsamen Marktes auf das Internationale Privatrecht der Mitgliedstaaten
FS Walter Hallstein
Frankfurt a.M., 1966, 555

INTERNATIONALRECHTLICHE STUDIEN
Beiträge zum Internationalen Privatrecht,
zum Einheitsrecht und zur Rechtsvergleichung

Herausgegeben von Ulrich Magnus

Band 1 Birgit Reimers-Zocher: Beweislastfragen im Haager und Wiener Kaufrecht. 1995.

Band 2 Lenja Vespermann: Schadensersatz bei Beeinträchtigung rechts- oder sittenwidriger Interessen im deutschen und französischen Recht. 1996.

Band 3 Peter Cypra: Die Rechtsbehelfe im Verfahren der Vollstreckbarerklärung nach dem EuGVÜ unter besonderer Berücksichtigung der Ausgestaltung in Deutschland und Frankreich. 1996.

Band 4 Brigitta Lurger: Regulierung und Deregulierung im europäischen Privatrecht. 1997.

Band 5 Uta Gutknecht: Das Nacherfüllungsrecht des Verkäufers bei Kauf- und Werklieferungsverträgen. Rechtsvergleichende Untersuchung zum CISG, zum US-amerikanischen Uniform Commercial Code, zum deutschen Recht und zu dem Vorschlag der Kommission zur Überarbeitung des deutschen Schuldrechts. 1996.

Band 6 Stefan Abel: Die Qualifikation der Schenkung. Zur Methode der Qualifikation im Internationalen Schuldvertragsrecht. 1997.

Band 7 Daniel Kötz: Verkäuferpflichten und Rechtsbehelfe des Käufers im neuen norwegischen Kaufrecht vom 13. Mai 1988 Nr. 27 im Vergleich zum UN-Kaufrecht vom 11. April 1980 (CISG). 1997.

Band 8 Olaf Beier: Grundsätze eines europäischen transportmittelübergreifenden Schadensrechts für den Gütertransport. Eine rechtsvergleichende Untersuchung unter besonderer Berücksichtigung der CMR, der ER/CIM 1990, des WA/HP und der HVR. 1999.

Band 9 Ulrich Krüger: Modifizierte Erfolgshaftung im UN-Kaufrecht. Die Haftungsbefreiung bei Lieferung vertragswidriger Ware gemäß Art. 79 CISG. 1999.

Band 10 Wolf-Henning Hammer: Das Zurückhaltungsrecht gemäß Art. 71 CISG im Vergleich zu den Kaufgesetzen der nordischen Staaten unter Einbeziehung transportrechtlicher Aspekte. Eine rechtsvergleichende Studie. 1999.

Band 11 Ulrich Quay: Der Consulting-Vertrag im Internationalen Privatrecht. 2000.

Band 12 Axel Halfmeier: Die Veröffentlichung privater Tatsachen als unerlaubte Handlung. Eine rechtsvergleichende Untersuchung. 2000.

Band 13 Stephanie Scholz: Lohngleichheit durch Verfahren. Eine Studie zur Förderung der Lohngleichheit durch verfahrensrechtliche Ansätze. 2000.

Band 14 Tarık Cebecioğlu: Stellung des Ausländers im Zivilprozeß. Eine rechtsvergleichende Untersuchung des türkischen und deutschen Rechts. 2000.

Band 15 Gunnar Straube: Sozialrechtliche Eingriffsnormen im Internationalen Privatrecht. 2001.

Band 16 Daniela de Lukowicz: Divergenzen in der Rechtsprechung zum CISG. Auf dem Weg zu einer einheitlichen Auslegung und Anwendung? 2001.

Band 17 Mohamed Hassan Fadlalla Ali: Das islamische Ehe- und Kindschaftsrecht im Sudan. Mit Hinweisen zu den Lehren der Islamischen Rechtsschule, der anwendbaren Familienrechtsvorschriften für Nichtmuslime im Sudan und im deutschen Familienrecht. 2001.

Band 19 Florian Schulz: Der Ersatzlieferungs- und Nachbesserungsanspruch des Käufers im internen deutschen Recht, im UCC und im CISG. Eine rechtsvergleichende Untersuchung unter Berücksichtigung der Schuldrechtskommission, der EG-Richtlinie 1999/44/EG und des Diskussionsentwurfs eines Schuldrechtsmodernisierungsgesetzes. 2002.

Band 20 Ingo Janert: Die Aufrechnung im internationalen Vertragsrecht. 2002.

Band 21 Armin Jentsch: Die Erhaltungspflichten des Verkäufers und des Käufers im UN-Kaufrecht im Vergleich zum US-amerikanischen Uniform Commercial Code und zum deutschen Recht. 2002.

Band 22 Martin Taschner: Arbeitsvertragsstatut und zwingende Bestimmungen nach dem Europäischen Schuldvertragsübereinkommen. Einheitliche Auslegung. 2003.

Band 23 Klaus Bitterich: Die Neuregelung des Internationalen Verbrauchervertragsrechts in Art. 29a EGBGB. 2003.

Band 24 Sascha J. Morgenroth: Umsetzung der Verbrauchsgüterkaufrichtlinie in Spanien und Deutschland. Umsetzung der Richtlinie 1999/44/EG des Europäischen Parlaments und des Rates vom 25. Mai 1999 zu bestimmten Aspekten des Verbrauchsgüterkaufs und der Garantien für Verbrauchsgüter in Spanien und Deutschland. 2003.

Band 25 Markus Renfert: Über die Europäisierung der ordre public Klausel. 2003.

Markus Voltz

Menschenrechte und ordre public im Internationalen Privatrecht

Frankfurt/M., Berlin, Bern, Bruxelles, New York, Oxford, Wien, 2002.
XXVII, 431 S.
Schriften zum Staats- und Völkerrecht.
Herausgegeben von Dieter Blumenwitz. Bd. 100
ISBN 3-631-39612-0 · br. € 65.40*

Die Arbeit untersucht die Möglichkeiten und Grenzen einer Einbeziehung der Normen des völkerrechtlichen Menschenrechtsschutzes in die allgemeine Vorbehaltsklausel des deutschen Internationalen Privatrechts. Nach einer einführenden Darstellung zu Funktion, Strukturprinzipien und Anwendungsvoraussetzungen von Art. 6 EGBGB gewährt die Untersuchung einen Überblick über die elementaren Bestandteile des regionalen und universellen Menschenrechtsschutzes und seiner Überwachung auf völkerrechtlicher Ebene. Im zentralen Teil der Arbeit werden die Grundlagen einer menschenrechtsbezogenen Anwendung der ordre public-Klausel aufgezeigt. Es wird dargelegt, inwieweit die Normen des internationalen Menschenrechtsschutzes zur Konkretisierung der international-privatrechtlichen Vorbehaltsklausel herangezogen werden können und welche Folgerungen sich dabei für die Anwendung von Art. 6 EGBGB ergeben. Die Ergebnisse dieses Abschnitts werden im Schlußkapitel exemplarisch anhand des internationalen Eheschließungsrechts umgesetzt und konkretisiert.

Kolibri 360 GmbH
Ferdinand-Jühlke-Straße 7
99095 Erfurt, Deutschland
produktsicherheit@kolibri360.de

Druck:
CPI Druckdienstleistungen GmbH
im Auftrag der
Kolibri 360 GmbH
Ferdinand-Jühlke-Str. 7
99095 Erfurt